Susan Forward
Donna Frazier

Nächsten Sonntag bringe ich sie um

Wie man Probleme mit Schwiegereltern löst

Aus dem Amerikanischen
von Diane von Weltzien

GOLDMANN

Die Originalausgabe erschien
unter dem Titel »Toxic In-Laws«
bei HarperCollins, New York.

Deutsche Erstveröffentlichung

Umwelthinweis:
Alle bedruckten Materialien dieses Taschenbuches
sind chlorfrei und umweltschonend.

Der Goldmann Verlag
ist ein Unternehmen der Verlagsgruppe Random House GmbH.

Deutsche Erstausgabe Juni 2002

Umschlaggestaltung: Design Team München
Satz: Uhl + Massopust, Aalen
Druck: Elsnerdruck, Berlin
Verlagsnummer: 15169
Redaktion: Ingrid Klein
KF · Herstellung: Sebastian Strohmaier
Made in Germany
ISBN 3-442-15169-4
www.goldmann-verlag.de

1 3 5 7 9 10 8 6 4 2

Inhaltsverzeichnis

Vorwort

In den Zeiten der Verliebtheit ist es, als hätte man die Liebe neu erfunden und würde nun genau die Familie gründen, nach der man sich schon immer gesehnt hat. Die Kraft dieser Vorstellung treibt uns in die Ehe.

Anfangs fällt es leicht, die komplexe Mischung aus philosophischen, religiösen, sozialen, kulturellen, intellektuellen oder einfach nur schrulligen Unterschieden zu bagatellisieren. Doch schon bald gibt es gemeinsame Feiertage, müssen Räume geschmückt, Zahnpastatuben ausgedrückt und Investitionen geplant werden, und die sich dann offenbarenden Unterschiede können selbst die beste Beziehung schwer auf die Probe stellen. Die normale Beziehungsdynamik reicht schon aus, um Ihnen das Leben schwer zu machen. Doch das ist noch nicht alles, denn es ist eine verblüffende, unheimliche und manchmal schmerzhafte Wahrheit, dass wir nicht nur eine Person heiraten. Wir selbst bringen unsere individuelle Geschichte, unsere Bedürfnisse und Gewohnheiten mit in die Ehe und heiraten ein in eine Familie mit all ihren eigenen emotionalen Lasten und Ritualen. Wir haben nun einen Partner. Und in den meisten Fällen haben wir jetzt auch Schwiegereltern.

Nicht alle Schwiegereltern sind böse

Manche Schwiegereltern sind entgegen aller Witze und Klagen einfach großartig. Ich kenne Menschen, die wundervolle Schwiegereltern haben, und ich hoffe, dass es im Himmel eine Sonderstellung für Eltern gibt, die ihre neuen Familienmitglieder liebevoll behandeln und ihnen mit Respekt begegnen – Gefühle, die sich mit der Zeit vertiefen und bereichern. Ich kenne Personen, die von ihren Schwiegereltern begeistert sind, andere, die von dieser Beziehung profitieren, und wieder andere, deren Schwiegereltern Ekel sind, deren Partner sie jedoch schützen, indem sie dem Verhalten der Eltern angemessene Grenzen setzten. Diese Personen haben Glück. Aber unglaublich viele mussten feststellen, dass ihre Schwiegereltern in ihrer Ehe und in ihrem Leben eine ernste Konfliktquelle sind.

Dieses Buch ist ein Ratgeber für diejenigen, die entdecken mussten, dass ihre Ehe existenziell bedroht ist von Gefühlen wie Groll, Frustration, Wut, Schuld und Hoffnungslosigkeit, hervorgerufen von den Schwiegereltern. Konfrontiert mit Kritik, Kälte oder Einmischungen fühlen Sie sich in Heckenschützengefechte verwickelt, schwelen in Ihrer Wut, schreien Ihren Partner an oder brechen nach jedem Zusammenstoß in Tränen aus. Oder vielleicht haben Sie versucht, die Wogen zu glätten, zu lächeln, gut Wetter zu machen und so zu tun, als sei alles in bester Ordnung. Aus Liebe zu Ihrem Partner und dem Bedürfnis, die Situation nicht zu verschlimmern, spielen Sie mit, um nicht ausgespielt zu werden. Dabei stellen Sie dann fest, dass Sie wiederholt Ihre Gefühle, Ihre Überzeugungen, Ihre Wünsche und schließlich auch Ihre persönliche Integrität kompromittieren.

Kein Zweifel: Probleme mit den Schwiegereltern können zermürbend sein. Schlimmer jedoch ist, dass sie Ihre Partnerbindung schwächen. Und je länger sie unbeachtet oder unbearbeitet bleiben, desto größere Zerstörungskraft entwickeln sie. In den 25 Jahren, die ich nun Einzelpersonen und Paare aller Altersgruppen und jeglicher Herkunft berate, ist eine Tatsache deutlich zu Tage getreten: *Wer Schwierigkeiten mit den Schwiegereltern hat, der hat auch Eheprobleme.* Haben Sie aber erst einmal das komplexe System verstanden, in das Sie, Ihr Partner und Ihre Schwiegereltern eingebunden sind, dann gibt es sehr gute und wirkungsvolle Möglichkeiten, Ihre Situation, die Ihres Partners und Ihr Zusammenleben zu verbessern.

Welche Schwiegereltern sind böse?

Lassen Sie uns die Begriffe definieren.

In meinem Buch *Vergiftete Kindheit* hatte ich das Adjektiv »giftig« mit Bedacht ausgewählt. Ich bin mir der mit diesem Wort verbundenen Provokation bewusst, doch ich war und bin noch immer der Auffassung, dass es das beste Wort ist, um den zerstörerischen Einfluss zu beschreiben, den bestimmte Personen auf unser Leben haben können. Und dieses Buch führt exemplarisch vor, dass Schwiegereltern, die Ihre Ehe vergiften, ihr Handwerk schon als Eltern gelernt haben.

Böse Schwiegereltern sind mehr als nur lästig. Vielleicht finden Sie sie geschmacklos und missbilligen ihre Ansichten, oder Sie fühlen sich in ihrer Gegenwart unwohl, weil Sie so wenig gemeinsam haben. Doch Unbehagen und soziales Fehlverhalten allein bedeuten noch nicht, dass Sie böse Schwiegereltern haben, vielleicht sind diese Ihrer Traumvorstellung von den idealen Schwiegereltern diametral entgegengesetzt.

Böse Schwiegereltern erzeugen durch unterschiedlichste Angriffe auf Sie und Ihre Ehe ein genuines Chaos. Solche Angriffe können offen und aggressiv oder subtil und subversiv sein. Sie beinhalten möglicherweise den Versuch, durch Schuldzuweisungen oder mit Geld Kontrolle über Sie auszuüben, oder verbergen sich hinter schmerzhaften Zurückweisungen religiöser oder kultureller Natur. In der Regel sind solche Angriffe unverfroren und unerbittlich.

Bitte bedenken Sie, dass ich, wenn ich von dem zerstörerischen Potenzial der angeheirateten Verwandtschaft spreche, ausschließlich die Eltern Ihres Partners oder Ihrer Partnerin meine. Ich weiß, dass viele Menschen ganz allgemeine Schwierigkeiten mit angeheirateter Verwandtschaft haben, etwa mit dem unausstehlichen Schwager oder der lästernden Schwägerin. Doch die Beziehung zwischen der Elterngeneration und erwachsenen Kindern weist eben ein besonderes Machtungleichgewicht auf. Kultur und Gesellschaft gestehen der älteren Generation einen Anspruch auf Autorität und Respekt zu, egal, ob sie ihn sich verdient hat oder nicht. Außerdem aktivieren die Schwiegereltern, da sie der Generation der eigenen Eltern angehören, häufig ungelöste Elternkonflikte.

Haben Sie böse Schwiegereltern?

Um Schwiegereltern als böse zu identifizieren, ist der Blick auf zwei Bereiche hilfreich: erstens auf die Lebensbedingungen Ihrer Schwiegereltern, die deren Einmischung wahrscheinlicher machen, und zweitens auf tatsächliche Beweise für derlei Einmischungen. Die folgende Checkliste hilft Ihnen, echte Schwachstellen zu identifizieren:

1. Behandeln Ihre Schwiegermutter und Ihr Schwiegervater einander kalt oder unberechenbar?
2. Streiten sie sich viel?
3. Trinken sie oder benutzen Drogen?
4. Falls verwitwet oder geschieden, weigern sie sich, ein neues Leben aufzubauen, und erwarten von Ihrem Partner, den fehlenden Lebensgefährten zu ersetzen?

5. Verlangen sie ständig von Ihrem Partner, ihnen entgegenzukommen?
6. Schaffen sie immer wieder Situationen, in denen Ihr Partner gezwungen ist, zwischen zwei Bedürfnissen zu wählen?
7. Kritisieren sie regelmäßig Sie, Ihren Partner oder Sie beide?
8. Machen sie abfällige Bemerkungen über Ihr Äußeres, Ihre Arbeit, Ihre politischen oder religiösen Überzeugungen oder über Dinge und Menschen, die Ihnen wichtig sind?
9. Bestechen sie Sie oder Ihren Partner, um ihren Willen durchzusetzen?
10. Versuchen sie in Ihnen und/oder Ihrem Partner Schuldgefühle zu wecken, wenn Sie ihnen etwas verweigern?
11. Drängen sie Ihnen unablässig und unverlangt ihren Rat auf?

Wenn Sie auch nur eine der ersten drei Fragen mit Ja beantwortet haben, dann ist es sehr wahrscheinlich, dass Ihre Schwiegereltern ihre persönlichen Probleme in Ihrer Ehe ausleben. Falls Sie eine oder zwei der Fragen vier bis elf mit Ja beantworten müssen, dann zeigt dies, dass Sie bereits Probleme mit Ihren Schwiegereltern haben, um die Sie sich kümmern sollten. Und wenn Sie drei oder mehr dieser Fragen mit Ja beantwortet haben, dann sind Sie bösen Schwiegereltern in die Hände gefallen, die meinen, dass sie in entscheidenden Bereichen Ihres Lebens ein Recht auf Mitsprache haben.

Auch wenn das problematische Verhalten Ihrer Schwiegereltern offensichtlich ist, kann es sein, dass sie sich der Wirkung auf Sie vollkommen unbewusst sind. Manchmal spiegeln ihre Handlungen einfach die Art wider, wie sie sind und schon immer waren. Und Ihre Schwiegereltern selbst sind oft gar nicht in der Lage, ihr Verhalten zu erkennen, weil bisher niemand gewagt hat, ihnen zu sagen, wie viel Unglück sie damit verursachen.

In der ersten Hälfte dieses Buches wollen wir uns nicht nur damit beschäftigen, was Ihre Schwiegereltern tun, sondern auch untersuchen, was sie zu erreichen hoffen – das eine grundlegende Ziel, das alle bösen Schwiegereltern gemeinsam haben. Wir wollen außerdem herausfinden, welche Reaktionen ihr Handeln bei Ihnen und Ihrem Partner auslöst, und die Schwierigkeiten analysieren, mit denen Ihr Partner konfrontiert ist, der sich von der Liebe zu Ihnen und der lebenslangen Loyalität zu seinen Eltern zerrissen fühlt.

Das Überlebenshandbuch für Opfer von bösen Schwiegereltern

Im zweiten Teil des Buches will ich Ihnen helfen, Ihr Schiff auch dann auf Kurs zu halten, wenn die Auseinandersetzung mit Ihren Schwiegereltern stürmisch wird. Als Erstes möchte ich Ihnen einen verständnisvollen Umgang mit einem Partner vermitteln, der sich gegen seine Eltern nicht zur Wehr setzen kann. Ich werde Ihnen wirkungsvolle Methoden zeigen, mit denen Sie Ihre Enttäuschung und Frustration kompensieren können, wenn Ihr Partner Sie erstens nicht vor seinen Eltern schützt und sich, zweitens darüber ärgert, dass Sie sich selbst vor ihnen zu schützen und gegen sie zu verteidigen versuchen.

Dann werde ich Ihnen Mittel und Wege an die Hand geben, Ihren Schwiegereltern die Kontrolle über Ihre Ehe wieder abzunehmen, unabhängig davon, ob Ihr Partner Sie dabei unterstützt oder nicht. Ich werde Ihnen erklären, was Sie sagen, was Sie tun und welche Grenzen Sie ziehen müssen und welche Erwartungen vernünftig und realistisch sind.

Zurechtzukommen mit den Schwiegereltern ist jedoch nicht allein eine Sache der Bestimmtheit, Ihnen klarzumachen, was sie Ihnen antun und was Sie von ihnen wollen. Im Alltag werden sie dennoch Dinge tun und sagen, die Sie aufbringen und wütend machen. (Ihrem Partner wird es mit Ihren Eltern häufig ebenso ergehen.) Alle Deutlichkeit vermag Sie nicht davor zu schützen, dass Ihre Schwiegereltern Sie auch in Zukunft gelegentlich zur Weißglut treiben werden. Ich möchte Ihnen zeigen, wie Sie sich Provokationen entziehen und herausfinden können, was Sie sich nicht bieten lassen müssen.

Wirklichkeit und Akzeptanz

Ich kann Ihnen nicht versprechen, dass dieses Buch alle Differenzen zwischen Ihnen und Ihren Schwiegereltern wegzaubert und Ihnen die Beziehung beschert, die Sie sich schon immer gewünscht haben. Ich kann Ihnen jedoch dabei helfen, schädigendes Verhalten zu vermeiden und eine Beziehung zu Ihren Schwiegereltern zu entwickeln, mit der Sie leben können. Sicherlich ist es schmerzhaft, Träume von mehr Nähe und einem besseren Miteinander aufzugeben. Doch wenn man akzeptiert, was tatsächlich ist, statt sich ständig nach einem besseren Zustand zu verzehren und jenen zu grollen, die ihn verhindern, dann erhöht dies die Aussichten auf inneren Frieden.

Wer bereits eins meiner Bücher gelesen hat, weiß, dass ich immer bereit bin, meine eigenen Konflikte offen zu legen. Damit möchte ich erreichen, dass Sie sich insofern bei mir sicher fühlen, als ich vergleichbare Erfahrungen und Fehler gemacht habe.

Vielleicht wird es Sie überraschen, dass es mir im Kern weniger um Konfrontation als um realistische Akzeptanz geht – etwas, was ich mit der Zeit zu schätzen gelernt habe. Ich will Ihnen damit keineswegs nahe legen, eindeutig unakzeptables Verhalten hinzunehmen. Doch glaube ich, dass die genaue Betrachtung Ihrer unrealistischen Erwartungen und Ihres eigenen Anteils am Konflikt mit Ihren Schwiegereltern Ihnen eine Gefühlswelt offenbart, auf die Sie Einfluss nehmen können.

Ich habe lange gebraucht, um die Litanei »Ich habe Recht, sie sind im Irrtum« und die selbstgerechte Befriedigung, die mit dieser Feststellung verbunden ist, aufzugeben. Es war ein schmerzhafter Prozess zu lernen, dass Menschen nur das geben können, was sie haben, und dass sie nur so sein können, wie sie sind. Wir alle haben irgendwo unsere Grenzen, und wir alle sind das Produkt unserer eigenen Geschichte. Ich habe erfahren, dass es besser ist, mit Menschen, die nicht anders können, einen ruhigen und liebevollen Umgang zu pflegen, als sich von ihnen zu distanzieren. Realistische Akzeptanz hat mein Leben unendlich verbessert.

Zu realisieren, was in der Beziehung zu Ihren Schwiegereltern möglich und was unmöglich ist, wird es Ihnen leichter machen, Ihren sinnlosen Groll aufzugeben und Frieden zu finden. Dies wiederum wird sich günstig auf den Umgang mit Ihren Mitmenschen auswirken und Sie offener machen.

Praktische Antworten auf universelle Dilemmas

Ich weiß, dass Sie viele Fragen haben, und ich will Ihnen helfen, Antworten auf diejenigen zu finden, die ich im Zusammenhang mit schwierigen Schwiegereltern am häufigsten gehört habe. Fragen wie:

1. Mein Mann wird schrecklich wütend, wenn ich ihm sage, dass ich nicht gerne mit seinen Eltern zusammen bin. Muss ich wirklich alle vor den Kopf stoßen, um etwas zu verändern?
2. Wie soll ich mit meinen Schuldgefühlen umgehen, wenn ich nicht das mache, was alle anderen von mir erwarten?
3. Meine Schwiegereltern und ich haben Probleme miteinander. Muss ich denn unbedingt meine Frau mit einbeziehen?
4. Meine Schwiegereltern machen mir die Hölle heiß, wenn mein Mann nicht da ist. Er meint, ich übertriebe und sei überempfindlich. Wie kann ich erreichen, dass er mich ernst nimmt?

5. Mein Schwiegervater ruiniert alle Familienzusammenkünfte mit seiner Trinkerei und seinem widerwärtigen Benehmen. Doch wie soll ich ihn davon abhalten, zu uns zu kommen?
6. Bin ich nicht ziemlich egoistisch, wenn ich erwarte, dass ich bei meinem Mann an erster Stelle komme?

Schritt für Schritt werde ich Ihnen dabei helfen, eine Antwort auf die allerschwierigste Frage zu finden: auf das verzwickte moralische Dilemma, wie viel Sie einem wirklich bedürftigen Schwiegervater, der Sie um Ihre Unterstützung bittet, geben wollen, oder ob Sie beispielsweise Ihre Schwiegermutter bei sich aufnehmen sollen und ob Ihrer Ehe dann noch genug Raum zum Atmen bleibt.

Die Macht positiven Handelns

Eines der populärsten Bücher, das jemals geschrieben wurde, ist die *Kraft positiven Denkens* – ein äußerst inspirierender Ratgeber. Ich möchte Ihnen zeigen, wie Sie positives Denken auf die nächsthöhere Ebene heben können, aus der Ihnen neue Kraft zum Handeln erwächst. Dazu benötigen Sie Mut und Entschlossenheit, doch bewaffnet mit Klarheit und neuen Fertigkeiten, werden Sie die notwendige innere Kraft finden.

Es ist möglich, eine durch gespaltene Loyalität gefährdete Ehe zu retten. In den meisten Fällen kann man mit den Schwiegereltern Frieden schließen. Auf jeden Fall aber haben Sie es in der Hand, mit Ihrem Partner und mit sich selbst Frieden zu schließen. Positives Denken ist wunderbar, doch erst positives Handeln wird Ihr Leben richtig verändern.

Ich weiß, dass viele von Ihnen sich in Ihrer Beziehung zu Ihren Schwiegereltern hilflos und hoffnungslos fühlen. Doch Ihre Situation ist keineswegs aussichtslos, und Sie sind auch nicht hilflos. Es gibt vieles, was Sie tun können. Sie haben die

Möglichkeit, Ihre eigenen Reaktionen zu verändern und dadurch alles anders zu betrachten und sich besser zu fühlen. Sie werden die Menschen verändern, die Sie lieben, und die, die Sie gerne lieben möchten. Was haben Sie zu verlieren?

Erster Teil

Böse Schwiegereltern verstehen

1
Das Dreiecksverhältnis

Wenn Sie ernstlich darüber nachdenken, sich zu binden, dann wissen Sie im Allgemeinen bereits einiges über Ihren Partner, und Sie haben seine Familie mit all ihren Heiligen, Verdrängungskünstlern, Diktatoren und Märtyrern entweder schon kennen gelernt oder wenigstens von ihr gehört. Im Nachhinein erinnern Sie sich vermutlich an die erste dunkle Ahnung, dass Sie Schwierigkeiten mit den Schwiegereltern haben werden. Manche sprechen von einem ersten frostigen Empfang oder von einer dauernden Anspannung, bei anderen liefern ein kurzes Telefongespräch und schneidende Bemerkungen die Vorschau auf das Kommende. Wenn sich die unangenehmen Momente auflösen und nichts zurückbleibt, dann ist die Gefahr gebannt. Doch wenn Sie die erste problematische Begegnung im Geiste wie einen Film immer wieder aufs Neue abspielen, dann sind Sie in Schwierigkeiten.

Für Anne, eine 31-jährige Grafikdesignerin, war es die Reaktion ihrer zukünftigen Schwiegermutter auf eine persönliche und berufliche Entscheidung.

Ruth fing an, mich zu attackieren, noch bevor Joe und ich überhaupt geheiratet hatten. Sie war erbost über meine Entscheidung, meinen Namen wegen meiner Veröffentlichungen und meiner Telefonbuchwerbung beizubehalten. Beim Abendessen der Probehochzeit erklärte sie Joe so, dass mehrere andere und auch ich es hören konnten, ich sei ihrer Meinung nach zu ehr-

geizig und er werde bei mir nur die zweite Geige spielen, nach meiner Karriere, die in ihren Augen unwichtig war, obwohl sie selbst ebenfalls berufstätig ist. Ich sagte nichts dazu, doch ich fühlte mich gedemütigt und war wütend. Ich versuchte, die Bemerkung mit Humor zu überspielen und mir nichts anmerken zu lassen. Es war einfach nicht der richtige Zeitpunkt für eine Auseinandersetzung.

Joes Mutter kritisierte und verunglimpfte Anne, und ihr Verhalten war die reine Provokation. Hätte Anne deshalb die Ehe mit Joe in Frage stellen sollen? Natürlich nicht. Doch wenn Ruth ihr Verhalten beibehielte, dann würde sich alle Beteiligten damit auseinander setzen müssen.

Doch in der Folgezeit gelang es Anne nie, den »richtigen Augenblick« zu finden, um über die Angelegenheit zu sprechen. Vier Jahre war sie bereits verheiratet, als sie zu mir kam. Sie fühlte sich noch immer gedemütigt und war wütend – und machte sich Vorwürfe, weil sie diese frühen warnenden Anzeichen abgetan und Ruth nicht rechtzeitig Einhalt geboten hatte. Wie die meisten Menschen mit bösen Schwiegereltern hatte sie von Anfang an gespürt, dass ihre Ehe nicht zwei Familien glücklich vereinen, sondern eine feindliche Übernahme durch die Eltern ihres Partners bewirken würde. Doch diese Erkenntnis ist eine der schwersten, die meisten leiden lieber im Stillen. Schließlich ist man gerade verliebt. Man will sich nicht ausgerechnet jetzt mit Themen belasten, die den romantischen Gefühlen im Weg stehen könnten. Man will von den zukünftigen Schwiegereltern gemocht und akzeptiert werden.

Anne wunderte sich rückblickend darüber, wie sehr sie sich bemüht hatte, die unangenehme Situation beim Abendessen der Probehochzeit als Ausrutscher zu interpretieren – gefolgt von Jahren voller neuer Ausrutscher.

Ich wünschte mir so sehr, dass sie mich mögen würde. Und ich war sicher, sie würde mich mögen, sobald sie mich erst besser kannte. Doch das Gegenteil war der Fall. Als wir verheiratet waren, wurde es nur schlimmer. Dann meinte sie, die Situation würde sich vielleicht bessern, sobald sie Großmutter geworden war. Inzwischen hat Ruth zwei Enkel und hackt noch immer ohne Unterlass auf mir herum.

Warum lassen wir zwischen dem Augenblick, in dem wir die Probleme erkennen, und dem Warten auf das Verschwinden dieser Probleme von selbst, Monate und Jahre verstreichen? Ich bin sicher, es liegt an der Vielzahl verinnerlichter Gemeinplätze zum Umgang mit Schwiegereltern. Sie sind tief in unserem kollektiven Glaubenssystem verankert und treten gerne in den Ratschlägen wohlmeinender Freunde und Verwandter in Erscheinung. An sie erinnern wir uns umgehend, wenn wir uns in einem ersten Moment des Entsetzens bewusst machen, dass unsere gegenwärtigen oder zukünftigen Schwiegereltern nicht auf unserer Seite sind. Ich bezeichne diese verinnerlichten Gemeinplätze als »Schwiegereltern-Mythen«, denn in der überwiegenden Zahl der Fälle sind sie nichts als Wunschdenken und ohne Bezug zur Wirklichkeit. Doch scheinen sie uns zu trösten, und wir klammern uns deshalb so lange an sie, bis sie fadenscheinig geworden sind wie eine alte Schmusedecke.

Schwiegereltern-Mythen durchschlagen

Die sieben nachfolgenden kurzen Statements hören sich vollkommen vernünftig an, und wie Rankgitter in einem Garten sollen sie die jungen Hoffnungstriebe stützen, die sich mit der Zeit in ein Dickicht aus einlullenden Überzeugungen und Rationalisierungen verwandeln. Indem Sie sich auch nur an einem dieser Mythen festhalten, werden Sie davon abgehalten, sich wirklich mit Ihrer Beziehung zu den Schwiegereltern auseinander zu setzen. Ich möchte diese Fantasien also eine nach der anderen auflösen, obwohl ich weiß, dass dies Ihre Verletzlichkeit erhöhen wird.

1. »Wenn wir erst verheiratet sind, wird alles besser.«
Vielleicht. Aber das Gegenteil könnte gleichfalls eintreten. Die meisten Betroffenen müssen feststellen, dass böse Schwiegereltern vor, während und nach der Hochzeit ein gleich bleibendes Verhalten an den Tag legen. Wenn sie weder in einer frühen noch späteren Phase Ihrer Beziehung mit ihrem Sohn oder ihrer Tochter mit Ihnen warm werden können oder sogar versuchen, ihrem Kind eine Beziehung mit Ihnen auszureden, dann ist es höchst unwahrscheinlich, dass sie ihre Kampagne gegen Sie beenden, nur weil Sie darauf hoffen. Hochzeitstorten und Ringe sind wunderbare Symbole, doch haben sie keine magischen Kräfte, wenn es um ein schwieriges Verhältnis zu den Schwiegereltern geht.

2. »Wenn sie mich erst besser kennen, wird alles besser.«
In diesem Satz schwingt spürbar die Verletzung mit, die Betroffenen bereits durch die Kritik oder Zurückweisung von Schwiegereltern zugefügt wurde. Zeit und Familiarität allein können verschlossene Herzen nicht öffnen. Wenn Sie tapfer darauf vertrauen, Ihre Schwiegereltern mit Ihrer natürlichen Güte und Ihrem Charme für sich zu gewinnen, dann warten Sie darauf, dass sich ein zerbrochener Teller von selbst repariert.

3. »Wenn ich erst ein Kind habe, wird alles besser.«
Gewiss, ich kenne Schwiegereltern, die sich durch die Geburt von Enkelkindern haben erweichen lassen. Doch damit rechnen können Sie nicht. Es ist außerdem denkbar, dass sie zwar mit ihren Enkeln, nicht aber mit Ihnen liebevoll umgehen. Und wenn sie meinen, am besten zu wissen, was für Sie und Ihren

Partner gut ist, dann können Sie sicher sein, dass sie sich auch im Hinblick auf Ihre Kinder für die maßgebliche Instanz halten. Schließlich ist Elternschaft praktisch ihr Beruf, während Sie höchstens als Amateur durchgehen. Seien Sie nicht überrascht, wenn sich mit dem Neugeborenen auch ein neues Konfliktfeld ergibt.

4. »Wenn ich mich ihren Wünschen füge, dann müssen sie mich lieb gewinnen.«
Zustimmung bei wichtigen Belangen vorzutäuschen oder sich um der Anerkennung der Schwiegereltern willen ihrem Druck zu beugen mag auf kurze Sicht funktionieren, aber auf lange Sicht ist diese Strategie nur selten Erfolg versprechend. Manche Schwiegereltern legen die Latte so lange höher, bis Sie mit einer Forderung konfrontiert sind, die Sie unmöglich erfüllen können. Andere akzeptieren vielleicht ihr falsches, nachgiebiges Selbst und lernen nie den Menschen kennen, der sich hinter »Frieden um jeden Preis« verbirgt. Keines dieser Szenarios löst letztendlich Ihr Problem. Keines lässt Ihre Selbstachtung intakt.

5. »Meine Eltern sind sie ja nicht, also ist es mir egal, wie sie zu mir stehen.«
Irrtum! Spätestens, wenn sie im Hinblick auf Ihren Partner ein besitzergreifendes Verhalten an den Tag legen, ist Ihnen nicht mehr egal, wie sie zu Ihnen stehen. Wenn sie Sie missbilligen und das Ihrem Partner und Ihnen ständig unter die Nase reiben, dann kann Ihnen das nicht gleichgültig sein. Wenn sie sich auf eine der in den nachfolgenden Kapiteln beschriebenen Weisen in Ihr Leben einmischen, dann können Sie sich dem Konflikt nicht entziehen. Und obendrein haben Schwiegereltern die Fähigkeit, alte Unsicherheiten und Schwachstellen zu aktivieren, die Sie noch aus der Beziehung zu Ihren eigenen Eltern kennen, weil sie der gleichen autoritären Generation angehören.

6. »Sie leben weit weg, also werden wir sie ohnehin nicht oft zu Gesicht bekommen.«
Die Preise für Ferngespräche sind in den letzten Jahren enorm gefallen, und für wenig Geld kann man fast überallhin fliegen. Auf gewisse Weise können seltene Begegnungen die Beziehung zu Ihren Schwiegereltern sogar erschweren, da wochen- und monatelang angestaute Gefühle in eine begrenzte Zeitspanne gepackt werden. Große räumliche Distanz heißt zwar, dass Sie nicht viel Zeit in ihrem Haus und umgekehrt zubringen werden, aber das bedeutet nicht, dass sie nicht doch ständig präsent sind.

7: »Mein Partner wird die Beziehung mit mir immer an erste Stelle setzen.«
Vermutlich zutreffend, bis zu dem Augenblick, da er sich mit seinen Eltern direkt auseinander setzen muss.

Ich kenne zahlreiche Fälle, in denen Betroffene versucht haben, diese Mythen um jeden Preis aufrechtzuerhalten – typischerweise und wie in Annes Fall, obwohl es endlos viele Beweise für ihre Realitätsferne gab. Wie Lebensretter treten sie immer dann auf den Plan, wenn die Zurückweisung und Feindseligkeit am schmerzhaftesten sind. Sie scheinen Sie zu beruhigen, wenn Sie Ihren Schwiegervater oder Ihre Schwiegermutter am liebsten erwürgen würden, und sie verschaffen Ihnen die Illusion einer »brauchbaren Perspektive«, wenn Sie sich nach fortgesetzten Zusammenstößen mit der Familie Ihres Partners ausgelaugt fühlen. Doch tatsächlich hindern diese Mythen Sie lediglich daran, die Wirklichkeit klar zu erkennen, klug zu reagieren oder wirkungsvoll in Aktion zu treten, sobald Probleme sichtbar werden. Lassen Sie uns also nun unsere Aufmerksamkeit auf die Wirklichkeit richten. Sie mag zwar nicht das sein, was Sie sich erträumt haben, doch ist sie das Einzige, was zählt.

Wirklichkeit, I. Teil: Wie sich böse Schwiegereltern verhalten

In den nachfolgenden Kapiteln werde ich Sie auffordern, genau zu analysieren, wie sich die typischen bösen Schwiegereltern verhalten. Gemeinsam mit Ihnen werde ich ihre bevorzugten Handlungsweisen erforschen, ihre Taktiken und ihre Motive für die Behandlung, die sie Ihnen zuteil werden lassen. Ich habe die Erfahrung gemacht, dass sich die meisten Menschen, weil es ihnen so sinnlos vorkommt, nicht die Mühe machen, die Handlungsweisen ihrer Schwiegereltern näher zu ergründen. Die häufigsten Begründungen lauten: »Ich habe sie mir nicht ausgesucht«, »Ich kann mich nicht von ihnen scheiden lassen«, »Ich kann keinen Killer anheuern, der sie um die Ecke bringt« und »Jeder weiß, dass man andere Menschen nicht ändern kann« – wozu also der ganze Ärger? Eine solche Herangehensweise lähmt Sie und gibt Ihnen das Gefühl von Hoffnungslosigkeit im Hinblick auf Ihre emotionalen Reaktionen auf Ihre Schwiegereltern, ohne dass Sie jemals Ihren Verstand einsetzen und untersuchen würden, was sie Ihnen und Ihrem Partner antun. Schlimmer noch, Sie verstärken ihre Verhaltensmuster durch Ihre vorhersehbaren Reaktionen, mit denen Sie Ihren Schwiegereltern unbewusst genau das geben, was sie von Ihnen wollen.

Ich bin sicher, dass Sie Ihre Schwiegereltern in einer der nachfolgenden fünf Typisierungen wieder erkennen:

1. *Die Kritiksüchtigen* betrachten Sie als inkompetent oder fehlerhaft, weil Sie andere Ansichten, Vorlieben, Glaubensvorstellungen, Werte oder Herangehensweisen haben. Sie machen Sie zum Sündenbock für alle Probleme, die Sie und Ihr Partner möglicherweise haben.
2. *Die Verschlingenden* betrachten die Tatsache, dass Sie mit

ihrem Sohn oder ihrer Tochter eine Ehe eingegangen sind, als Freibrief, Sie mit Anforderungen überschütten zu dürfen.

3. *Die Kontrollsüchtigen* glauben, dass Ihr Partner unfähig ist, sein Leben selbst in die Hand zu nehmen, und reißen alles an sich, um es besser zu machen. Sie verlangen Fügsamkeit und machen ihre Zuneigung von dem Maß abhängig, in dem Sie sie zufrieden stellen.
4. *Die Chaotischen* haben wenig oder gar nichts getan, um ihre Abhängigkeiten, Eheprobleme oder finanziellen Schwierigkeiten unter Kontrolle zu bekommen und richten ein Chaos an, das Ihren Partner mit hineinzieht und auf Ihre Familie übergreift.
5. *Die Abweisenden* sind solche, die Sie absichtsvoll verletzen. Ihr grausames, aggressives und oft beleidigendes Verhalten ist äußerst schmerzhaft und beinhaltet fast immer den Versuch, Ihren Partner gegen Sie aufzuhetzen und Ihre Ehe zu sabotieren.

Diese Typisierungen stehen nicht immer für sich alleine und kommen nicht immer säuberlich voneinander getrennt vor. Viele Schwiegereltern verhalten sich mal kritiksüchtig und mal verschlingend. Die meisten jedoch greifen im Umgang mit Ihnen und Ihrem Partner auf eine dieser fünf Kategorien zurück. Im Folgenden wollen wir uns vor allem mit ihren auffälligsten Verhaltensweisen befassen. Die Geschichten, die ich Ihnen über jeden dieser Schwiegerelterntypen erzählen will, werden Ihnen helfen, ihr Funktionieren zu durchschauen und die erforderliche Klarheit zu gewinnen, um die nötigen Veränderungen herbeizuführen.

Der Dritte im Bunde

Doch auch dieses klare und einfache Bild ist nichts als ein weiterer Mythos. Probleme mit den Schwiegereltern sind vor allem deshalb so schwer zu handhaben, weil es sich um ein Dreiecksverhältnis handelt.

Keine Frage, Sie hätten keine Probleme mit Ihren Schwiegereltern, wenn Sie in eine Familie eingeheiratet hätten, deren Mitglieder glückliche, tolerante Menschen mit großen Herzen sind, die ein erfülltes Leben führen. Es trifft auch zu, dass Sie Ihre Differenzen selbst mit den schlimmsten Schwiegereltern vermutlich erfolgreich beilegen könnten, wenn Ihr Partner sich explizit vor Sie stellen würde. Ich habe Ihnen versprochen, die Schwiegereltern-Mythen durch die Wirklichkeit zu ersetzen. Wenden wir uns also nun den anderen beiden Mitspielern in der zerstörerischen Schwiegereltern-Beziehung zu: Ihrem Partner und Ihnen.

Wirklichkeit, II. Teil: Das Partnerproblem

Welche Verwandlung findet bei manchen Menschen statt, die sich mit ihren Eltern im selben Raum befinden? Viele mussten überrascht feststellen, dass sich der starke, kompetente Mann, den Sie geheiratet haben, in Gegenwart seiner Eltern in ein ängstliches Kind verwandelt, oder dass die selbstsichere, temperamentvolle Frau, in die Sie sich verliebt haben, in Gesellschaft ihrer Eltern unterwürfig und schuldbeladen wirkt. Wenn Sie davon überzeugt waren, sich an einen Menschen gebunden zu haben, der immer zu Ihnen halten würde, dann kann es ein echter Schock sein, wenn Ihr Partner im Beisein der Schwiegereltern umkippt und die Seiten wechselt.

Für Hope, eine 22-jährige Empfangschefin, kam dieser Schock kurz vor dem ersten Weihnachten, das sie mit ihrem Verlobten verbringen wollte.

Jerry hat, als wir noch miteinander ausgingen, viel von seinen Eltern erzählt. So weit ich das beurteilen kann, hassen sie einander, aber sie wohnen dennoch in ein und demselben Haus. Sie haben getrennte Schlafzimmer und führen praktisch getrennte Leben. Der Vater geht im Grunde nicht aus dem Haus und werkelt nur an seiner Werkbank in der Garage herum. Er ist der Größte, wenn es darum geht, anderen Menschen die kalte Schulter zu zeigen, insbesondere seiner Frau. Jerrys Mutter fühlt sich schrecklich einsam, und so hat sie sich im Hinblick auf Gesellschaft und ihr Nähebedürfnis immer auf Jerry, der Einzelkind ist, verlassen. Gemeinsam haben Mutter und Sohn zahlreiche Reisen unternommen, und Jerry geht mit ihr ins Theater oder unternimmt Ähnliches mit ihr. Wie auch immer, jedenfalls war dies unser erstes gemeinsames Weihnachten, und wir hatten Pläne gemacht, nach Hawaii zu fliegen – da rief seine Mutter an. Sie erzählte ihm, dass sie viel Geld durch Börsenspekulation verdient hatte und deshalb mit ihm eine Reise nach Europa machen wollte. Es sei ja wohl ohnehin die letzte gemeinsame Reise, die sie unternehmen könnten – wegen mir natürlich. Ausgerechnet Weihnachten! Nur sie beide! Jerry begriff überhaupt nicht, warum ich mich so aufregte.

Für Tim, einen 38-jährigen Grafiker, kam der Schock an einem regnerischen Sonnabend vier Monate nach seiner Hochzeit.

Wir lagen miteinander im Bett, und ich fragte Tracy, wie sie den Tag verbringen wolle. Sie stand auf, um das Fenster zu öffnen, und sagte mit mir zugewandtem Rücken etwas darüber, dass sie das Gästezimmer für ihre Eltern herrichten müsse. Ich glaubte, nicht richtig zu hören, denn wir hatten abgemacht, dass wir Freunde bei uns zu Hause, Familienmitglieder aber im Hotel unterbringen würden. So hatten wir es bei meinen Eltern gehalten, und ich war davon ausgegangen, Gleiches würde auch für ihre Verwandtschaft gelten. Tracy erklärte mir, dass ihre Eltern beleidigt sein würden, wenn sie annehmen müssten, dass wir sie nicht bei uns haben wollten, und ich Idiot gab nach. Ihre Mutter brachte die Woche damit zu, die Toilette zu schrubben und unseren Haushalt auf den Kopf zu stellen, und ihr Vater hielt uns, nachdem er eine halbe Flasche Scotch intus hatte, jeden Abend Vorträge darüber, wie extravagant unser Lebensstil sei und wie wir mit unserem Geld umgehen sollten. Es gab kein Entkommen. Der reinste Albtraum.

Und eine Frau, die sich mit echten Sorgen an »Dear Abby« wandte, schrieb:

Dear Abby,

ich bin 32 Jahre alt und geschieden und will bald zum zweiten Mal heiraten. Aber ich habe bereits jetzt Schwierigkeiten mit meinen zukünftigen Schwiegereltern. Mir sind mein ganzes Leben lang noch nie derart unverschämte Menschen untergekommen. Sie wollen absolut nichts mit mir zu tun haben.

Die Eltern meines Verlobten waren höflich und freundlich zu mir, bis ich mit ihrem Sohn auszugehen begann. Dann fingen sie mit all ihren scheelen Blicken und ihrem unmöglichen Benehmen an. Abby, ich habe diese Leute nie auch nur im Geringsten beleidigt. Selbst mein Verlobter ist der Meinung, dass ich nichts falsch gemacht habe.

Seine Mutter hat mir geradewegs ins Gesicht gesagt: »Warte nur, bis dir irgendjemand den Sohn stiehlt, um herauszufinden, wie sich das anfühlt.« Ich verstehe, dass sie traurig ist, weil ihr »Baby« nun flügge wird und das Nest verlassen wird, aber, um Himmels willen, das Baby ist inzwischen 26 Jahre alt und hat eigene Vorstellungen. So läuft das in der Natur nun einmal.

Inzwischen sind anderthalb Jahre vergangen, und sie wollen noch immer nichts mit mir zu tun haben. Aber sie erwarten von ihrem Sohn, dass er sich regelmäßig bei ihnen sehen lässt, und das tut er auch. Ich ärgere mich darüber, dass er in dem Wissen zu ihnen geht, wie sie zu mir stehen. Was kann ich tun?

Jeder dieser drei Menschen hatte es mit unterschiedlich schwierigen Schwiegereltern zu tun: mit einer einsamen, unzufriedenen und Aufmerksamkeit erzwingenden Mutter; den ersten von endlosen, unverlangten Ratschlägen; einer Frau, die ihre Schwiegertochter als Eindringling und Übeltäterin betrachtet. Doch sie alle haben eines gemeinsam: einen Partner, der aus häufig unverständlichen Gründen nicht bereit ist, sich klar auf ihre Seite zu stellen und seinen Eltern angemessene Grenzen setzt.

Der durch diese fehlende Unterstützung hervorgerufene Stich schmerzt oft weit mehr als alles, was die Schwiegereltern anrichten könnten. Meine Klientin Anne brachte Groll, Frustration, Wut und Verlassenheitsgefühle zum Ausdruck, wie wir sie fast alle in einer solchen Situation erleben, wenn sich unser Partner nicht mit uns verbündet.

Er will sich einfach nicht hinter mich stellen, und er geht sofort in die Defensive, wenn ich mit ihm über diese Dinge sprechen möchte. Ich glaube, er hat Angst vor seiner Mutter. Wahrscheinlich hat er schon immer Angst vor ihr gehabt. Ich fühle mich total betrogen – so als stünde ich ganz allein im Ring und hätte niemand mit mir in meiner Ecke. Ich bin nervlich völlig am Ende – er kommt mir schon wie ein Waschlappen vor. Ich weiß nicht einmal, wo ich bei der Lösung des Problems eigentlich ansetzen soll. Soll ich ihn anschreien, seiner Mutter sagen, dass sie mich mal kann, mich scheiden lassen oder ein Magengeschwür bekommen? Ich hatte gedacht, Joe und ich würden gemeinsam alles durchstehen. …Mit wem ist er eigentlich verheiratet, mit mir oder mit ihr?

Wenn Sie meinen, an einem Tauziehen um die Loyalität Ihres Partners teilzunehmen, dann haben Sie Recht. Und wenn Sie glauben, in diesem Kampf im Nachteil zu sein, dann haben Sie ebenfalls Recht. Ihre Schwiegereltern können mit einem einzigen Wort oder einem einzigen Blick signalisieren, »wie die Dinge sein sollen«. Sie lösen Verhaltensmuster in Ihrem Partner aus, die ihm so vertraut erscheinen, dass sie sich wie die Schwerkraft anfühlen – unsichtbar, unvermeidbar und unveränderbar.

Wenn wir in den nachfolgenden Kapiteln die verschiedenen Verhaltensweisen böser Schwiegereltern analysieren, dann möchte ich, dass Sie sorgfältig beobachten, wie Ihre Schwiegereltern Ihren Partner dirigieren, um ihren Willen durchzusetzen. Ein Großteil ihrer Macht hängt direkt von Ihrem Ehepartner ab, der ihnen bewusst oder unbewusst genehmigt, Ihrem Leben ihren Stempel aufzudrücken. Folglich richten sich viele ihrer Bemühungen darauf, Ihren Partner am Erwachsenwerden zu hindern, seine emotionale Abhängigkeit von seinen Eltern aufrechtzuerhalten und den Wechsel auf Ihre Seite zu unterbinden.

Zu begreifen, wie Ihre Schwiegereltern Ihren Partner beeinflussen, wird Ihnen helfen, Wut und Verwirrung zu durchbrechen, die Konflikte mit den Schwiegereltern so schmerzhaft machen. Falls Sie alleine mit diesem Buch arbeiten, dann wird es Sie darin unterstützen, das Verhalten Ihres Partners weniger bitter und mit mehr Mitgefühl zu sehen. Und falls Sie dieses Buch gemeinsam mit Ihrem Partner oder Ihrer Partnerin durcharbeiten, dann wird es ein wertvoller Ausgangspunkt sein, um die Eltern-Kind-Dynamik erst zu erkennen und dann zu durchbrechen.

Wirklichkeit, III. Teil: Was Sie selbst beisteuern

So schwer es Ihnen auch fallen mag, sich dies einzugestehen, auch Sie spielen eine Rolle im Schwiegereltern-Drama. Ihre Erwartungen und Reaktionen auf die Begegnungen mit der Familie Ihres Partners entscheiden über den zukünftigen emotionalen Umgang mit ihnen, und auch wenn die emotionalen Nuancen für Sie selbst unsichtbar sein mögen, so nehmen Ihre Schwiegereltern sie doch wahr und reagieren darauf. Und manchmal hat das, was sie sehen, überhaupt nichts mit dem gemein, was Sie ihnen präsentieren.

Im Verlauf dieses Buches werden Sie sehen, wie Menschen handeln und reagieren, die wie Sie mit dem Verhalten böser Schwiegereltern und eines Partners, der nicht zu Ihnen hält, zurechtkommen müssen. Indem Sie Ihre eigenen Reaktionen genau beobachten, werden Sie, glaube ich, erkennen, wie Probleme durch unsere Überreaktionen und unrealistischen Erwartungen ungelöst bleiben oder sogar noch verschlimmert werden.

Lassen Sie mich Ihnen an einem Beispiel zeigen, was Ihr Anteil sein könnte.

Leslie war 28 Jahre alt, als sie zum ersten Mal zu mir kam. Sie fürchtete, dass die vierjährige Ehe mit ihrer Schülerliebe Tommy durch seine Eltern zerstört werden könnte, und war entsprechend depressiv.

Leslie ist eine intelligente, lebhafte junge Frau, die mehrere Jahre lang erfolgreich als Börsenmaklerin gearbeitet hat. Ich fand heraus, dass sie aus einer äußerst chaotischen Familie stammt, deren Mitglieder sich gerne in gegenseitigen Beschimpfungen ergehen. Leslie hatte viele Hindernisse gemeistert, um beruflich erfolgreich zu sein, doch eine gewisse Unsicherheit im Umgang mit sich selbst war noch nicht überwunden.

Auf Tommys Drängen gab sie ihre Arbeit auf, um im äußerst erfolgreichen Druckereibetrieb der Familie einzusteigen. Doch Tommys Eltern hatten von Anfang an mit unverhohlener Missbilligung auf die Ehe reagiert.

»Tommy stammt aus einer großen italienischen Familie, und ich dachte, oh, prima! Ich hatte eine grauenvolle Kindheit, und vielleicht bekomme ich ja jetzt die Familie, die ich mir immer schon gewünscht habe.«

Viele von uns verbinden solche Hoffnungen mit einer Partnerschaft. Eine zweite Chance, die herzlichen und liebevollen Eltern zu finden, die viele von uns nicht hatten. Und wenn sich der Traum dann nicht erfüllt, sind wir vollkommen aus dem Gleichgewicht geworfen.

Ich war das erste Mädchen, das er je nach Hause mitbrachte, damit seine Eltern es kennen lernen konnten. Tommy arbeitete im Familienunternehmen und lebte zu Hause. Als ich in das Haus kam, zog ich als Erstes die Schuhe aus, weil dort ein dicker weißer Teppichboden lag, den ich nicht beschmutzen wollte. Tommys Vater sagte, ich sei unhöflich und hätte keine Manieren. Sie haben mich ständig kritisiert, obwohl ich alles versucht habe, damit sie mich mögen. Ich habe ihnen Blumen mitgebracht und kleine Geschenke, aber nichts, was ich tat, vermochte irgendetwas an ihrer Einstellung mir gegenüber zu ändern. Sie erklärten Tommy, ich sei keine von ihnen.

Das Verhalten von Tommys Eltern war für Leslie vollkommen rätselhaft. Ihre Reaktionen standen in keinem Verhältnis zu dem, was Leslie tat oder sagte. Sie kritisierten Leslie schon, noch bevor sie überhaupt Gelegenheit gehabt hatten, sie kennen zu lernen. Niemand schien an Tommys Eltern zu appellieren oder ihr inakzeptables Verhalten zu kritisieren. Stattdessen rutschte Leslie in eine altvertraute und bequeme Rolle.

Im Laufe der nächsten paar Jahre sah Leslie sich weiterhin als das Opfer sowohl von Tommys Eltern als auch von Tommys stillem Einverständnis mit ihnen. Ja, Tommys Eltern waren ihr gegenüber meistenteils kritisch und lieblos. Und ja, Tommy schützte Leslie nicht und bot seinen Eltern keinen Widerstand. Doch hier geht es um mehr als um einen einfachen Fall von Opfer und Tätern.

Leslie hatte ihre Beziehung mit der unrealistischen Erwartung begonnen, dass Menschen, mit denen sie weder eine gemeinsame Geschichte noch Gefühle verbanden, die von ihren Eltern zurückgelassene emotionale Leere ausfüllen würden. Und als dies nicht geschah, reagierte sie auf alles, was sich nach Kritik anhörte, indem sie die Stacheln aufstellte, und war schließlich in einer endlosen Spirale aus Frustration, Verletztheit und Enttäuschung gefangen.

Aus dem Versuch heraus, die Situation zu verstehen, interpretierte Leslie das Verhalten ihrer Schwiegereltern auf eine Weise, die sogar noch unsinniger war: Sie stilisierte es zu ihrer eigenen Wertlosigkeit.

Ich habe mir so sehr gewünscht, dass diese Leute mich gerne haben würden. Als sie es nicht taten, fiel mir keine andere Erklärung ein, als dass offenbar irgendetwas mit mir nicht in Ordnung war. Nun, das Gefühl kannte ich – auf einmal schien alles einen Sinn zu haben.

Als wir ihre Situation gemeinsam analysierten, erkannte Leslie, wie viel sie selbst eingebracht hatte: ein beschädigtes Selbstwertgefühl, eine erhöhte Verletzlichkeit durch Kritik und die klaglose Übernahme der Opferrolle. Nichts von all dem rechtfertigte und entschuldigte das Verhalten ihrer Schwiegereltern, doch auf Grund ihrer Unsicherheiten mangelte es Leslie an der Fähigkeit, für sich selbst einzustehen und Konflikte anders zu handhaben. Zum Glück gelang es Leslie und Tommy, wie Sie noch sehen werden, wesentliche Veränderungen in ihrer Beziehung und im Umgang mit Tommys Eltern einzuführen und so ihre Ehe wieder in die rechte Spur zu dirigieren.

Die eigene Geschichte

Darauf bedacht zu sein, der neuen Familie zu gefallen und von ihr akzeptiert zu werden, ist natürlich – bis zu einem gewissen Grad. Wenn dieses Bedürfnis Sie jedoch dazu veranlasst, ein unsinniges Benehmen an den Tag zu legen, dann tragen Sie selbst zu Ihren Problemen bei, gleichgültig wie sich Ihre Schwiegereltern verhalten.

Wir alle bringen unsere ganz persönliche emotionale Geschichte mit in eine Partnerschaft. Fraglos bestimmt die Erfahrung, die Ihr Partner mit seiner Familie gemacht hat, wie aktiv oder beschützend er sich Ihnen gegenüber verhalten wird, wenn sich Schwierigkeiten mit den Schwiegereltern abzeichnen. Doch wie Sie an Leslies Beispiel sehen konnten, spielen ihr eigenes Selbstbild und ihr Selbstvertrauen eine wichtige Rolle bei dem Herausfinden Ihrer Schwiegereltern, wie weit sie bei Ihnen gehen dürfen.

Die Grenze, die böse Schwiegereltern überschreiten

Abschließend möchte ich, dass Sie eine letzte, entscheidende Regel verinnerlichen: *Ihre Schwiegereltern müssen Sie höflich und mit Respekt behandeln.* Das ist das Minimum und nicht verhandelbar.

Die Schwiegereltern, denen wir in den nachfolgenden Kapiteln begegnen werden, missachten diesen Grundsatz fortgesetzt. Sie bringen ihre Abneigung und ihre Unbehagen dem Partner ihres erwachsenen Kindes und diesem selbst gegenüber offen als Respektlosigkeit zum Ausdruck. Auch wenn ihre Einmischung in das Leben ihrer Schwiegertochter oder ihres Schwiegersohns unter der Hand geschieht und sie ihre Aggression eher passiv statt unverhohlen ausdrücken, sie alle überschreiten die Grenze zu einem Verhalten, das darauf abzielt, die Loyalität ihres erwachsenen Kindes seinem Partner gegenüber zu untergraben. Sie alle bedienen sich aller ihnen zur Verfügung stehenden Mittel – ihres Reichtums oder ihrer Bedürftigkeit, ihres lebenslangen Anrechts auf die Liebe ihres erwachsenen Kindes, ihr Alter oder ihre Autorität –, um ihr Kind unter Kontrolle zu halten und, im schlimmsten Fall, um die unabhängige erwachsene Beziehung zu seinem Partner zu schwächen.

Wenn Sie diese Schwiegereltern bei der Arbeit beobachten, dann vergessen Sie nicht, dass es sich um ein System der Wechselwirkungen handelt. Achten Sie darauf, wie sich jede Seite des Dreiecks auf die jeweils anderen auswirkt. Und behalten Sie die Schwiegereltern-Mythen im Auge und die Wirkung, die sie auf Paare haben, die sich in ihnen verlieren.

Ich weiß, dass einige von Ihnen sich bereits mit den Menschen identifizieren, die Sie bisher kennen gelernt haben, und dass dies auch im weiteren Verlauf des Buches geschehen wird. Ich weiß außerdem, dass die Geschichten anderer Ihnen das Gefühl geben werden, mit Ihren Problemen nicht allein dazustehen. Sie sind nicht der einzige Mensch auf der Welt, der so fühlt, und Sie sind gewiss nicht der Einzige, dem solche Dinge zustoßen. Diese Erkenntnis ist unglaublich befreiend und ein entscheidender erster Schritt zu den wunderbaren Veränderungen, die auf Sie warten.

2
Die Kritiksüchtigen

Kritiksüchtige Schwiegereltern betrachten nahezu jedes Beisammen sein als Gelegenheit, um Ihre Auffassungen, Gefühle und Handlungen zu überprüfen, sie mit ihren eigenen zu vergleichen und die Ihren als mangelhaft abzutun. Ob sie nun angreifen, ihre Überlegenheit ausspielen oder einfach ihr Territorium markieren, fast immer geschieht dies in Form von Schuldzuweisungen, Missbilligung und erteilter Abfuhr. Mit diesen Mitteln machen sie Ihnen klar, dass Sie ihrem Standard oder ihren Erwartungen einfach nicht entsprechen. Wenn Ihre Schwiegereltern anderer Meinung sind als Sie, dann werden sie die Sache nicht ruhen lassen. Sie reiten darauf herum. Sie hacken auf Ihnen herum. Sie erteilen unverlangte »Ratschläge«. Sie lassen Ihnen keine Ruhe.

Wie alle negativen Verhaltensmuster äußert sich auch Kritiksucht in einem breiten Spektrum, das lästig bis verletzend sein kann. Das bedeutet jedoch nicht, dass jede kritische Bemerkung grundsätzlich destruktiv ist oder problematisch. Wenn ein Großteil der Kommentare Ihrer Schwiegereltern Ihnen kleinlich, altmodisch oder einfach nur albern vorkommt (wie etwa eine abschätzige Bemerkung darüber, dass Sie am Abend in Jeans ausgehen), dann fügen Sie sich keinen bleibenden Schaden zu, wenn Sie solche Äußerungen ignorieren. Dies gilt insbesondere dann, wenn die Beziehung zu Ihren Schwiegereltern im Großen und Ganzen gut ist, ihre Kritik nur sporadisch gemein ist, sie es aber einfach nicht lassen können, Sie gelegentlich daran zu erinnern, dass sie alles besser wissen. Sicherlich können Sie solche Kommentare wie lästige Insekten abschütteln und sich Ihren Sinn für Humor bewahren. Ich weiß, dass Sie sich mühelos mit ein paar treffsicheren Worten revanchieren könnten, doch im Umgang mit den im Wesentlichen netten Schwiegereltern fällt Ihnen fast immer ein Dreh ein, um Ihre Meinung zu äußern.

Meine Freundin Erica zum Beispiel stellte fest, dass sie nicht immer gleich die schwere Artillerie auffahren musste, um das ständige Nörgeln ihrer Schwiegermutter Ruth an ihrem Fahrstil zu beenden.

Ruth ist jetzt Ende sechzig. Es gibt eine Menge Dinge, die ich an ihr bewundere, und ich fühle mich in ihrer Gesellschaft wohl – meistens. Sie ist witzig und interessiert sich für Kunst, aber sie ist auch ein bisschen zwanghaft und will, dass alles nach ihrer Nase geht. Nachts fährt sie nicht gerne selbst Auto, also gehe ich mit ihr ins Kino oder ins Restaurant, insbesondere an Abenden, an denen mein Mann arbeitet oder geschäftlich unterwegs ist. Aber sie ist die schlimmste Beifahrerin, die man sich vorstellen kann, und weil sie unmittelbar neben einem sitzt, kann man ihre Kritik schwer ignorieren.

Sobald wir im Auto sitzen, geht es los. »Warum nimmt du denn diese Straße, die ist doch vollkommen verstopft; fahr doch langsamer, so wie du fährst, das ist leichtsinnig; wir werden den Anfang des Films verpassen, wenn du weiter so bummelst, warum nimmst du denn nicht diese Abkürzung« – Sie verstehen schon, was ich meine. Ich weiß, das klingt kleinlich, und ich sollte ihre Kommentare einfach ignorieren, aber sie macht mich wirklich ganz nervös. Sie zu bitten, das doch sein zu lassen, hilft überhaupt nichts. Also schlucke ich meinen Groll runter, doch der Abend ist verdorben, weil ich derartig die Schnauze voll habe. Eines Abends entschloss ich mich, mir das nicht länger anzuhören.

Erica war klug genug, ihre persönlichen Grenzen zu respektieren. Einem anderen Menschen wäre es vielleicht gelungen, die nörgelnde Ruth zu überhören und ihre Kritik von sich abgleiten zu lassen, doch Erica war dazu nicht in der Lage. Statt den Ärger in sich weiter anwachsen zu lassen, bis er eines Tages unkontrolliert in ihr explodieren und einer im Grunde guten Beziehung schaden würde, ließ sich Erica eine Lösung einfallen, die sie in Zukunft weitgehend vom Stress befreite.

Als es das nächste Mal wieder so weit war, fuhr ich an den Straßenrand, stellte den Motor ab, reichte ihr den Schlüssel und sagte freundlich: »Da du offenbar meinen Fahrstil nicht ertragen kannst und meine Routenwahl nicht billigst, ist es, glaube ich, besser, wenn du fährst.« Als ich im Begriff war, auszusteigen, um zum Beifahrersitz zu gehen, sagte sie: »Ist ja schon gut, ich habe verstanden. Ich weiß, ich habe diese schreckliche Angewohnheit, jedem beim Fahren dreinzureden – mein Mann hat sich auch darüber beklagt. Es läuft fast automatisch ab. Ich verspreche, ich werde mich bremsen.« »Und ich«, ergänzte ich, »werde dich an deinen Vorsatz erinnern, wenn du wieder einmal über die Stränge schlägst. In Ordnung?«

Solche Absprachen sind möglich, wenn die beteiligten Personen vernünftig und guten Willens sind und aktiv an der Auflösung kleinerer Konflikte arbeiten wollen. Erica veränderte ihre typische Herangehensweise an die Situation, indem sie ihren Ärger nicht mehr länger in sich hineinfraß und ihm nicht mehr gestattete, ihr den Abend zu ruinieren. Und Ruth anerkannte ihr lästiges Verhalten nicht nur, sie bemühte sich auch, ihre Kritik an Ericas Fahrstil zu mäßigen. Sie wusste die Beziehung zu ihrer Schwiegertochter zu schätzen und erkannte, dass sich ihre Nörgelei ungünstig auf die guten Gefühle zwischen ihnen auswirkte. Zwar wurde sie, wie es bei allen schlechten Angewohnheiten der Fall ist, von Zeit zu Zeit rückfällig, doch wenn es ihr nicht gelang, sich selbst rechtzeitig zu bremsen, dann erinnerte Erica sie freundlich an ihr Abkommen.

Ich weiß, Sie rollen vermutlich mit den Augen und denken, dass Ihre Schwiegereltern nie im Leben vernünftig reagieren würden, wenn Sie sie vorsichtig auf ihr Verhalten ansprächen. Doch beantworten Sie für sich erst die folgenden beiden Fragen, bevor Sie die Sache zu den Akten legen:

- Ist Ihre Beziehung im Wesentlichen gut? Überwiegt die Freude den Ärger?
- Ist die geübte Kritik belanglos und ärgerlich oder will sie verletzen?

Sie wären überrascht, wie leicht es ist, vergessliche Schwiegereltern auf ihre Kritikgewohnheiten aufmerksam zu machen und ihnen zu helfen, sie zu verändern. Ein gutes Mittel, um derartige Kritik zu vermeiden, ist die Frage: »Und aus welchem Grund sagst du mir das?« Auf diese Weise spielen Sie den Ball zurück und zwingen den Nörgler zu erklären, warum er die kritische Bemerkung überhaupt erforderlich fand.

Wenn Kritik einen Nerv trifft

Bisher haben wir uns mit dem günstigsten Fall einer erträglichen Beziehung befasst, die es uns gestattet, nüchtern und sachlich zu bleiben und uns als der Erwachsene zu verhalten, der seine Schwiegereltern korrigiert, wenn sie mal wieder etwas über die Stränge schlagen. Doch nur wenige von uns können ruhig und bei sich bleiben, wenn eine Angelegenheit im Fadenkreuz der Schwierigkeiten ist, die uns viel bedeutet: die Einschätzung der eigenen Arbeit, die Klugheit einer getroffenen Lebensentscheidung, der Wert und die Attraktivität der eigenen Person, die Qualität der Liebe und Fürsorge, die man dem Partner oder den

Kindern zukommen lässt. Böse Schwiegereltern scheinen über eine Radaranlage zu verfügen, mit der sie unsere empfindlichsten Schmerzpunkte aufspüren. Sie schießen sich nicht auf unseren Fahrstil oder unsere Kochkünste ein, sondern auf uns.

Mit ausgefeilten Stilen und Waffen treffen sie uns dort, wo es am meisten wehtut. Sie verletzen uns mit Worten, die sie hitzig und direkt äußern. Ihre Kritik an uns kann auch leise oder sogar schweigend oder maskiert durch Hilfsbereitschaft oder Freigebigkeit erfolgen. Es ist leicht, den Schwiegereltern-Mythen zu verfallen (»Sie werden sich ändern, sobald sie mich erst besser kennen.« »Sie versuchen ja nur, mir zu helfen.«) – bis wir ihr Verhalten näher analysieren. Richten wir also unsere Aufmerksamkeit auf die unterschiedlichen Methoden, mit denen kritiksüchtige Schwiegereltern vorgehen, und die Formen, die sie annehmen.

Die uneigennützigen Kritiker

Uneigennützige kritische Schwiegereltern werden Ihnen erklären, dass sie nur Ihr Bestes im Sinn haben. Wenn sie Ihre Entscheidungen in Frage stellen, Einfluss auf Ihre Herangehensweisen nehmen oder Ihnen ihre Vorlieben oder Routine aufdrängen wollen, dann rechtfertigen sie ihr Vorgehen mit Sätzen wie:

- »Erkennst du denn nicht, dass ich nur versuche, dir zu helfen?«
- »Erkennst du denn nicht, wie wichtig du mir bist?«
- »Erkennst du denn nicht, dass ich dir die Dinge nur leichter machen will?«
- »Erkennst du denn nicht, dass all das nur zu deinem eigenen Besten geschieht?«

Es ist natürlich fast ausgeschlossen, auch nur eines dieser Dinge zu »erkennen«, weil sich »liebevoller« Rat, um den Sie nicht gebeten haben, und »fürsorgliche« Einmischungen in Ihre Angelegenheiten zwangsläufig wie Kritik anfühlen.

Cal, ein 32-jähriger gut aussehender Bauunternehmer, glaubte in seinem Schwiegervater Ray, ein Geschäftsmann, der sein Haus selbst gebaut hatte, einen Verbündeten, ja sogar einen Freund gefunden zu haben.

Als ich mich zum ersten Mal mit Ray unterhielt, schien er mir ein cooler Typ zu sein. Er weiß eine Menge übers Bauen und schien sich wirklich für das zu interessieren, was ich tue. Als Karen mir also mitteilte, dass er rüberkommen wollte, um mir beim Umbau der Garage zu einem Büro für sie zu helfen, stimmte ich gerne zu. Doch musste ich leider feststellen, dass der Mann ein totaler Besserwisser ist. Ich strich die Tür für die Abstellkammer, und am nächsten Tag hängt er sie aus, streicht sie noch einmal und erklärt mir allen Ernstes, meine Arbeit sei nicht einmal auf dem Niveau eines Lehrlings im ersten Lehrjahr. Ich war fassungslos. Immerhin verdiene ich damit meinen Lebensunterhalt, und er will mir erklären, wie ich den Hammer halten soll! Er sagt, er will mir helfen, damit ich schneller fertig werde, doch sobald ich irgendetwas anfasse, schüttelt er den Kopf missbilligend, nimmt mir tatsächlich das Werkzeug aus der Hand und sagt: »Komm, ich zeig dir, wie man das macht.« Ich würde ihm am liebsten den Hals umdrehen, aber Karen findet, dass er großartig ist. Er sorgt jedenfalls dafür, dass es so aussieht.

Cal hatte den uneigennützigen kritiksüchtigen Schwiegervater kennen gelernt, der jedes Hilfsangebot in einen Akt der Selbstverherrlichung verwandelt und sich auf Kosten anderer herausstellt.

Cals Frau Karen goss noch Benzin ins Feuer, indem sie ihrem Vater seine uneigennützige Pose abnahm:

Ehrlich gesagt, ich finde, dass sich Cal wie ein großes Baby benimmt. Daddy gibt sich so viel Mühe mit allem. Es stimmt schon, er ist ein Perfektionist, und das macht Cal wütend, aber die Ergebnisse sind einfach wunderbar. Ich bekomme dieses großartige Büro, genau was ich wollte. Cal hat so viel zu tun, und Dad hat eben mehr Zeit, um sich um die Details zu kümmern. Wo ist überhaupt das Problem?

Das Problem bestand darin, dass Ray mit seinem Schwiegersohn in Konkurrenz getreten war. Es kommt nicht selten vor, dass ein Vater seiner Tochter zeigen will, dass er der bessere Mann ist: gewitzter, stärker, kompetenter, erfolgreicher. Bei meiner Arbeit mit Cal und Karen stellte ich fest, dass Ray keine Gelegenheit ausließ, um Cal in Karens Augen auszustechen, für gewöhnlich unter der Vorspiegelung, »helfen« zu wollen und um die Dinge »schneller voranzubringen«.

Und Karen, die ihren Vater schon immer bewundert hatte, konnte die Berechtigung von Cals Beschwerden nicht erkennen. Sie ergriff ständig die Partei ihres Vaters, was Cal nur noch wütender machte, und wollte einfach nicht einsehen, unter welcher Belastung ihre Beziehung zu Cal durch diese Situation bereits stand. Als Cal sich Ray entgegenstellen wollte, bat sie ihn, nichts zu tun, was ihren Vater verletzen könnte. Unglücklicherweise schienen ihr Cals Gefühle weniger wichtig zu sein als die ihres Vaters.

Großmutter weiß es am besten

Die uneigennützige kritiksüchtige Schwiegermutter, die die Geburt eines Enkelkinds als unerschöpfliche Gelegenheit nutzt, um ihre Überlegenheit den jungen Eltern zu demonstrieren, ist ein nur allzu bekanntes Beispiel.

Meine Klientin Rita, eine schlanke 34-jährige Event-Planerin, erinnert sich lebhaft an den steten Kritikstrom seitens ihrer Schwiegermutter.

Anfangs schien mir Vivian so wohlwollend. Sie liebte das Baby – es war ihr erster Enkelsohn –, und sie war mit Geld und Geschenken äußerst freigebig. Sie kam oft rüber, um uns auszuhelfen, sogar beim Saubermachen. Doch irgendwie gab ihr das das Gefühl, nahezu alles kritisieren zu dürfen, was ich tat – nicht gelegentlich, sondern andauernd. Wenn ich mein Kind aufnahm, weil es schrie, dann sagte sie: »Du verwöhnst ihn. Lass ihn sich doch in den Schlaf weinen.« Das war vielleicht ihre Methode, aber meine war es nicht. Dann war sie entsetzt darüber, dass ich mich entschieden hatte, ihn nicht zu stillen, und beschuldigte mich, ich sei vollkommen egoistisch. Alles, was sie gelesen habe, weise darauf hin, dass Muttermilch Kindern eine bessere Anpassung ermögliche und dass ich meinem Kind einen guten Start ins Leben vorenthielte, als ob ich das alles nicht auch selbst gelesen hätte. Wenn es um Alex geht, dann ist sie die Expertin und ich die Idiotin. Ich werde den kleinen Alex ruinieren, und sie wird ihn retten.

Kritiksüchtigen Schwiegereltern können Sie es nie recht machen, und außerdem zeichnen Sie das arme Baby fürs Leben. Indem sie sich selbst als die Experten oder sogar als Retter darstellen, sagen sie uns mit Worten und Taten: »Ich weiß es am besten. Ich kann es besser. Ich weiß, wie man Kinder aufzieht – und du hast keine Ahnung.«

Beim ersten Kind macht sich jeder mehr Sorgen: Mache ich auch alles richtig? Tue ich ungewollt irgendetwas, womit ich das Kind traumatisiere? Auch wenn es schon lange her ist, so kann ich mich doch noch genau daran erinnern, wie unzulänglich ich mich bei meinem ersten Kind fühlte, und meine Selbstzweifel machten mich jeglicher Kritik gegenüber überempfindlich.

Auch wenn Ihre Schwiegereltern weniger offensichtlich kritisieren als Ray oder Vivian, so transportiert doch der unerbetene Rat des selbstlosen Kritiksüchtigen Kritik in hohem Maße und macht den Empfänger entsprechend wütend. Solches Verhalten ist nicht freundlich, nicht liebevoll und in der Regel nicht einmal wohlmeinend. Sein Sinn besteht ausschließlich darin, die Überlegenheit des Kritikers in Wissen, Fähigkeiten und Angemessenheit zu demonstrieren.

Wenn Ihr Partner die Situation nicht durchschaut

Wie Karen, die nicht verstand, warum Cal so wütend auf ihren Vater war, hatte auch Ritas Mann Lee Schwierigkeiten zu begreifen, warum sich seine Frau von der Kritik seiner Mutter, die sich hinter hilfreichen Ratschlägen verbarg, so angegriffen fühlte.

Meine Mutter ist so freundlich, all diese Zeit mit dem Baby zu verbringen, damit Rita und ich Zeit für uns haben. Ich weiß schon, dass sie manchmal eigenwillige Ansichten hat, aber schließlich ist aus mir ja auch etwas geworden, oder? Meine Mutter hat wirklich das Gefühl, dass wir uns ihr gegenüber undankbar zeigen. Die Dinge geraten völlig außer Kontrolle. Rita findet ständig einen Grund zum Schmollen. … Ich weiß, meine Mutter kann pingelig sein, aber so ist sie nun einmal. Sie meint es gut, und ich begreife nicht, warum Rita ihr dauernd die kalte Schulter zeigen muss.

Lee hatte sich lediglich für einen Teil des Bildes geöffnet und nur die positive Interpretation seiner Mutter wahrgenommen: »Sieh doch, wie viel ich zu eurem eigenen Besten für euch tue«, »Ich versuche nur zu helfen.« Die offensichtliche oder unterschwellige Kritik, die seine Mutter an Rita durch ihr Verhalten übte und mit der sie sie verletzte, konnte er nicht wahrnehmen.

Was akzeptabel und was inakzeptabel ist

Der angemessene Umgang mit selbstlosen Kritikern ist ein schwieriger Balanceakt, denn ihre Mithilfe und ihr Beitrag können ja durchaus willkommen sein. Doch wenn das Bedürfnis der Schwiegereltern, Ihnen immer um eine Nasenlänge vorauszusein, und ihre herabwürdigende Art sich zu einem Muster verfestigen, dann ist es falsch, sich auf die Zunge zu beißen und still zu sein. Der in geistiger und emotionaler Hinsicht zu zahlende Preis ist zu groß, wenn man derart verletzender Behandlung keine Grenzen setzt. Damit ist nicht gemeint, dass Sie jedes Mal, wenn Ihnen ein Ratschlag erteilt wird, sofort zum Angriff übergehen sollen. Doch besteht ein großer Unterschied zwischen unverlangtem Rat und erniedrigender Kritik, von der Sie sich unmittelbar angegriffen fühlen. Daher ist es wichtig, einen Schritt zurückzutreten, um festzustellen, womit genau Sie konfrontiert sind. Sie haben das Recht, sich aktiv gegen verletzende oder verunglimpfende Kritik zu wehren, auch wenn Ihr Partner weiterhin mit »Aber sie versuchen doch nur, uns zu helfen«, alles zu rationalisieren und zu entschuldigen versucht.

Im zweiten Teil dieses Buches werde ich Ihnen einige wirkungsvolle Strategien im Umgang mit selbstlosen Kritiksüchtigen vorstellen. Sie lernen, ihre Hilfe zu würdigen und zugleich eine Linie zu finden, die sie nicht überschreiten dürfen.

Die Kritiker mit den zwei Gesichtern

Manche Schwiegereltern üben auf äußerst hinterhältige Weise Kritik:

1. Sie nörgeln an Ihnen herum, während Ihr Partner abwesend ist, und sind halbwegs freundlich, wenn er da ist.

2. Sie schwärzen Sie hinter Ihrem Rücken bei Ihrem Partner an und tun in Ihrer Gegenwart wohlwollend.

In beiden Fällen erzeugt ihre Heckenschützenmentalität Spannungen und Missverständnisse in Ihrer Beziehung.

Pam, eine 27-jährige Schaufensterdekorateurin, fühlte sich von ihrer Schwiegermutter Sylvia ohne Unterlass durch »persönliche« Bemerkungen angegriffen.

Ich hasse es, wenn sie abends rüberkommt, weil Chris noch bei der Arbeit ist. Eines ihrer Lieblingsthemen ist: »Meinst du nicht, es ist an der Zeit, dass ihr endlich über Kinder nachdenkt? Du wirst ja auch nicht mehr jünger. In deinem Alter hatte ich bereits drei Kinder.« Oder sie packt am Abendbrottisch ihre Puderdose aus, zieht ihre Lippen nach, dreht sich zu mir und flüstert: »Du siehst einfach zu blass aus. Du musst mehr Make-up auftragen, meine Liebe.« Es kommt mir so vor, als versuche sie ausgerechnet über ihr Nörgeln eine Beziehung zu mir aufzubauen. Wenn wir alleine sind, lässt sie mich keinen Moment lang in Frieden. Doch wenn Chris da ist, ist sie Höflichkeit und Freundlichkeit in Person. Sie schickt ihn hinaus, damit »wir Mädels« die Küche aufräumen können, und fällt, sobald er draußen ist, mit der Bemerkung über mich her, wie unordentlich meine Küche ist. Chris tut so, als glaube er mir nicht, wenn ich ihm erzähle, wie sie mit mir spricht. Dann wirft er mir auch noch vor, ich sei zu empfindlich. Schließlich frage ich mich, ob er nicht Recht hat und ich vielleicht tatsächlich zu empfindlich bin. Warum begreift er nicht, dass ich seine Unterstützung brauche und nicht auch noch von ihm kritisiert werden möchte?

Weil Chris dem Verhalten seiner Mutter mit Gleichgültigkeit begegnete, fühlte sich Pam im Stich gelassen und nicht ernst genommen. Schließlich zog sie sich in wütendes Schweigen zurück, statt darüber nachzudenken, wie sie Sylvias Verhalten angemessen bekämpfen könnte.

Kritik durch einen Stellvertreter

Wenn ich einem anderen Menschen eine Vollmacht erteile, dann gestatte ich ihm, für mich tätig zu werden. Manche Schwiegereltern wollen sich die direkte Konfrontation mit Ihnen ersparen und kritisieren Sie deshalb über einen Dritten, in der Regel leider meist über Ihren Partner. Ihnen selbst treten sie hingegen mit einem Lächeln im Gesicht und gespielter Freundlichkeit entgegen. In der Art, wie sie sich Ihnen gegenüber verhalten, können Sie möglicherweise keinerlei Kritik ausmachen. Sie spüren vielleicht höchstens einmal eine gewisse Steifheit und Unechtheit, aber das ist doch nichts, was Sie zu Recht als Kritik bezeichnen könnten, denken Sie. Doch wie Sie gleich sehen werden, ist die vorgetäuschte Freundlichkeit oft nichts anderes als eine Maske, die Ihre Schwiegereltern erst dann vom Gesicht nehmen, wenn Sie nicht da sind.

Eine nur allzu bekannte Strategie der Stellvertreterkritik wird von einem Kritiksüchtigen bevorzugt, den ich als den »Ungerechtigkeitensammler« bezeichne. Solche Kritiker stauen in sich Groll an, der auf eingebildeten Kränkungen beruht. Ungerechtigkeitensammler verzerren Dinge, die Sie tun und sagen, und interpretieren sie als persönliche Angriffe. Doch, statt sich direkt mit Ihnen auseinander zu setzen, ziehen Sie Ihren Partner mit hinein, wenn sie ihrer Kritik Luft machen wollen.

Angela, eine 22-jährige Rechtsanwaltsgehilfin, stellte fest, dass ihre Schwiegermutter Frances eine Meisterin in dieser Art der Verzerrung war.

Beim letzten Thanksgiving hatten wir Eds Familie zu Gast. Ich war in der Küche, während Frances und Ed den Tisch deckten.

Ich konnte hören, dass Frances sich bei Ed über meine verletzende Einstellung ihr gegenüber beklagte, die angeblich insbesondere bei Telefongesprächen deutlich wurde. Sie erklärte, dass immer ich am Telefon sei, wenn sie anrufe, und dass ich sie mit den Worten »Deine Mutter für dich« an Ed weiterreiche, weil sie ihn zu sprechen verlange. Ich denke bei mir, »Ja, so läuft es ab. Aber wo ist das Problem?« Nun, offenbar ist sie überzeugt, dass ich, so sagt sie, »unverschämt und abweisend und respektlos bin«, und sie verlangt von Ed, mich dazu zu bringen, sie besser zu behandeln. Ed murmelte etwas, dass er es versuchen würde. Ich glaubte meinen Ohren nicht trauen zu können.

Angelas Erstaunen war verständlich. Es ist oft sehr schwer, eine Erklärung dafür zu finden, wie ein Ungerechtigkeitensammler auch die wohlmeinendste Bemerkung oder die kleinste Information falsch interpretieren kann.

Doch die Tatsache, dass Angela das Gespräch zwischen ihrer Schwiegermutter und ihrem Mann mit angehört hatte, eröffnete wenigstens die Möglichkeit zu einer neuen Aufrichtigkeit zwischen Angela und Ed.

Nachdem alle heimgegangen waren, teilte ich Ed mit, dass ich ihr Gespräch mit angehört hatte, und wollte wissen, worüber Frances sich sonst noch beklagt habe – denn mir ins Gesicht hätte sie ohnehin nichts gesagt. Er versuchte, die Sache als unbedeutend vom Tisch zu wischen, doch ich konnte sehen, wie peinlich ihm die Angelegenheit war. Ich erklärte ihm, dass ich Frances schon immer als äußerst kühl empfunden habe und dass wir darüber nachdenken müssten, wie wir in Zukunft damit umgehen sollten. Er stimmte zu und erklärte, er habe es wirklich satt, immer als ihr Beschwerdebriefkasten herhalten zu müssen. Er sagte, seine Mutter ärgere sich über viele Dinge, die ich sage, und beschwere sich seit langem über meine »Un-

höflichkeit und meinen Mangel an Respekt«. Wenn er mich vor ihr in Schutz nimmt, dann wird sie ganz still und zieht sich in sich zurück. Also hat er das Gefühl, es ihr sowieso nicht recht machen zu können.

Ed hatte die Situation richtig durchschaut, mit seiner Herangehensweise konnte er es ihr nicht recht machen. Er konnte die Situation höchstens verschlimmern. Frances versuchte, ihn zu benutzen, um Angela zur Veränderung des Verhaltens zu bewegen, das sie anstößig fand. Ich erklärte Ed, dass er sich von Frances in eine Position drängen ließ, die stark jener eines Schiedsrichters bei einem Preiskampf ähnelte, der zwischen beiden Parteien zu intervenieren versucht. Was glaubte er wohl, wer in einer solchen Lage die Dresche abbekäme? Er musste es den beiden Personen, die miteinander im Clinch lagen, ermöglichen, ihre Probleme selbst zu lösen. Seine Aufgabe war es, sich herauszuhalten und für seine Mutter nicht den Wasserträger zu machen.

Ungerechtigkeitensammler beklagen sich für ihr Leben gerne über jemanden, vom dem sie meinen, dass er ihnen Unrecht getan hat. Sie tun dies bei jedem, nur nicht bei der betreffenden Person selbst. Die Vorfälle, die sie kritisieren, sind meist unbedeutend und lächerlich, aber für sie sind es die reinsten Staatskrisen. Sie spielen die Rolle des Opfers oder Märtyrers oft bis zur Vollendung und ziehen es vor, die Schmutzarbeit von anderen erledigen zu lassen – meist von einem ihrer Kinder, Ihrem Partner.

Feindseligkeit steckt an

Meine Klientin Pat, eine 42-jährige Visagistin, war außer sich, als sie erkannte, wie zerstörerisch sich die Kritik ihrer Schwiegereltern auf ihre Ehe auswirkte.

Mir fiel auf, dass Jeff jedes Mal, wenn er von seinen Eltern zurückkam – er besucht sie mehrmals im Monat in Santa Barbara –, unausstehlich zu mir war. Er war vollkommen verändert, hasste, was ich kochte und wie ich mich kleidete. Mit nichts konnte ich ihn zufrieden stellen. Er brauchte Tage, um sich wieder zu beruhigen und normal zu verhalten. Mir kam es so vor, als sei ich mit zwei verschiedenen Männern verheiratet. Man muss kein großer Wissenschaftler sein, um zu erkennen, dass seine Veränderung irgendetwas mit seinen Eltern zu tun hatte. Also fragte ich ihn direkt: »Was sagen sie zu dir?« Und es stellte sich heraus, dass sie mich vor Jeff vollkommen fertig machen. Sie präsentieren ihm den gesamten Katalog: Sie ist zu egoistisch, sie kann nicht mit Geld umgehen, sie hält sich für etwas Besseres. Wenn sie dann endlich fertig sind, weiß Jeff überhaupt nicht mehr, was er denken soll. Und diese Leute tun so freundlich, wenn ich mit dabei bin.

Ich erklärte Pat, dass ihre Schwiegereltern Jeff als den Agenten ihrer negativen Haltung und Kritiksucht benutzten. Da sie ihre Kritik nicht direkt äußern wollten, griffen sie sie auf dem Umweg über Jeff an. Dies geschah in der Vorstellung, dass sie selbst ja Pat nicht verletzten, folglich also keinen Schaden anrichteten.

Der brave Junge

In Paargesprächen mit Pat und Jeff stellte sich bald heraus, dass Jeff in seiner Familie immer die Rolle des »braven Jungen« gespielt hatte.

Meine Eltern haben immer sehr viel von mir erwartet. Darin kann ich nichts Falsches sehen. Ich wollte gute Noten haben, der Beste im Sport sein, im Kirchenchor singen ... Ich war überglücklich, wenn sie stolz auf mich waren.

Wer wäre das nicht gewesen! Doch auf Jeff lastete immenser Druck. Und das zufriedene Lächeln und der Stolz der Eltern verwandelten sich rasch in Enttäuschung, wenn er ihre Erwartungen nicht erfüllte.

Ich gebe zu, wenn ich etwas vermasselte, dann lagen sie mir endlos in den Ohren … Ich hasste das Gefühl, sie enttäuscht zu haben.

Jeff wusste, dass seine Eltern es gerne gesehen hätten, wenn er die Tochter eines wohlhabenden Freundes der Familie geheiratet hätte, und er zeigte sehr viel Rückgrat, indem er sich für eine andere Frau entschied. Doch seit dieser Zurschaustellung von Unabhängigkeit schlüpfte er, immer wenn seine Eltern über Pat herfielen, wieder zurück in die ihm vertraute Rolle. Jeff meinte, ihm bliebe nichts anderes übrig, als sich ihre Klagen anzuhören. Brave Jungen widersprechen ihren Eltern nicht und streiten nicht mit ihnen. Jeffs Programmierung zum goldenen Kind, das den Eltern ihre Wünsche von den Augen abliest, war zu dieser Zeit stärker als seine Loyalität gegenüber Pat. Man hätte glauben können, dass die Hochzeit bereits seinen ganzen Vorrat an Mut aufgebraucht hatte.

Wenn seine Eltern an Pat Kritik üben wollten, dann hörte er ihnen still zu. Wenn sie von ihm wollten, dass er sie mit Vorwürfen überschüttete, dann tat er auch das. Er würde so lange den braven Jungen spielen, bis seine Ehe zerstört war.

Bis zu dem Zeitpunkt, als wir anfingen, gemeinsam an diesem Problem zu arbeiten, war es Jeff vollkommen unbewusst, wie sehr seine Eltern noch immer seine Gedanken, Gefühle und sein Verhalten beeinflussten.

Ich glaubte tatsächlich, ich würde den überwiegenden Teil ihrer Negativität abfangen – wenigstens würde Pat sich all das dann nicht anhören müssen. Ich weiß, dass ich für gewöhnlich schlecht drauf bin, wenn ich von einem Besuch bei meinen Eltern zurückkomme. Aber mir war nicht klar, wie unmöglich ich mich benahm – ich war wirklich der Meinung, Pat zu beschützen.

Kritisiert wird nicht erst seit gestern

Selbstverständlich hätte Jeff die Situation maßgeblich entschärfen und sich selbst aus der Schusslinie bringen können, wenn er darauf bestanden hätte, dass seine Eltern die Kritik an Pat hinter ihrem Rücken einstellen. Doch hatte Jeff, wie ich es bereits vermutete und er es bestätigte, Schwierigkeiten, sich gegen seine Eltern zur Wehr zu setzen, weil er ihrer Kritik selbst jahrelang ausgesetzt war. Schon früher war es ihm nie gelungen, sich vor ihnen zu schützen, wenn er sie enttäuscht hatte. Nun hatte er ihnen durch die Wahl seiner Frau eine erneute Enttäuschung bereitet. Als sie sich daraufhin auf Pat einzuschießen begannen, kam dies für ihn nicht überraschend.

Wenn kritiksüchtige Schwiegereltern in Abwesenheit Ihres Partners über Sie herfallen, dann kann das Vorgeben von Unkenntnis Ihrem Partner sehr entgegenkommen.

Ich habe nie miterlebt, dass meine Mutter auch nur ein unfreundliches Wort an Pat richtete. Ich begriff also überhaupt nicht, warum Pat sich so aufregte. Sie sollten sie zusammen sehen. Meine Mutter bemuttert Pat regelrecht, ich höre sie immer nur nette Dinge zu ihr sagen – aber Pat ist immer reserviert.

Möglicherweise sieht Ihr Partner nicht, was Sie sehen, und kann auch die Gefühle nicht so leicht nachempfinden, die die Attacken Ihrer Schwiegereltern in Ihnen auslösen. Vielleicht setzt er endlos viel Zeit und Kraft dafür ein, Ihnen das Verhalten seiner Eltern »im Zusammenhang« zu erklären oder Sie davon zu überzeugen, es nicht persönlich zu nehmen. Und obgleich Sie meinen, die Spannung zwischen Ihnen und Ihren Schwiegereltern mit Händen greifen zu können, gelingt Ihrem Partner dies vermutlich nicht, der vor einem solchen Hintergrund aufgewachsen und entsprechend abgestumpft ist.

Wenn sich Kritiksüchtige auf Schuldzuweisungen verlegen

Sie zum Sündenbock abzustempeln ist die extremste Form, bei der Ihre Schwiegereltern Sie nicht nur kritisieren, sondern Sie außerdem verantwortlich machen für alles, was in Ihrer Ehe, im Leben Ihres Partners und Ihrer Kinder schief geht. Möglicherweise lasten Sie Ihnen sogar Unstimmigkeiten im weiteren Familienkreis an und darüber hinaus ein ganzes Spektrum von Vorfällen, die sich zweifellos jenseits Ihrer Kontrolle befinden.

Fran, eine 31-jährige Gymnasiallehrerin, wurde ausgerechnet zum Sündenbock für die Gesundheitsheitsprobleme ihrer Kinder gemacht.

Meine älteste Tochter Libby leidet unter Allergien und unter Asthma, und mein Schwiegervater beklagt sich ständig bei mir, dass wir nicht für die richtige ärztliche Behandlung sorgen. Das Asthma hat sich inzwischen zum Glück stabilisiert, doch Jake macht mich dafür verantwortlich, dass Libby überhaupt krank ist. Er findet, die Behandlung ist nicht gut genug. Der Arzt taugt nichts, weil ich ihn ausgewählt habe. Ich wünschte wirklich, Libby hätte kein Asthma, aber sie ist ein fröhliches Kind und entwickelt sich gut. Doch Jake sieht das einfach nicht. Er glaubt, dass ich irgendwie direkt für Libbys Krankheit verantwortlich bin.

Liebevoll zugewandte Schwiegereltern wären mit Mitgefühl und Hilfsangeboten zur Stelle, wenn ihre Enkel gesundheitliche Probleme haben. Doch kritiksüchtige Schwiegereltern, die sich wie Jake auf Schuldzuweisungen verlegen, sorgen dafür, dass Sie noch mehr aus dem Gleichgewicht geraten und verstärken Ihre bereits vorhandenen Schuld- und Unzulänglichkeitsgefühle. Mir sind Schwiegereltern untergekommen, die den Partnern ihrer erwachsenen Kinder aber auch wirklich alles ankreiden, angefangen bei Hyperaktivität, über Lese- und Rechtschreibschwäche bis hin zu emotionalen Schwierigkeiten. Doch all diese Störungen haben vielfältige, unter anderem auch biochemische Ursachen, für die niemand verantwortlich gemacht werden kann. In der Regel sind solche Schwiegereltern nicht daran interessiert, die Situation zu verstehen. In ihren Händen verwandeln sie sich in Waffen, die sie gegen die unerwünschten Eindringlinge in ihre Familie richten.

Die Scheuklappen der Bequemlichkeit

Manche Schwiegereltern suchen sich einen Sündenbock, um sich nicht mit der komplizierten Wahrheit über sich selbst und ihre Kinder konfrontieren zu müssen. Möglicherweise sind sie normal und freundlich, bis etwas geschieht, das ihren sorgfältig errichteten Schutzwall zum Einsturz bringt.

Catherine, eine zarte 30-jährige Buchhalterin, wurde zum Sündenbock, als in ihrer Ehe mit Sam, einem schwierigen und immer mehr zu Beschimpfungen neigenden Musiker, Probleme entstanden.

Weil ich ehrgeizig und verantwortungsbewusst bin, nahmen Mona und Harold mich zunächst begeistert in ihre Familie auf. Doch als Sam und ich dann verheiratet waren, verwandelte sich der frühere Sam, der mir so aufregend und interessant erschie-

nen war, in einen anderen Menschen. Er wurde ausnehmend eifersüchtig und launisch. Er konnte meine Freunde nicht leiden. Er rastete aus, wenn ich ein Musikstück mochte, das er nicht für gut befand. Ich wusste nie, was ihn als Nächstes aufbringen würde. Da ich meine eigenen Eltern, die finanziell gerade eine schwere Zeit durchmachten, nicht mit meinen Problemen belasten wollte, wandte ich mich an Mona. Ich glaube, Harold wusste, was los war, aber er gab sich ziemlich passiv und schloss sich einfach nur dem an, was Mona entschied. … Als ich Mona bat, mir zu helfen, Sam besser zu verstehen, reagierte sie auf eine für mich unfassbare Weise. Ich hatte mir vorgestellt, sie würde Verständnis haben – schließlich hatte sie den Kerl ja großgezogen. Doch immer wenn Sam und ich uns stritten, schlug sie sich auf seine Seite und behauptete, es sei alles meine Schuld, weil ich ihn nicht richtig zu nehmen wisse und außerdem zu fordernd und zu wenig unterstützend sei. Und das, obwohl er mich immer maßloser beschimpfte und mir seine Wutausbrüche langsam Angst machten.

Sams Eltern hatten im Hinblick auf ihren Sohn einen flächendeckenden blinden Fleck entwickelt. Gleichgültig, wie nett sie auch zu Catherine waren, sie ergriffen grundsätzlich Partei für ihr Kind – Mona direkt und Harold indirekt –, statt Catherines Sorgen in Bezug auf Sams Verhalten ernst zu nehmen.

Sie erklärte mir, ich müsse lernen, mit Sam klarzukommen, denn schließlich sei er ein Künstler. Ich sollte begreifen, dass er einfach nur »sensibel« und »äußerst emotional« sei. Mona gab zu, dass er als Kind schwierig gewesen war, doch sie behauptete auch, gerade sein impulsives Temperament mache ihn zu einem besonderen Menschen. Ich andererseits würde ja in der Geschäftswelt leben, und meine Werte insgesamt seien eben verzerrt – so drückte sie sich aus. Dabei überging sie großzügig die Tatsache, dass ich unser Leben allein finanziere, wenn

Sam keine Aufträge beschaffen kann. Sie riet mir sogar, doch eine Therapie zu machen, damit ich liebevoller würde und lernte, ihn so zu akzeptieren, wie er nun einmal sei.

Sams Eltern hatten sich ein romantisierendes Bild von ihrem Sohn erschaffen, das es ihnen ermöglichte, die Tatsache zu leugnen, dass Sam ein instabiler und potenziell gewalttätiger junger Mann war. Wenn sie auch nur lang genug mit ihrer Kritik an Catherine innegehalten hätten, um einen Blick in den Spiegel zu werfen, dann wären sie mit äußerst unangenehmen Wahrheiten über ihren Sohn konfrontiert worden. Sicherlich wäre es schwer gewesen, sich diesen Wahrheiten zu stellen, doch sie wären gemeinsam mit Catherine in die Lage versetzt worden, bei Sam zu intervenieren und ihn vielleicht dazu zu bewegen, sich die dringend benötigte professionelle Hilfe zu suchen.

Unglücklicherweise waren Catherines Schwiegereltern jedoch in ihrer realitätsfernen Haltung gefangen. Die Wahrheit hätte die Qualität ihrer Elternschaft grundsätzlich erschüttert. Wie hätten sie mit der Schuld an der Verkorkstheit ihres Sohnes fertig werden sollen? Wie hätten sie es vor sich selbst rechtfertigen können, dass sie ihm nicht schon bei den ersten Anzeichen seiner Probleme die medizinische und psychiatrische Hilfe zuteil werden ließen, die er benötigte? Es war weit bequemer, *außerhalb* nach Erklärungen zu suchen, die erforderliche, aber zu schmerzhafte Selbstkritik als Kritik auf Catherine zu richten.

Sam war natürlich erleichtert, dass all seine Eheprobleme ausschließlich Catherine angelastet wurden. Damit konnte er auch weiterhin die Verantwortung für alles Falsche oder Schmerzhafte oder auch nur Unerklärliche in seinem Leben zurückweisen, wie ihm dies seine Eltern schon immer gestattet hatten.

Wundern Sie sich nicht darüber, wenn Ihr Partner sich der Auffassung seiner Eltern anschließt und mit ihnen meint, bestimmte Probleme seien allein Ihre Schuld. Je gestörter Ihre Ehe ist, desto wahrscheinlicher ist solches Verhalten. Es ist immer leichter, einem anderen die Schuld zuzuweisen, als die eigenen Unzulänglichkeiten zu überprüfen.

Ein gefährliches Muster

Schuldzuweisungen Ihrer Schwiegereltern und Ihres Partners können Sie dazu veranlassen, an Ihrer eigenen Wahrnehmung der Wirklichkeit zu zweifeln. Es ist schwierig, an einer als richtig erkannten Auffassung festzuhalten, wenn sich Menschen, die für das eigene Leben so wichtig sind, gegen einen stellen.

Im ersten Kapitel konnten Sie sehen, wie Leslie sich eine Zeit lang der Interpretation »Alles, was in dieser Familie nicht richtig läuft, ist Leslies Schuld« unterwarf und sie schließlich als real akzeptierte. Dadurch machte sie sich zum Mitverschwörer ihrer Schwiegereltern, die versuchten, sie zu dämonisieren.

Die schlimmste Form von Schuldzuweisungen wird in Fällen sichtbar, in denen körperliche Gewalt eine Rolle spielt. Die Eltern des Gewalttäters werden seine Gewalt typischerweise beschönigen und die Schuld bei der Schwiegertochter und ihren »Charakterfehlern« suchen, die nach Auffassung der Schwiegereltern Gewaltausbrüche verursachen oder provozieren. In vielen Fällen werden sie der Schwiegertochter sogar vorwerfen, sich das alles nur einzubilden.

Das Dilemma des Opfers

Und was ist mit den Opfern kritiksüchtiger Schwiegereltern? Es ist immer wieder überraschend, zu sehen, wie hilflos und schweigend starke, intelligente Erwachsene auf die Kritik ihrer Schwiegereltern reagieren.

Ich bin sicher, Sie fragen sich inzwischen, warum die Opfer der Kritiksüchtigen, die wir bisher kennen gelernt haben, sich nicht besser schützen. Warum wehren sie sich nicht rechtzeitig? Schließlich sind sie Erwachsene mit eigenen Rechten und sollten sich nicht darauf verlassen, dass ihre Partner jederzeit und zu ihren Gunsten für sie in die Bresche springen.

Viele von uns schrecken vor Konfrontationen mit bösen Schwiegereltern zurück, weil wir uns den Eltern unseres Partners nicht ebenbürtig fühlen. Diese Menschen sind nicht nur neue Familienmitglieder, sondern auch die Älteren. Es ist ganz normal, dass wir uns die größte Mühe geben, sie nicht zu kränken, selbst dann, wenn sie das Gegenteil tun.

»Ich will nicht der Familienbösewicht sein«

Rita macht deutlich, welches tief sitzende Unbehagen uns davon abhält, der Kritik von Schwiegereltern wirkungsvoll entgegenzutreten.

Ja, jeder weiß, dass meine Schwiegermutter eine entsetzliche Nervensäge ist, und genau das würde ich ihr am liebsten irgendwann einmal ins Gesicht sagen. Doch es scheint in der Familie eine unausgesprochene Regel zu geben, die es verbietet, sich ihr entgegenzustellen. Die Familie legt großen Wert auf anständiges und zivilisiertes Benehmen. Und ich möchte nicht die Schurkin sein, die sie bloßstellt und alle in Aufregung versetzt. Es ist leichter mitzumachen.

Rita macht keinen Hehl daraus, dass sie ihrem Ärger Ausdruck verleihen und mit Kritik von Freunden und Kollegen fertig werden kann. Doch im Umgang mit ihrer Schwiegermutter sind die Hürden weit höher, und die Konsequenzen haben ein größeres Potenzial. Viele Menschen macht bereits die Vorstellung, sie könnten, wenn sie sich zur Wehr setzten, zum schwarzen Schaf der Familie werden, stumm.

Die Suche nach den richtigen Worten

Viele schweigen auch deshalb, weil sie, wenn sie sich verletzt fühlen und wütend sind, einen Knoten in der Zunge haben und ihnen nicht einfällt, was sie sagen könnten. So erging es Cal, dessen Schwiegervater ihn so entwürdigend behandelte.

Unter mir arbeiten eine ganze Menge Leute, und die Kommunikation zwischen uns klappt prima. Doch wenn dieser Kerl anfängt, auf mir herumzuhacken, dann komm ich mir wie ein Fünfjähriger vor, und mir fällt plötzlich aber auch gar nichts mehr ein, womit ich mich verteidigen könnte. Mein Bauch fühlt sich wie eine Brezel an, und um meine Brust legt sich ein eiserner Ring… Manchmal fürchte ich zu explodieren.

Die wenigsten Menschen haben gelernt, unter Druck die richtigen Worte zu finden, die ihnen die Zügel in die Hand geben und zugleich die Situation entschärfen. Stattdessen gewinnt unsere Angst die Oberhand, und uns brennt entweder die Sicherung durch, und wir erklären den Krieg oder wir sind so verletzt, dass wir nur noch an Rückzug denken können. Wie oft schon haben Sie sich darüber geärgert, dass Ihnen erst eine Stunde nach einer Auseinandersetzung die richtigen Entgegnungen eingefallen sind. Das ist vollkommen normal. Ihr Verstand hat große Mühe, klar zu funktionieren, wenn sich Ihr Magen verkrampft. Deshalb werden Sie die Anregungen im zweiten Teil des Buches als so wertvoll empfinden. Sobald Sie erst einmal Ihren Text gelernt haben, werden Sie ihn auch aufsagen können, egal wie nervös Sie sind

Das Tauziehen

Es gab noch einen weiteren Faktor, der Cal davon abhielt, wirkungsvoll in Aktion zu treten: die Sorge seiner Frau, er könnte ihren Vater verletzen. Viele Opfer kritiksüchtiger Schwiegereltern verkneifen sich ihren Groll, um nicht auch noch ihren Partner gegen sich aufzubringen. Die Situation mag zwar schlimm sein, doch wie Cal opfern viele lieber ihre Würde, als ihren Partner oder ihre Schwiegereltern zu erzürnen.

Rita fand sich gleichfalls in einem solchen Tauziehen wieder: »Ich möchte Lee nicht in die Lage bringen, dass er sich zwischen mir und seiner Mutter entscheiden muss. Vielleicht ängstige ich mich insgeheim, er könnte sich gegen mich entscheiden.«

Rita fürchtete sich, Lees Prioritäten zu testen. Sie spürte, dass er möglicherweise für seine Mutter und gegen sie Partei ergreifen könnte. Die Verletzungen, die ihr die Kritik ihrer Schwiegermutter zufügte, stufte sie als geringfügiger ein als den Schmerz, den ein Verrat ihres Mannes hervorgerufen hätte. Das Risiko eines Verrats wollte Rita, wie viele Menschen, die unter bösen Schwiegereltern leiden, nicht eingehen.

Von außen betrachtet mag eine solche Argumentation nicht sehr überzeugend scheinen. Doch aus der Perspektive der verwobenen Familie auf Grund einer Eheschließung sind diese Kräfte zur Aufrechterhaltung des Status quo äußerst wirkungsvoll, auch wenn sie für alle Beteiligten gleichermaßen ungesund sind.

Der hohe Preis der Kritik

Kritik packt uns häufig direkt bei unseren Verletzlichkeiten und Selbstzweifeln. Sie nagt oder sprengt unser Selbstvertrauen. Wenn Sie sich anfällig für das Gift Ihrer Schwiegereltern zeigen, dann werden Sie schon bald an Ihrer eigenen Wahrnehmung und an Ihrem Urteil zweifeln. Sie fragen sich vielleicht: Was, wenn sie Recht haben? Könnte das, was sie sagen, wirklich zutreffen? Das Nörgeln anderer kann die Selbstkritik, mit der wir alle zu kämpfen haben, leicht verstärken. Im schlimmsten Fall zweifeln Sie schließlich an Ihrer Fähigkeit, überhaupt irgendetwas richtig zu machen und an Ihrem Wert als Mensch.

Da ist es oft leichter, kritiksüchtige Schwiegereltern durch Nachgeben zum Schweigen zu bringen – und ihnen damit mehr Macht über das eigene Leben einzuräumen.

3
Die Verschlingenden

Während die Kritiksüchtigen in Ihnen und Ihrem Partner Schwächen und Fehler verstärken und neue dazuerfinden, sind verschlingende Schwiegereltern nur allzu bereit, Ihre Güte und Ihren unersetzlichen Beitrag für die Familie anzuerkennen. Sie suchen Ihre Gesellschaft und schreiben Ihnen die einzigartige Fähigkeit zu, ihr Leben zum Besseren zu wenden. Doch messen diese Schwiegereltern Ihre Liebe anhand der Zeit, die Sie mit ihnen verbringen – und sie können nie genug bekommen. In ihren Augen müsste die Zeit, die Sie für sich selbst brauchen, ihren Ansprüchen untergeordnet sein.

Doch auch wenn Sie merken, dass Ihre Schwiegereltern Sie und Ihre Ehe im Ganzen zu verschlingen drohen, ihre uneingeschränkte Inanspruchnahme kann verführerisch sein. Nicht selten kommt sie im Gewand der Liebe daher und jongliert mit Worten, die tiefste Sehnsüchte zum Ausdruck bringen: Zugehörigkeit, Liebe, Familie, Tradition. Was könnte auch nur mit einem dieser Begriffe nicht in Ordnung sein?

Es kann eine Weile dauern, bis man erkennt, dass für verschlingende Schwiegereltern diese herzerwärmenden Begriffe fest mit ganz bestimmten Definitionen und Verhaltensweisen verbunden sind.

- Zugehörigkeit bedeutet: »Du bist keine eigenständige Person, und du hast zu kommen, wenn ich dich rufe.«
- Liebe bringt zum Ausdruck: »Du bist das Wichtigste in mei-

nem Leben, deshalb ist es deine Aufgabe, mich glücklich zu machen.«

- Familie ist gleich Loyalität: »Erste Priorität hat die Herkunftsfamilie deines Partners und nicht die neue, die ihr gemeinsam begründet.«
- Und Tradition ist nichts anderes als ein unveränderliches Gesetz: »Wir tun, was wir schon immer getan haben, ganz egal, wie dein Leben sich entwickelt.«

Bis Sie schließlich herausfinden, dass Sie, Ihr Partner und Ihre Schwiegereltern an das Wort Liebe vollkommen unterschiedliche Erwartungen knüpfen, können Jahre vergehen. Zuletzt aber wird deutlich, dass auch verschlingende Schwiegereltern, egal wie warm und liebevoll sie sich geben, nicht anders als alle anderen bösen Schwiegereltern sind: Sie können nur dann glücklich sein, wenn Sie und Ihr Partner sich ihnen unterwerfen und ihrem Wohlergehen Priorität einräumen.

Ein Märchen ohne Happyend

Liz, eine kleine dunkelhaarige Kindergärtnerin mit einem müden Gesichtsausdruck und einer so leisen Stimme, dass ich mich anstrengen muss, sie zu verstehen, kam auf Empfehlung ihres Arztes zu mir.

Ich hatte zum ersten Mal in meinem Leben Migräneanfälle, und nachdem er alle nur denkbaren Tests mit mir gemacht und nichts gefunden hatte, nahm er mich zur Seite und fragte: »Also gut Liz, was bereitet Ihnen Kummer?« Und das Erste, das mir in den Sinn kam war »Meine verdammte Schwiegermutter« – etwas von dem ich nie gedacht hätte, dass ich es je sagen würde.

Liz erzählte mir, sie stamme aus einer gestörten Familie. Als Erwachsene habe sie sich nach einer fest verbundenen Familie gesehnt und ihr Glück kaum fassen können, als sie Paul und später seine Familie kennen gelernt habe.

Diese Leute sprachen miteinander. Sie verbrachten ihre Freizeit gemeinsam. Sie brauchten einander, ja sie sagten sogar »Ich liebe dich« zueinander. Meine Güte, sie veranstalteten in der Familie Softballturniere und gemeinsame Picknicks. Sie bezogen mich bei allem mit ein. Es war einfach wunderbar – am Anfang. Na ja, Sie wissen ja, dass man von etwas sagt, es sei zu gut, um wahr zu sein – in diesem Fall traf der Spruch zu. Manche Leute beklagen sich darüber, dass ihre Schwiegereltern kühl und distanziert sind. Ich bin inzwischen an dem Punkt angekommen, wo ich ein wenig Distanziertheit zu schätzen wüsste.

Liz wurde sich darüber klar, dass sie zwar Pauls Eltern viel Gutes verdankte, sie machte sich aber auch Sorgen darüber, wie viel Zeit ihre neue Verwandtschaft, insbesondere Pauls Mutter Terry, mit ihnen zu verbringen erwartete. Vor der Hochzeit hatte Terry sie mit Einladungen und Aktivitäten überhäuft, aber Liz hatte gehofft, dass Terry akzeptieren würde, dass Paul nach der Hochzeit ein eigenes, von dem seiner Eltern getrenntes Leben führte. Doch diese Hoffnung erfüllte sich nicht.

Ich hasse es, mich beklagen zu müssen, denn schließlich haben sie sich ja in vielerlei Hinsicht mir gegenüber großartig benommen. Sie haben mich wirklich aufgenommen und hatten auch keine Einwände gegen unsere Ehe. Aber sie tun so, als müsse alles so bleiben, wie es war, bevor ich auf der Bildfläche erschienen bin.

Ich wollte von Liz wissen, was sich während des ersten Jahrs ihrer Ehe ereignet hatte.

Terry beklagt sich ständig bei Paul, dass er nicht genug Zeit mit der Familie – insbesondere mit ihr – verbringt. Sie arrangiert diese Familienzusammenkünfte und erwartet, dass wir alles fallen lassen und erscheinen. Sie will sogar, dass wir uns jedes Wochenende sehen, als seien wir alle noch Teenager. Am schlimmsten war es, als wir unseren Urlaub planten. Wir arbeiten beide jeden Tag von neun bis fünf Uhr und haben nur zwei Wochen Urlaub im Jahr. Aber Terry hat sich darauf versteift, eine große Familienreise zu planen, und sie ruft mich jeden Tag an, um mir neue Vorschläge zu unterbreiten, und schickt mir Kataloge zu Kreuzfahrten, an denen die ganze Familie gemeinsam teilnehmen kann. Ich sagte Paul, dass ich nicht bereit sei, unsere einzigen zwei Wochen Urlaub mit seiner Familie zu verbringen – wir brauchen auch Zeit für uns. Doch dann verkündete seine Mutter, dass sie gar nicht in Urlaub fahren würden, wenn wir nicht alle gemeinsam führen, denn ohne uns hätten sie keine Freude an ihren Ferien. Also was hätte ich tun sollen, ich konnte ja schlecht gegen jeden ankämpfen …

Die scheinbar großzügige Einbeziehung durch Ihre Schwiegereltern verbirgt möglicherweise die Forderung, ihnen viel Zeit und Aufmerksamkeit zu widmen. Sobald Ihre Schwiegereltern Sie und Ihren Partner dafür verantwortlich machen, ob sie eine gute Zeit haben oder nicht, oder sogar dafür, ob sie glücklich sind oder nicht, haben Sie das Reich von Nähe und Zugehörigkeit gegen eine gefährliche Arena eingetauscht, in der Sie zum Hausmeister ihrer Gefühle werden. Und diese Last ist so gewaltig, dass Sie sich, selbst wenn Sie sich wie Liz nach einer Familie sehnen, der Situation früher oder später entziehen wollen.

Zum Schluss sind Sie das Problem

Ihre veränderte Einstellung zu Ihren Schwiegereltern kann Ihrem Partner wie ein unerklärlicher Stimmungswandel vorkommen. Paul zum Beispiel waren Liz' neue Reaktionen ein Rätsel, und er ärgerte sich sogar darüber, dass Liz nun größeren Abstand von seinen verschlingenden Eltern wünschte.

Ich kann mir nicht erklären, was diese Veränderung bewirkt hat. Sie war so vernarrt in meine Familie, und mit einem Mal empfindet sie sie als erdrückend und fühlt sich von ihnen überfordert. Meine Mutter war so verletzt, als Liz ankündigte, mit mir allein in Urlaub fahren zu wollen. Sie wusste nicht, wie ihr geschah oder was sie falsch gemacht hatte. Meine Eltern haben Liz wirklich gern – was ist falsch daran, wenn man sich wünscht, dass die Familie sich nahe ist? Ich kann mir vorstellen, dass man, wenn man aus einer wirklich neurotischen Familie stammt, eben nicht weiß, wie eine richtige Familie aussieht und funktioniert.

Paul machte sich weis, dass Liz' Widerstand ausschließlich in ihrer schwierigen Vergangenheit zu suchen war. Für ihn war das nahe liegend und ersparte ihm obendrein die Auseinandersetzung mit sich selbst und mit den Abläufen in seiner eigenen Familie.

Verständlicherweise fühlte sich Liz von Pauls Interpretation verletzt und war empört. Sie fühlte sich zutiefst von der Vorstellung beunruhigt, dass ihre Ehe durch ihre zu anspruchsvollen Schwiegereltern manipuliert wurde und Paul dies als vollkommen normal empfand. Unter diesen Bedingungen war er aufgewachsen und kannte nichts anderes. Dass die Erwartungen seiner Eltern auf Liz vollkommen anders wirkten, konnte er einfach nicht erkennen. Hinzu kam, dass Liz zunehmend ihre Achtung vor Paul verlor, der immer, wenn seine Mutter etwas von ihm wollte, zu Kreuze kroch. Es ist daher wenig überraschend, dass Liz und Paul ihren Urlaub nur wenig genießen konnten und sich ununterbrochen gegenseitig attackierten. Positiv war jedoch, dass die Reise ihre Suche nach professioneller Hilfe beschleunigte.

Wieso sollte die Ehe etwas ändern?

Viele Eltern weigern sich dickköpfig einzusehen, dass sich das Leben zwangsläufig ändern muss, wenn ihr Kind eine feste Bindung eingeht. Viele Schwiegereltern wehren sich dagegen, dass Ihre Ehe, die sie als »unbedeutende Störung« abtun, sich auf die gewohnten Abläufe in der Familie auswirkt. Und wie Sie bereits bei den beschriebenen Paaren oder auf Grund eigener Erfahrungen gesehen haben, weigert sich oft auch Ihr Partner, irgendwelche Veränderungen gegen den Widerstand seiner Familie durchzusetzen.

Pete, ein 28-jähriger Versicherungskaufmann, suchte mich frustriert und wütend auf, weil seine Frau sie beide ständig an ihren Vater kettete. Pete wusste, wie nahe sich Ellen und ihr Vater Art standen, doch hatte er nicht damit gerechnet, dass Art mehr oder weniger täglich Anspruch auf ihre gemeinsame Zeit erheben würde.

Sie sollten sehen, wie Art mit Ellen umgeht, fast so, als wohne sie noch daheim. Er ist ihr gegenüber schon immer endlos nachsichtig gewesen und kehrt einen übertriebenen Beschützerinstinkt heraus. Als sie noch in der High-School war, hat er versucht, einen Lehrer feuern zu lassen, weil der seiner Tochter in einem Fach nur eine Drei gegeben hatte. Nun ruft er sie fast jeden Abend an, um sie zu fragen, was wir zum Abendbrot essen, was wir gekauft haben und wie viel Geld sie an diesem Tag mit ihren Provisionsgeschäften eingenommen hat. Er will sie einfach nicht aus dem Nest lassen. Er will, dass sie mit allen Entscheidungen, die sie zu treffen hat, zuerst zu ihm kommt – auch wenn es sich um Dinge handelt, die allein uns betreffen. Er kann es nicht ertragen, dass sie nicht mehr ausschließlich von ihm abhängig ist. Inzwischen sind wir so weit, dass ich den Raum wechseln muss, wenn sie mit ihm spicht – so sehr ärgere ich mich darüber, dass er sich wie ihr Babysitter benimmt. Er will sie einfach nicht erwachsen werden lassen – und schon gar nicht zulassen, dass sie sich zu einer eigenverantwortlichen Partnerin entwickelt.

Art betrachtete Ellens Ehe im besten Fall als Unannehmlichkeit und behandelte seine Tochter auch weiterhin so, als sei sie noch immer ein Mitglied ihrer Ursprungsfamilie. Die Existenz ihrer neuen Familie nahm er kaum zur Kenntnis.

Doch wie immer ist das Verhalten der Schwiegereltern nur ein Teil des Gesamtbildes. Sehen Sie sich den interessanten Kommentar von Pete näher an: »Er will sie einfach nicht erwachsen werden lassen.« Als ich Pete aufforderte, die Aussage so zu formulieren, dass sie auch Ellen miteinbezieht, seufzte er und sagte: »Ja, ich verstehe, was Sie meinen. Ellen lässt es zu, dass ihr Vater sie am Erwachsenwerden hindert.«

Art konnte seinen besitzergreifenden Umgang mit Ellen nur beibehalten, weil Ellen ihre Selbstwahrnehmung nicht verändert hatte und sich immer noch mehr als Tochter statt als Ehefrau empfand. Wie viele junge Erwachsene erlebte Ellen ihre Ehe und ihre Unabhängigkeit als weniger wirklich und wertvoll als die Lebenszeit, die sie als Tochter ihrer Eltern verbracht hatte. Die Dinge würden sich ändern, sobald Ellen selbst zu dieser Einsicht finden würde.

Eine in Geschenkpapier verpackte Falle

Weil für verschlingende Schwiegereltern die letztendliche Familientugend Nähe ist, erteilen sie sich selbst die Genehmigung dafür, sich zu jedem Bereich Ihres neuen gemeinsamen Lebens Zugang zu verschaffen. Manche Schwiegereltern legen so viel Wert darauf, von Ihnen miteinbezogen zu werden, dass Sie sich durch praktisch alles in Ihrer unmittelbaren Umgebung an sie erinnert fühlen. Und es ist ihnen oft überhaupt nicht klar, welchen Eingriff ihre ständige Anwesenheit darstellt und wie schädlich er sich auf Ihre Ehe auswirken kann.

Leslie musste bald feststellen, dass sich ihre unangenehmen Schwiegereltern in sie verschlingende verwandelt hatten.

Sobald sie eingesehen hatte, dass sie die Eheschließung nicht würden aufhalten können, änderten sie ihren Ton, und anfangs meinte ich, darin eine Verbesserung zu sehen. Plötzlich wollte Tommys Mutter Zeit mit uns verbringen. Anfangs schlug sie vor, dass wir zu ihnen ziehen sollten, um Geld zu sparen. Ich glaubte, meinen Ohren nicht trauen zu können – also, ich meine, in welchem Jahrhundert leben wir denn? Aber sie fand ihren Vorschlag in keiner Weise ungewöhnlich. Als ich dankend ablehnte, bestand sie darauf, mit uns Möbel auszusuchen und für alles zu bezahlen. Ich fand die Sachen, die sie aussuchte, grässlich, aber Tommy meinte, wir dürften ein so gut gemeintes Geschenk nicht zurückweisen. Gina entschied, in welcher Farbe wir die Wohnung zu streichen hätten. Sie kam unangekündigt mit Bildern herüber, von denen sie meinte, dass wir sie aufhängen müssten. Alles natürlich nur, weil sie uns angeblich helfen wollte. Erst war ich so froh, dass ich schließlich doch noch Zugang zu diesem magischen Kreis erhalten hatte. Aber inzwischen fühle ich mich wie Jonas, der von einem Wal verschluckt wurde. Ich glaube, sie wollte, dass unsere Wohnung genauso wie ihre aussieht. Vermutlich meinte sie, dann käme es Tommy so vor, als lebe er noch zu Hause.

Zutreffender wäre es zu sagen, dass Tommys Mutter sich so fühlen wollte, als lebe Tommy noch bei ihr daheim.

Tommy hatte eine Frau gefunden, die ihm wirklich wichtig war und mit der er eine eigene Familie gründen wollte. Doch statt sich über diese Veränderungen zu freuen, betrachtete Gina, die sich immer stark auf Tommys emotionale Unterstützung verlassen hatte, ihre Schwiegertochter Leslie als bedrohliche Gegenspielerin. Ich erklärte Leslie, dass sie direkt mit der intensiven Urbindung zwischen Mutter und Kind konfrontiert wäre. In einer gesunden Familie ist das eine dynamische Verbindung, die sich Veränderungen anpasst. Doch wenn der Partner eine verschlingende Mutter wie Gina hat, dann wird die Schwiegertochter oft als Diebin des Lebensglücks betrachtet, und alle Geschenke oder Hilfsangebote dienen nur dem Zweck, das verlorene Kind und seine Loyalität zurückzugewinnen. Haus und Mobiliar waren nur Ginas erste Schritte bei dem Versuch, Tommy wieder nach Hause zu holen.

Aufeinander prallende Kulturen

Besonders schwierig ist es, sich der erdrückenden Umarmung durch die Familie des Partners zu entziehen, wenn man in eine fremde Kultur oder Rasse einheiratet. In dem Bemühen, gemocht und akzeptiert zu werden, verbiegen sich manche Menschen ganz und gar bei dem Versuch, die Sitten ihrer neuen Schwiegereltern zu verstehen und zu tolerieren. Anfangs ist man sich der Höhe der Anforderungen vielleicht gar nicht bewusst und gibt aus Höflichkeit und aus Respekt vor den Traditionen der Schwiegereltern den eskalierenden Erwartungen immer weiter nach, bis man schließlich feststellt, dass man innerlich voller Groll ist.

Kate, eine athletische blonde 23-jährige Privattrainerin, verliebte sich in Ted, einen Geschäftsmann aus einer traditionell orientierten jüdisch-iranischen Familie.

Als wir noch miteinander ausgingen und sogar, als wir schon zusammenlebten, machte es mir nichts aus, dass wir so viel Zeit mit Teds Familie verbrachten. Doch als wir dann verheiratet waren, teilte mir Ted mit, dass wir jeden Sonntag und jeden Feiertag mit ihnen essen würden. Und die Familie ist riesig, darunter auch Mitglieder, die kein Englisch sprechen. Wenn ich mich sperre oder wenn Ted ihnen klarzumachen versucht, dass wir andere Pläne haben, dann wird alles getan, um uns doch noch zu überreden. Dann wechseln sie in meinem Beisein manchmal zu Farsi, und ich fühle mich wie ein kleines Kind, vor dem irgendetwas geheim gehalten werden soll. Sie sind überzeugt, dass Familie alles ist und dass man keine Freunde braucht, weil Freunde nur Fremde sein können.

Teds Eltern waren bereit, sich scheinbar äußerst großzügig und liebevoll zu zeigen, um Kate dafür zu gewinnen, wichtige Feiertage bei ihnen statt bei ihren eigenen Eltern zuzubringen.

Als ich erwähnte, dass ich Thanksgiving immer bei meinen Eltern feiere, und vorschlug, zwischen ihnen und meinen Eltern abzuwechseln, da luden sie einfach meine Eltern mit ein. Nun haben sie also meine Eltern in die Sache hineingezogen, und meine armen Eltern sind gar nicht an einer solchen für sie langweiligen Familienzusammenkunft interessiert. Sie wollen den Feiertag bei sich zu Hause verbringen, beklagen sich bei mir und fragen mich: »Heißt das, dass wir dich an Feiertagen in Zukunft nur dann zu sehen bekommen, wenn wir zu deinen Schwiegereltern kommen?« Und ich habe schon Magenschmerzen entwickelt, die mein Arzt auf Ängste und Anspannung zurückführt. Ich will einfach nur, dass alle glücklich sind, doch habe ich eher den Eindruck, dass keiner zufrieden ist.

Ich wies Kate darauf hin, dass ihr letzter Satz wohl nicht ganz zutraf. Ihre Schwiegereltern waren durchaus zufrieden und nahmen wahrscheinlich an, dass auch alle anderen mit der Lösung glücklich waren. Sie wären vermutlich sehr überrascht, wenn jemand ihnen erklärte, dass man ihr kompromissloses Beharren auf die rituellen Familienzusammenkünfte an Wochenenden und Feiertagen auch als erstickend empfinden kann. Ihrer Meinung nach verhielten sie sich einladend und zugewandt, und niemand hatte den Mut, sie entsprechend aufzuklären.

»Euer Zuhause ist auch unseres«

Verschlingende Schwiegereltern respektieren weder emotionale noch physische Grenzen. Sie erkennen auch den durch die vier Wände des eigenen Zuhauses geschaffenen Privatbereich, den sicheren Hafen, das persönliche Territorium nicht an. Verschlingende Schwiegereltern missachten diese geheiligte Privatsphäre, wenn sie:

- unangekündigt auftauchen,
- vorbeischauen, ohne die Tageszeit oder Ihren Zeitplan zu berücksichtigen,
- Ihr Zuhause ohne Rücksprache mit Ihnen als Ort von Familienzusammenkünften anbieten,
- darauf bestehen, bei Ihnen zu bleiben, auch wenn andere Möglichkeiten bestehen.

So unangenehm Ihnen die ersten drei Punkte auch scheinen mögen, es ist der vierte, der tatsächlich Chaos verursacht. Es ist eine Sache, wenn Ihre Schwiegereltern am Abend unangekündigt vorbeikommen, weil sie »eben in der Nachbarschaft« waren. Viel schlimmer aber ist es, wenn sie von Ihnen erwarten, dass Sie sie Wochen oder sogar Monate am Stück unterbringen, und Sie zulassen müssen, dass sie Ihren Tagesablauf durch das Beharren auf ihre Vorlieben durcheinander bringen.

Die Eindringlinge

Diane, eine Warenhauseinkäuferin Ende vierzig mit zwei erwachsenen Kindern, kam gestresst und verängstigt vor dem halbjährlichen Besuch ihrer Schwiegereltern zu mir.

Johns Eltern sind früh in Rente gegangen und haben jede Menge Geld, aber ihr Leben besteht dennoch daraus, von Kind zu Kind zu ziehen und bei jedem mindestens einen Monat lang zu bleiben. So geht das nun schon seit zehn Jahren. Diesmal sind wir wieder an der Reihe, und allein die Vorstellung macht mich zu einem Nervenbündel. Bevor sie kommen, bin ich schon immer vollkommen verkrampft, weil ihre Anwesenheit so viel Spannungen verursacht. Ich funktioniere nicht gut, wenn ich keinen Raum für mich und keine Privatsphäre habe. Sie sind schon in Ordnung, wie sie sind, aber sie haben ihren eigenen Tagesablauf, der sich vollkommen von unserem unterscheidet. Sie wollen ihr Abendbrot schon um fünf, und dann sitzen sie vor dem Fernseher und haben die Lautstärke bis hart an die Schmerzgrenze aufgedreht. Natürlich wollen sie uns nicht zur Last fallen, aber sie erwarten trotzdem, dass wir Zeit mit ihnen verbringen und gemeinsam mit ihnen Ausflüge machen. Ganz ehrlich, ich habe keine Ahnung, welche Rechte ich in einem solchen Fall habe. Schließlich sind es seine Eltern, und ich sollte doch dazu fähig sein, ihren Besuch zu ertragen. Wenn es nur ein paar Tage wären, dann hätte ich bestimmt kein Problem damit, aber ich würde auch meine besten Freunde nicht einen Monat lang bei uns wohnen lassen. Wenn wir einen solchen Besuch überstanden haben, sind wir jedes Mal reif für einen Kuraufenthalt.

Selbstverständlich hatte Diane jede Menge Rechte und auch zahlreiche Möglichkeiten, ihre Schwiegereltern anderenorts als bei sich zu Hause unterzubringen. Aber sie fürchtete, John zu verletzen oder hartherzig und kalt zu wirken, wenn sie ihre Rechte geltend machte. Eine nahe liegende Lösung des Problems bestand darin, eine angenehme, nahe gelegene Unterkunft für sie zu finden, damit sie nicht bei John und Diane wohnen mussten. Ich wollte von Diane wissen, ob sie sich bereits nach Alternativen umgesehen hatte.

Nur drei Häuserblocks von uns entfernt gibt es ein neu eröffnetes kleines nettes Hotel, in dem sie absteigen könnten. Doch sobald John das Thema anspricht, erinnern ihn seine Eltern daran, dass sie bei seinen Brüdern und Schwestern immer willkommen sind, und er gibt nach. Ihrer Weihnachtskarte an uns hat Johns Vater eine Notiz beigefügt, auf der stand: »Seit meinem Herzinfarkt weiß ich endlich, wo meine Prioritäten sind. Bei mir kommt an erster Stelle die Familie.« Mehr ist nicht nötig, um John in seinem Entschluss, sie künftig anderweitig unterzubringen, wanken zu lassen. Ich hätte bald Lust, ihm den Hals umzudrehen.

Jedermanns Gefühle wurden berücksichtigt, nur Dianes nicht. Wenn Johns Eltern sich durch den Vorschlag gekränkt fühlten, in einem Hotel untergebracht zu werden, dann durften sie selbstverständlich bei John und Diane wohnen bleiben. Und wenn John die Schuldgefühle nicht ertragen konnte, weil er seine Eltern nicht bei sich und Diane unterbringen wollte, dann musste Diane das eben verstehen und konnte nicht von ihm erwarten, eine für sie akzeptable Lösung zu finden.

Verschlingende Schwiegereltern haben die Macht und die gemeinsame Geschichte auf ihrer Seite. Wenn sie sich mit ihren Kindern eng verbunden fühlen, dann ändert die Eheschließung eines ihrer Kinder überhaupt nichts. Obwohl John ein unabhängiger Rechtsanwalt und bald 50 Jahre alt war, konnte sein Vater in ihm noch immer die frühe starke Elternbindung heraufbeschwören, indem er seinen Sohn daran erinnerte, wie wichtig er und die Familie ihm waren. Johns Eltern betrachteten ihre Besuche als Möglichkeit, ihre Beziehung zu ihrem Sohn zu vertiefen. Sie sprachen häufig darüber, dass sie ihre Kinder als ihre besten Freunde empfanden, und schwärmten überschwänglich von der offenen und liebevollen Beziehung zu ihren Kindern. John konnte gut verdrängen, dass es tatsächlich wenig richtige Offenheit zwischen den einzelnen Familienmitgliedern gab. Die unausgesprochene Wahrheit unter den Geschwistern war, dass sie die Besuche der Eltern als entsetzliche Zumutung empfanden. Und für Diane waren die Aufenthalte ihrer Schwiegereltern ein sicherer Weg zu Migräne und Stress.

Verschlingende Schwiegereltern verfügen über gewaltige Macht, wenn sie wissen, dass ihre erwachsenen Kinder sich in übertriebenem Maße für ihr Glück verantwortlich fühlen und Schuldgefühle entwickeln, sobald das Glück einmal ausbleibt. John jedenfalls erging es so. Doch war er um des Glückes seiner Eltern willen fast bereit, das Wohlergehen seiner Frau zu opfern.

»Euer Kind ist auch mein Kind«

Eines der interessantesten Beispiele für sich aufdrängende, verschlingende Schwiegereltern wurde mir von einer jungen Kollegin namens Jill berichtet, die mich eines Tages anrief, um mich um Rat zu bitten.

Ich bin dazu in der Lage, mich mit ganzer Kraft für meine Klienten einzusetzen, aber wenn es um mein eigenes Leben geht, dann liegen die Dinge oft anders. Du weißt doch, dass wir in ein paar Monaten ein Baby erwarten, und diese Tatsache wirkt sich äußerst seltsam auf das Verhalten meiner Schwiegermutter Evelyn aus. Ich weiß nicht, was ich tun soll. Seit sie herausgefunden hat, dass ich schwanger bin, bezeichnet sie das Kind ständig als ihres! »Wie geht es denn meinem *Baby heute? Strampelt* mein *Baby heute viel?« Dann fantasiert sie ausführlich über die »Mutter-Tochter-Dinge«, die sie und das Kind später zusammen tun werden, und macht mir zugleich klar, dass für mich in ihrer Fantasie kein Platz ist. Sie ist seit langem geschieden und hat auch nicht viele Freunde, also gehe ich davon aus, dass sie in uns eine Art Ersatz sieht. Ich schwöre dir, Susan, es hat Zeiten gegeben, da habe ich darüber nachgedacht, Sean zu verlassen, nur um diese Frau endlich loszuwerden. Ich fühle mich von ihrer ständigen Anwesenheit in meinem Leben erdrückt.*

Ich wollte von Jill wissen, wie Sean sich in der ganzen Angelegenheit verhielt, und bekam die erwartete Antwort.

Sean weiß, dass das Verhalten seiner Mutter unangemessen ist, aber er fürchtet sich davor, ihr zu sagen, wo's langgeht, weil er ihre Gefühle nicht verletzen will. Doch jeden Tag, den er verstreichen lässt, ohne mit ihr zu sprechen, belastet unsere Beziehung ein wenig mehr.

Indem sich Sean nicht direkt mit der besitzergreifenden Art seiner Mutter auseinander setzte, verstärkte er ihre und unterminierte die Position und Autorität seiner Frau. Ich riet Jill, sich mit Sean zusammenzusetzen und gemeinsam eine Strategie zu entwickeln, um dem Unsinn ein Ende zu machen. Nachfolgend die wichtigsten Punkte, mit denen Jill und Sean sich befassen mussten.

1. Teilt Evelyn mit, wie sehr ihr ihre Aufregung über die Ankunft des Babys zu schätzen wisst, aber lasst sie auch wissen, dass die Rollenzuteilung in keiner Weise in Frage steht.
2. Sagt Evelyn, dass sie von jetzt an, wenn sie von dem Baby spricht, eine angemessene Bezeichnung dafür finden muss. sie kann es als »mein Enkelkind« bezeichnen oder irgendeinen anderen Kosenamen wählen, der keinerlei Zweifel lässt, wer die Mutter und wer die Großmutter ist.
3. Stellt *jetzt* klar, wie das Kind Evelyn später nennen soll. Oma oder Großmutter sind die gebräuchlichsten Bezeichnungen, aber es gibt noch viele andere.
4. Stellt *jetzt* klar, in welchem Ausmaß Evelyn am Leben des Kindes beteiligt werden soll. Es sollte nicht mehr sein, als für euch angenehm ist, doch sorgt auch dafür, dass sie so stark wie möglich einbezogen wird.

Wenn sie zunächst ein gekränktes Gesicht macht, dann ist das kein Anlass zur Sorge. Mit der Zeit wird sie eure Spielregeln akzeptieren, und ihr werdet weit weniger Stress haben.

Jill hatte das Glück, dass sie die Regeln rechtzeitig festlegen konnte, denn das anfängliche Chaos, das die Geburt eines Kindes anrichtet, macht einen solchen Schritt fast unmöglich. Doch es ist nie zu spät, um Grenzen zu setzen. Klarheit ist das Entscheidende und kann bei allen zukünftigen und gegenwärtigen Großeltern (auch älterer Kinder) zum Tragen kommen, die Sie aus Ihrer Rolle verdrängen wollen, bewusst oder unbewusst.

Spalten, um zu erobern

Wenn Ihre Schwiegereltern bei ihren eigenen Kindern nicht das Gewünschte erreichen, dann gehen sie manchmal dazu über, Sie in den Kampf mit einzubeziehen – eine weitere typische Taktik verschlingender Schwiegereltern.

Brad, ein sanfter 37-jähriger Handelsvertreter, suchte mich seit einigen Wochen regelmäßig auf, um mit mir über die wachsenden Spannungen zwischen ihm und seiner Frau zu sprechen, die er als äußerst emotional und übersensibel beschrieb. Als ich ihn fragte, was er für die Hauptursache ihrer gegenwärtigen Schwierigkeiten hielt, nannte er ohne Zögern seinen Schwiegervater Doug, der sich ständig in ihre Ehe einmische, obwohl er in einem anderen Bundesstaat lebe.

Jan hat 15 Jahre lang mit ihrem Vater nichts zu tun gehabt. Ich bin dem Mann einmal begegnet, und mir schien er in Ordnung zu sein – vielleicht ein bisschen ungeschliffen, aber Jan will mit ihm nichts zu tun haben. Doug bombardiert sie seit Jahren mit Briefen und Anrufen und zitiert Bibelstellen, um sie dazu zu bringen, ihn zu achten und ihm ihr Herz zu öffnen. Als er erkannte, dass er mit seiner Taktik nicht weiterkam, verlegte er sich auf mich. Inzwischen richtet er seine Briefe an mich. Hier, ich habe die Kopie des Briefes dabei, den ich vor kurzem erhalten habe und mit dem alles angefangen hat.

Ich forderte Brad auf, mir den Brief vorzulesen.

Lieber Brad,

ich nehme mir die Freiheit, mich an dich zu wenden, weil ich einen allerletzten Versuch machen möchte, um die Kluft zwischen Jan und mir zu überbrücken. Wie du weißt, hat Jan mir nie die Tatsache vergeben, dass meine Ehe mit ihrer Mutter so stürmisch war. Ich habe alles getan, um meine Ehe mit ihr zu retten, aber ich konnte es nicht mit Emily und dem Geld ihres Vaters aufnehmen. Emilys Vater hasste mich von Anfang an, und am Ende hat er gewonnen. Sowohl er als auch Emilys Mutter haben schreckliche Lügen über mich erzählt, die Jan ihnen abgenommen hat.

Ich weiß, dass du Jan so liebst wie ich, und ich bin sicher, du erkennst, wie sehr die Feindseligkeit, die sie mir gegenüber an den Tag legt, sie selbst verletzt. Ich weiß, dass sie mit Depressionen kämpft und deshalb in Therapie ist. Ich hoffe, dass du mich nicht für sentimental hältst, wenn ich dir sage, dass ich sicher bin, ihre Depressionen würden sich auflösen, wenn sie sich der Wirklichkeit stellt und anerkennt, dass nicht ich, sondern ihre Mutter und ihr Großvater die Ursache für ihre schwierige Kindheit waren.

Ich glaube, sie ist seit so langer Zeit in ihrer Wut gefangen, dass sie ihr zur zweiten Natur geworden ist. Du und ich, wir müssen sie beschützen, denn wir sind diejenigen, die sie am besten kennen. Wir beide wissen, wie viel besser sie sich fühlen würde, wenn sie mich nur wieder in ihr Leben hineinließe. Ich rechne auf dich und darauf, dass du diesen Schritt zu Wege bringst. Lass mich nicht im Stich …

Brad zeigte sich recht beeindruckt von der Intensität von Dougs Brief und wollte wissen, ob ich nicht auch glaubte, dass es Jan helfen könnte, irgendeine Art Beziehung zu ihrem Vater zu haben.

Wenn Sie Dougs Brief ohne zusätzliche Informationen lesen würden, dann wären Sie wahrscheinlich ähnlich davon berührt wie Brad. Da ist dieser arme Vater, der nur auf eine Gelegenheit hofft, seine Tochter und seine Enkel zu sehen. Nun gut, ein paar Fehler hat er wohl gemacht, aber zugleich sorgt er sich so glaubwürdig und aufrichtig um das Wohlergehen seiner Tochter. Warum sollte man es mit ihm nicht noch einmal versuchen? Was schließlich könnte wichtiger sein als die Familie?

Die Bündnisse verstehen

Wie Sie gesehen haben, bringen verschlingende Schwiegereltern normalerweise ihre eigenen Kinder dazu, ihnen große Bereiche ihres Lebens zu öffnen, und es ist für gewöhnlich der Partner, der sich an seinen Schwiegereltern reibt. Brads und Jans Situation war insofern interessant, als es sich hier genau umgekehrt verhielt. Ich bat Brad, Jan so bald wie möglich einmal mitzubringen. Ich hatte das starke Gefühl, dass hinter diesem Invasionsversuch aus der Ferne weit mehr steckte, als Brad ahnte.

Jan war recht zurückhaltend, als sie das erste Mal zu mir kam. Sie gestand, dass sie sich von Brad verraten fühlte. Ich spürte, dass sie von mir erwartete, ich würde sie dazu drängen, im Namen von »Familie« und »Vergebung« die Verbindung zu ihrem Vater wieder aufzunehmen. Ich versicherte ihr, dass dies nicht mein Ziel sei und dass ich tatsächlich einfach nur ihre Geschichte hören und, was noch wichtiger sei, Brad klarmachen wollte, warum es so wichtig sei, dass er sie in jeder Entscheidung, die ihren Vater betraf, unterstütze. Als das geklärt war, entspannte sie sich sichtlich. Sie erzählte ihre Geschichte mit leiser, doch fester Stimme.

Obwohl mein Vater inzwischen wieder verheiratet ist und zwei Kinder hat, ist er vollkommen besessen von der Vorstellung, einen Fuß in mein Leben zu bekommen. Brad versteht einfach nicht, dass mein Vater nur nach einem Schuttabladeplatz für seine Wut auf meine Mutter sucht. Er will mich zu der Einsicht bekehren, dass meine Mutter, die ich liebe, für alles, was in ihrer Ehe schief gegangen ist, allein verantwortlich ist, und dass mein Großvater sie mit viel Geld bestochen hat, damit sie Doug verlässt. Nun, da ich älter bin und eigene Kinder habe, hofft er, dass ich endlich zur Vernunft komme. All das ist vor 20 Jahren geschehen, doch er kann es einfach nicht loslassen. Er ruft regelmäßig andere Familienmitglieder an und bittet sie, sich für ihn bei mir einzusetzen. Er hat sogar meine Freunde aus der Kindheit angerufen, um sie daran zu erinnern, was für ein guter Vater er angeblich war. Ich habe angefangen, ihm seine Briefe ungeöffnet zurückzuschicken, doch schon der Anblick seiner Handschrift kann mir den Tag ruinieren. Nun versucht er es bei Brad. Es kommt mir vor, als sei da ein dunkler Schatten in meinem Leben, den ich einfach nicht loswerde.

Ich wollte von Jan wissen, ob sie ihrem Vater seit der Scheidung jemals wieder von Angesicht zu Angesicht begegnet sei.

Ich bin in der Vergangenheit ein paar Mal schwach geworden und habe mich mit ihm zum Mittagessen verabredet, aber ich habe es jedes Mal bereut. Er hört überhaupt nicht auf, über meine Mutter und meinen Großvater herzuziehen und interessiert sich nicht im Geringsten für das, was ich sage. Ich kam mir vor, als hätte mich eine Dampfwalze überfahren. Was er sagt, ist vollkommen verrückt und verzerrt, aber mein Vater hatte schon immer seine eigene paranoide Vorstellung von der Wirklichkeit – und von mir aus kann er sie beibehalten. Er war ein schrecklicher Tyrann und hat mich ständig beschimpft, was er natürlich ganz anders sieht. Ich will ihn nicht in meinem Leben haben, er hat absolut nichts Positives anzubieten. Warum kann er mich nicht einfach in Ruhe lassen? Brad kann das nicht verstehen, weil er sehr nette Eltern hat.

Doug wollte eindeutig mehr, als nur den Kontakt mit seiner Tochter auffrischen. Er war von dem überwältigenden Drang getrieben, seine Tochter dazu zu bringen, die Dinge aus seiner Perspektive zu sehen und die Menschen, die sie liebte, als so schlecht, wie er sie sah, zu erkennen. Es war dieser Zwang, der ursprünglich einen Keil zwischen Jan und Doug getrieben hat. Nach Jans Auffassung ist Doug einfach nur zornerfüllt und kontrollsüchtig.

Durch seine unablässigen, ungewollten Bemühungen, sich Zutritt zu Jans Leben zu verschaffen, und durch die Tiraden, die er auf Jans Mutter Emily losließ, tyrannisierte und beschimpfte Doug seine Tochter weiter. Er übernahm keinerlei Verantwortung für sein eigenes Verhalten und projizierte die Schuld an seiner Scheidung auf alle anderen Beteiligten. Er leugnete sogar seine Neigung zum Beschimpfen seiner Mitmenschen. Und inzwischen hatte er die Brüllkonzerte, die er Jan als Kind regelmäßig zumutete und von denen sie mir erzählte, durch Briefe ersetzt.

Ich fragte Jan, wie viel von alldem sie Brad mitgeteilt hatte.

»Wahrscheinlich sehr wenig«, antwortete sie. »Vermutlich habe ich ihm lediglich gesagt, dass ich meinen Vater nicht sehen will und dass er mich mit dem Thema zufrieden lassen soll. Es ist eben schwer, all diese Abscheulichkeiten noch einmal hervorzuholen und praktisch neu zu durchleben.«

»Wie hätte sich Brad ein Bild von der Situation machen und Sie in Ihrem Verhalten bestärken können«, fragte ich vorsichtig, »wenn er nur bruchstückhafte Kenntnisse hat?«

Ich blickte zu Brad hinüber, der sichtlich mitgenommen aussah. Und dann bezog er endlich Stellung. »Es tut mir so Leid, Jan«, sagte er. »Ich werde die Sache ins Lot bringen. Ich werde ihm klipp und klar sagen, dass er dich endlich in Ruhe lassen soll, und wir ergreifen auch die uns möglichen rechtlichen Schritte, wenn er nicht aufhört, dich zu quälen.«

Verschlingende Schwiegereltern reißen wie alle manipulierenden Menschen leicht Abgründe zwischen Partnern auf, um Macht zu gewinnen. Doch Jan hatte erwartet, dass Brad auch ohne die nötigen Informationen ihre Bedürfnisse irgendwie erkennen und sich ein Bild machen würde.

Ohne Kenntnis von Jans persönlicher Geschichte konnte Brad jedoch nicht wissen, was sie von ihm erwartete, und Jan zögerte, darüber zu sprechen. Stattdessen bauten sich Groll und Spannungen in ihr auf. Doch sobald alle Einzelheiten offen auf dem Tisch lagen, konnte Dougs Versuch, Brad zu seinem Verbündeten zu machen, nicht mehr funktionieren. Vielmehr bekam nun Jan den gesuchten Verbündeten.

Von einer Krise in eine neue

Kaum etwas kann für Ihren Partner ein größeres moralisches oder ethisches Dilemma sein als eine Krise im Leben seiner Eltern. Wir alle reagieren aus dem Bauch heraus, wenn wir erfahren, dass ein Elternteil schwer krank ist, einen Verlust verarbeiten muss oder sich aus anderem Grund quält, und es ist natürlich, in einer solchen Situation Farbe bekennen zu wollen. Weder natürlich noch gesund ist es jedoch, wenn Eltern meinen, dass ihre Krise ihnen das Recht gibt, sich noch lange nach ihrer Wiederherstellung in unangemessener Weise in das Leben ihrer erwachsenen Kinder zu drängen. An diesem Punkt können sie sich leicht in verschlingende Eltern und Schwiegereltern verwandeln.

Julia, eine blasse, angespannte Frau mittleren Alters mit abgebissenen Fingernägeln und einem Übergewicht von 20 Kilo, teilte mir mit, dass ihr Mann ihr gedroht habe, sie zu verlassen, wenn sie nicht mit einem Therapeuten über ihre maßlose Anforderungen stellende Mutter spreche.

Seit mein Vater vor anderthalb Jahren gestorben ist, ist unser Leben die Hölle. Meine Mutter wurde schrecklich depressiv, und wir alle machten uns Sorgen um sie. Sie mochte nichts essen und konnte nicht alleine schlafen. Also wechselten sich meine Schwester und ich in ihrer Betreuung ab und halfen ihr bei den finanziellen und rechtlichen Angelegenheiten, von denen sie sich so überfordert fühlte. Zunächst ging alles gut, doch dann erklärte Mama plötzlich, dass sie nur mir vertraue und nur bei mir spüre, dass ich in ihrem Interesse handle. Sie fing an, mit meiner Schwester Streit zu suchen, und dann verlangte sie mehr und mehr Einsatz von mir. Nun ist über ein Jahr verstrichen, und ich bin noch immer fast jeden Tag bei ihr drüben. Meine Schwester findet, ich sei verrückt. Mama könne sich

Rechtsanwälte und Buchhalter und Haushilfen ohne weiteres leisten. Nur gehe ich dabei kaputt. Mein Mann hasst mich, meine Kinder fühlen sich im Stich gelassen, und selbst Mama findet, dass ich nicht genug Zeit mit ihr verbringe. Das Einzige, was mir ein halbwegs gutes Gefühl verschafft, ist essen.

Julias Mann Al, ein kleinwüchsiger Versicherungskaufmann mit lockigen Haaren, war gerne zu einer gemeinsamen Sitzung bereit. Als er bei uns saß, wirkte er sichtlich nervös und erschüttert.

Ich begreife nicht, wie Molly sich von einer gewitzten und lebhaften Frau in diese Person verwandeln konnte, die zusammenzubrechen droht, wenn Julia nicht jeden Tag zu ihr kommt, um ihr beim Bezahlen ihrer Rechnungen und beim Kochen zu helfen. Ja, ich weiß, sie hat ihren Mann verloren. Und ich versuche wirklich, mitfühlend zu sein. Mir ist klar, dass es schrecklich für sie war, und ich will das in keiner Weise schmälern. Aber dabei sind doch wohl kaum ihre Gehirnzellen auf der Strecke geblieben. Sie ist noch immer derselbe Mensch. Aber nun hat sie Julia abgerichtet, für sie zu apportieren, und das will sie natürlich nicht aufgeben. Ich habe Leute engagiert, die sich um sie kümmern sollen, aber Molly schmeißt sie einfach raus. Sie benutzt uns, und Julia will sich das einfach nicht eingestehen.

Ich forderte Al auf, mir zu erklären, wie sich all diese Aufregung auf ihn und auf seine und Julias Ehe auswirkte.

Wenn ich Julia darauf hinweise, dass es langsam an der Zeit ist, ihre Mutter wieder auf eigenen Füßen stehen zu lassen, dann sieht sie mich an, als sei ich ein Serienmörder. Aber inzwischen bin ich an dem Punkt angekommen, an dem ich Julia den Hörer aus der Hand reißen und hineinbrüllen möchte: »Nein, Julia kommt nicht rüber, verdammt!!!« Also wirklich. Es wird langsam lächerlich, nein, es ist lächerlich. Unser ganzes Leben ist auf den Kopf gestellt. All die Dinge, die wir gerne gemeinsam unternehmen, müssen wir uns verkneifen, weil sich ja »jemand um Mama kümmern muss«. So geht das nun schon seit anderthalb Jahren. Und Mama weigert sich noch immer, zum Arzt zu gehen und sich Hilfe bei der Bekämpfung ihrer Depression zu holen. Sie weigert sich, an irgendwelchen der Aktivitäten teilzunehmen, die wir ihr vorschlagen. Sie beharrt darauf, dass sie ohne Julia sterben muss.

Und an dieser Stelle brach Al in Tränen aus. »Ich habe meine Frau, meine Geliebte, meine Gefährtin, meine Freundin verloren. Das zerreißt mir das Herz.«

Al war vollkommen im Recht, wenn er verlangte, dass Molly nun endlich wieder auf ihren eigenen Füßen stehen sollte. Seine Position hatte nichts Gefühlloses oder Hartherziges. Molly war physisch gesund, hatte genug Geld, um eine Gesellschafterin oder eine Haushaltshilfe zu engagieren, und konnte sich nun, wie Millionen andere Witwen vor ihr, ein neues Leben aufbauen. Mollys Weigerung, ihre Depression behandeln zu lassen, und ihr Beharren darauf, dass niemand sich richtig um sie kümmern konnte außer Julia, schienen ihr das Gefühl zu vermitteln, dass sie Kontrolle über ihr Leben hatte. Molly benötigte dringend professionelle Hilfe, und kein Familienmitglied kann solche ersetzen.

Ich fragte mich, warum es Julia nicht gelang, bei ihrer Mutter gewisse Grenzen durchzusetzen. Ihre Erklärung kam nicht unerwartet.

Ich habe einfach solche Schuldgefühle, wenn ich ihr sage, dass ich nicht kommen kann und dass sie doch ein paar alte Freunde besuchen könnte. Also mache ich einfach, was sie will – ich bringe es nicht fertig, sie noch unglücklicher zu machen, als sie ohnehin schon ist. Aber ich weiß natürlich, dass es so nicht wei-

tergehen kann – deshalb sitzen wir ja hier. Ich bin für jeden Vorschlag dankbar, den Sie uns machen können.

Eine Krise kann leicht verschlingende Schwiegereltern erzeugen, die Ihrem Partner ein unmissverständliches SOS zufunken, und er der einzige Mensch ist, der sie vor Verzweiflung, Krankheit oder sogar dem Tod bewahren kann.

Es war selbstverständlich nicht mein Ziel, Julia und Al zu Lieblosigkeit und Kaltherzigkeit zu ermuntern. Doch nicht selten kann eine einzige Vertrauensperson, wie Julia es in Mollys Fall war, die physische und emotionale Genesung sogar erschweren. Auf jeden Fall aber wird diese Situation auch die stärkste Partnerschaft schwer auf die Probe stellen.

An späterer Stelle in diesem Buch werden Sie miterleben, wie es Julia und Al gelang, sich ihre Partnerschaft zurückzuerobern und zugleich eine wunderbare Lösung zu finden, mit der sie Molly aus dem Abgrund retten konnten. Ich werde Ihnen außerdem einige praktikable Ratschläge geben, wie Sie einem wirklich behinderten Elternteil, der nicht ohne Unterstützung leben kann, helfen können.

Der Würgegriff

Verschlingende Schwiegereltern machen aus den Banden der Liebe manchmal eine kurze Leine, die Ihnen und Ihrem Partner keinen Bewegungsspielraum mehr lässt. Sie brauchen Ihren Partner und gleichzeitig auch Sie. Sie wollen förmlich von Ihnen Besitz ergreifen. Ohne Sie ist ihr Leben weder vollständig noch gut. Sie stellen unvernünftige Ansprüche an Ihre Zeit und Aufmerksamkeit, auch wenn diese gelegentlich in glitzernden Geschenkverpackungen und mit lieben Worten verziert daherkommen. Im schlimmsten Fall ignorieren verschlingende Schwiegereltern auch die deutlichste Bitte um Abgrenzung. Sie manipulieren und dominieren Ihren Tagesablauf. Und wenn Sie es zulassen, dann verkürzen sie die Leine, an der sie Sie halten, so lange, bis Ihre Ehe daran erstickt.

4
Die Kontrollsüchtigen

»Sie lassen uns einfach nicht unser eigenes Leben führen.«

»Statt sich endlich um ihre eigenen Angelegenheiten zu kümmern, mischen sie sich ständig in unsere ein.«

»Warum gelingt es ihnen nicht, uns als Erwachsene zu behandeln?«

Willkommen in der nicht so wundervollen Welt der kontrollsüchtigen Schwiegereltern.

Die Familienstruktur von Kontrollsüchtigen, die schon lange vor Ihrem Eintreffen bestand, behalten sie schlicht bei und haben auch keinerlei Absicht, sie aufzugeben. Sie sind Rudelführer, die Untergeordnete brauchen, um ihren Status aufrechtzuerhalten. Das bedeutet, sie erwarten von ihren erwachsenen Kindern, dass sie sich mit der Rolle des Ewigabhängigen zufrieden geben. Gleichheit und Unabhängigkeit, der natürliche und wünschenswerte Prüfstein, den zu erreichen wir alle anstreben, kommen in den Plänen kontrollsüchtiger Schwiegereltern nicht vor. Im Kleinen wie im Großen lassen sie Ihren Partner wissen, dass ihm der Charakter und die Möglichkeiten fehlen, um außerhalb ihres Machtbereichs klarzukommen. Die kritiksüchtigen Schwiegereltern aus dem vorangegangenen Kapitel sorgen dafür, dass Sie sich minderwertig fühlen, doch das vorrangige Ziel kontrollsüchtiger Schwiegereltern ist Ihr Partner, ihr eigenes Kind. Die zu Grunde liegende Botschaft lautet immer: »Du bist egoistisch, du wirst versagen, weder kannst noch verdienst du es, irgendetwas alleine zu schaffen …« Und die natürliche Erweiterung lautet: »...deshalb lass mich dein Leben für dich in die Hand nehmen.«

Das Programm der überwachenden Schwiegereltern hört sich ziemlich schlimm an, doch in ihrer überwiegenden Mehrheit geht es gar nicht bewusst darum, Ihnen das Leben zur Hölle zu machen. Es geht um das Gefühl von Ordnung, Befriedigung und Überlegenheit, das ihnen aus ihrer überragenden Stellung zuwächst – nur so fühlt sich alles richtig für sie an. Wenn etwas das Machtgleichgewicht zu ihren Ungunsten verlagert, dann tun sie automatisch alles, um sich selbst wieder in die Rudelführerposition zu bringen. Sie scheuen weder davor zurück, offen zu drohen, Wutausbrüche zu inszenieren oder ihre Liebe, ihr Geld und ihre Zustimmung zu entziehen, noch vor subtilen Manipulationen oder dem Erzeugen von Schuldgefühlen. Ihnen fällt es leicht, eine Taktik zu entwickeln, mit der sie das für sie beste Ergebnis schnell und leicht erzielen. Schließlich hatten kontrollsüchtige Schwiegereltern schon als Eltern genug Zeit zum Üben.

Die Hochzeitsglocken sind ihr Startschuss

Bei Ihrer Hochzeit testen kontrollsüchtige Schwiegereltern zum ersten Mal ihren Einfluss.

Sarah, eine groß gewachsene, rothaarige 31-jährige Arzthelferin, formulierte ihren Therapiewunsch folgendermaßen: »Mir reicht es, und ich will, dass Sie mir sagen, ob diese Ehe noch gerettet werden kann.«

Sarah erzählte mir, dass sie sich von Anfang an mit ihrer Schwiegermutter in einem Machtkampf befunden hatte. Sie und ihr Mann Devon, ein Wirtschaftsprüfer, mussten erkennen, dass bereits ihre Vorstellungen von der Hochzeit sich nicht mit denen von Devons Mutter Claire unter einen Hut bringen ließen.

Wir machten beide Überstunden, und seine Eltern mussten gerade eine wirklich bittere Scheidung durchstehen. Meine Eltern leben in Europa, und es stellte sich die Frage, wen wir einladen würden. Schließlich kamen wir zu dem Entschluss, dass wir nur eine stille, kleine Zeremonie wollten mit der unmittelbaren Familie und vielleicht einem halben Dutzend Freunde. Claire empfand unsere Entscheidung im Hinblick auf die Hochzeit als persönliche Beleidigung. Sie lebt in Colorado und bombardierte uns deshalb mit Anrufen. Ihre Attacken richteten sich vor allem gegen Devon, und er kann gar nicht gut mit ihr fertig werden, was für mich äußerst frustrierend ist. Sie sagte etwa zu ihm: »Wie kannst du es wagen, den Tag, der für mich der glücklichste in meinem Leben sein sollte, in eine Ohrfeige zu verwandeln? Was soll ich denn dem Rest der Familie sagen? Schämst du dich etwa für uns? Du möchtest wohl die Feier für uns alle ruinieren?« Dann erklärte sie Devon, dass er noch immer derselbe Versager sei und dass er seine Entscheidung sein Leben lang bereuen würde. Sie brachte sogar den Pastor dazu, Devon anzurufen und ihm zu erklären, wie unglücklich er seine Mutter machte und wie viel es Claire bedeutete, dass wir eine »richtige« Hochzeit hätten. Und natürlich erinnerte uns der Pastor auch daran, wie großzügig Claire sei, da sie doch für alles bezahlen wollte. Merkte sie denn gar nicht, dass sie uns unseren Festtag ruinierte?

Als typische kontrollsüchtige Schwiegermutter war Claire mehr an ihren eigenen Wünschen interessiert als an den Bedürfnissen aller übrigen Beteiligten, und Sarah regte sich verständlicherweise über das auf, was ihre zukünftige Schwiegermutter bereit war, auf sich zu nehmen, nur um ihren Willen durchzusetzen. Diese frühen Zusammenstöße ließen in Sarah außerdem die Sorge darüber aufkommen, wie sich all dies wohl weiterentwickeln würde. Als sie sah, welche Wirkung Claires Angriffe auf Devon hatten, fragte sie sich, wie gut ihr Partner sie wohl würde beschützen können.

Für Devon war die Situation äußerst schwierig. Ihm war wirklich bange, und ich konnte sehen, dass er anfing, an sich selbst zu zweifeln. Er sagte plötzlich Dinge wie: »Bist du sicher, dass wir es später nicht bereuen, wenn wir auf die große Party verzichten?« Als ob er mir nicht selbst gesagt hätte, dass er selbst sich eine kleine, einfache Feier wünsche. Es war unglaublich, wie Claire ihn beeinflusste. Ich weiß, dass Claire gerade eine schwierige Zeit durchlebte und dass ich in Devons Leben trat, als sie gerade besonders auf seine Unterstützung angewiesen war. Devon und ich stehen einander sehr nahe, und ich litt genau wie er unter dem Mist, den er sich anhören musste. Jedes Mal, wenn das Telefon klingelte, zuckte er nervös zusammen. Weil er wusste, dass sie wütend werden würde, zog er sich in sich zurück. Ich glaube, ihre Wutausbrüche ängstigen ihn noch immer. Die durch diese Situation erzeugte Anspannung hat unsere Beziehung wirklich auf die Probe gestellt. Mehrmals geriet er ins Wanken und meinte, wir sollten ihr einfach die Hochzeit geben, die sie will. Ich brauchte sehr viel Kraft, um mich nicht unterkriegen zu lassen. Ich erinnerte ihn daran, dass Claire bereits ihre Hochzeit gehabt hatte und dass dies unsere Hochzeit sei. Aber er brachte es einfach nicht fertig, ihr genau das klarzumachen.

Claire machte eine schwierige Scheidung durch und fühlte sich sicherlich aus dem Gleichgewicht gebracht. Wenn sie Devon dazu bringen konnte, noch einmal nachzugeben und in die große Familienhochzeit einzuwilligen, dann würde sie die Tatsache, dass Devon sie immer weniger brauchte, wenigstens noch etwas hinauszögern und weiter das Gefühl haben können, an seinem Leben teilzuhaben. Es war ihr gutes Recht, von Devons und Sarahs Plänen enttäuscht zu sein und diese Enttäuschung direkt zum Ausdruck zu bringen. Doch sie hatte kein Recht, eine endlose Kampagne gegen sie zu führen, um ihren Widerstand zu brechen und ihre Pläne zu durchkreuzen.

Sarah meinte, dass Devon fähig sein sollte, gegenüber seiner

Mutter eine klare Position zu beziehen. Das Problem bestand jedoch darin, dass Devon und Claire das Spiel mit Kontrolle und Kapitulation seit langem geübt hatten. Claire war überzeugt, dass Devon schließlich, wie so viele Male zuvor, nachgeben und alles tun würde, um nicht mit ihren Angriffen konfrontiert zu werden. Tatsächlich war Sarahs Annahme, Devon könne ein lebenslang eingeübtes Verhaltensmuster so ohne weiteres ablegen, einfach unrealistisch.

Obwohl Devon und Sarah ihre Hochzeit schließlich so ausrichteten, wie sie es sich gewünscht hatten, bereute Devon es. Eines dürfen Sie nie vergessen: Wenn Sie kontrollsüchtige Schwiegereltern haben, dann bezahlt Ihr Partner für seine Treue Ihnen gegenüber einen hohen emotionalen Preis.

Kontrollsucht kennt keine Geschlechtszugehörigkeit

Das Stereotyp der kontrollsüchtigen, sich einmischenden Schwiegermutter ist seit langem beliebt bei Komikern, Talkmastern und Kolumnisten. Doch Schwiegermütter haben kein Monopol auf Schikane, Manipulation und die Erzeugung von Schuldgefühlen.

David, ein liebenswürdiger 27-jähriger Musiker, der in einem Regionalorchester Klarinette spielte, war unverkennbar außer sich, als er mir von dem Druck erzählte, den sein Schwiegervater Norm, ein erfolgreicher Anästhesist, gegenüber seiner Tochter Shelley, Teilhaberin in einer großen Anwaltskanzlei, erzeugte. Wie bei Sarah und Devon kam der Druck sichtbar und unüberhörbar zum Vorschein, als David und Shelley ihre Hochzeit planten.

Shelleys Eltern sind praktizierende Katholiken, aber Shelley war seit Jahren nicht mehr in der Kirche und interessiert sich mehr für östliche Religionen. Ich stamme aus einer Familie nicht praktizierender Juden. Da wir beide mit organisierter Religion also nicht allzu viel am Hut haben, entschlossen wir uns, unsere Kinder lieber mit verschiedenen religiösen Vorstellungen zu konfrontieren. Die beste Religion ist für uns eh der Versuch, ein guter Mensch zu sein. Wir wollten also in diesem wirklich großartigen kleinen Hotel am Meer heiraten, aber Norm hatte andere Pläne. Schließlich haben wir in einer Kirche geheiratet, weil er derartigen Stunk machte, und ich ließ mich darauf ein, weil ich nicht gleich von Anfang an als der Schurke dastehen wollte. Nun fühle ich mich als totaler Waschlappen, insbesondere deshalb, weil die Gefühle meiner Familie vollkommen unter den Tisch gefallen sind.

Wie David feststellen musste, kann sich tatsächlich Ihr Schwiegervater als Familienkontrolleur aufspielen. Norm bearbeitete Shelley mit dem Argument, dass sie, wenn ihr Religion schon nichts bedeutete, doch wenigstens ihm den Seelenfrieden geben und die Freude machen könnte, katholisch zu heiraten. Er war sich sicher, Shelley würde David schon dazu überreden, ihre Pläne zu ändern.

Kontrollsüchtige Schwiegereltern versuchen regelmäßig, die Entscheidungen, die Ihr Leben betreffen, zu steuern oder sich über sie hinwegzusetzen. Wenn es sich um eine weniger wichtige Angelegenheit handelt, dann kann es leicht fallen, den Wünschen der Schwiegereltern nachzugeben, ohne dass dabei großer Schaden entsteht. In Davids Fall jedoch bedeutete seine Kapitulation eine Verletzung seiner wichtigsten Überzeugungen und seiner persönlichen Integrität.

Kontrollsüchtige Schwiegereltern wie Claire und Norm haben äußerst ridige Vorstellungen davon, wie sich das Leben entfalten sollte, und wenn diese Ideale mit den ihren in Konflikt geraten, dann kann die Ausrichtung einer Hochzeitsfeier die Infragestellung ihrer Autorität bedeuten. Es ist daher wenig verwunderlich, dass so viele Hochzeiten zu einem mit Spannungen und Ressentiments befrachteten Kriegsgebiet werden, das sich schließlich unweigerlich zwischen Sie und Ihren Partner schiebt. Wie David schmerzlich erfahren musste, kann weit mehr auf dem Spiel stehen als nur die Frage nach dem richtigen Blumenarrangement oder dem besten Partyservice.

Eine fortgesetzte Kampagne

Nachdem es Norm gelungen war, seine Tochter und seinen Schwiegersohn zur Abänderung ihrer Pläne für die Ausrichtung der Hochzeitsfeier zu bewegen, war die Bühne für ihn frei, um seine Kontrolltaktiken noch zu vertiefen.

Als Shelley und David ihr erstes Kind bekamen, machte Norm es zum Brennpunkt einer Kampagne, die den jungen Eltern seine Überzeugungen und Werte aufdrängen sollte. David platzte der Kragen, als Norm seine Tochter überreden wollte, das Kind taufen zu lassen.

Er ist hinter Shelley her, seit sie schwanger ist. Erst wollte er ihr einen befreundeten Geburtshelfer aufdrängen, den Shelley nicht leiden kann. Dann wollte er, dass wir dem Kind den Namen seines verstorbenen Bruders geben. Aber all das ist nichts im Vergleich zu dem Druck, den er auf uns ausübt, damit wir das Kind taufen lassen. Er zermürbt Shelley, indem er sie daran erinnert, wie nahe sie sich doch immer standen und wie viel er für sie getan hat, dass sie für ihr Jurastudium auch nicht auf eine Ivy-League-Uni gehen wollte, und wie weit sie es dadurch gebracht hat. Er wiederholt immer wieder, wie jung sie noch ist und dass sie keine Fehler machen darf, die sie später bereut. Schließlich sei er doch viel älter und hätte mehr Lebenserfahrung und so weiter. Wenn sie es wagt, ihm zu widersprechen, dann gerät er völlig aus dem Häuschen und fängt an zu schreien, dass sie undankbar sei und dass er wohlVeränderungn in seinem Testament vornehmen müsse. Er kann es nicht ertragen, dass sie irgendwelche Entscheidungen auf eigene Faust trifft. Ich glaube, er würde am liebsten auch noch das Atmen für sie übernehmen.

Für David war zum Verrücktwerden, dass er die wiederholten Bemühungen seines kontrollsüchtigen Schwiegervaters, der seine Partnerin um jeden Preis davon abhalten wollte, erwachsen zu werden, mit ansehen musste. Norm ließ Shelley ständig wissen, dass sie zwar eine verheiratete Frau und beruflich erfolgreich sei, dass vernünftige Entscheidungen in allen nur denkbaren Bereichen sich aber dennoch außerhalb ihrer Reichweite befänden – insbesondere dann, wenn diese seine Vorstellungen widersprachen. Die Sticheleien ihres Vaters in Kombination mit seinem Zorn und seinen unterschwelligen Drohungen reichten aus, um Shelley nach einer einfacheren Lösung suchen zu lassen.

Jetzt sagt sie, dass es ihr eigentlich egal ist – dann lassen wir Steven eben taufen, damit ihrVater endlich Ruhe gibt. Nur reißt sie damit zwischen uns einen entsetzlichen Graben auf. Niemand interessiert sich auch nur im Geringsten dafür, was ich fühle oder meine. Ich habe geglaubt, dass sie und ich uns darüber einig seien, wie wir unsere Kinder aufziehen wollen. Dieses Mal werde ich nicht nachgeben! Wie kann sie eine so wichtige Angelegenheit einfach beiseite schieben, nur weil sie ihrem Vater nicht die Stirn bieten will?

Für David, das neue Familienmitglied, schien die Sache einfach. Er meinte, er könne Norm mit folgendem Argument in seine Schranken weisen: »Ich respektiere deine Einstellung, und ich wäre dankbar, wenn du es mit unserer ebenso halten könntest. Ich weiß, dass dir das schwer fällt, aber du wirst einfach akzeptieren müssen, dass wir unser Kind nach unseren eigenen Vorstellungen aufziehen wollen.« Und tatsächlich würde eine solche Äußerung bei einem anderen Schwiegervater und einer anderen Partnerin angemessene Grenzen ziehen. Es käme vielleicht zu einer Diskussion über enttäuschte und ärgerliche Gefühle, aber damit wäre das Thema dann erledigt. Doch bei kontrollsüchtigen Schwiegereltern und ihren noch willfährigen Kindern funktioniert das nicht. Trotz des Zanks über die Hochzeit hatte David noch nicht erkannt, wie groß die Macht war, die Norm über Shelley hatte. Er stellte fassungslos fest, wie anders sich Shelley im Umgang mit ihrer Familie verhielt.

Sie ist eine unglaubliche Frau, die ich nicht nur liebe, sondern auch respektiere und bewundere. Ich habe gehört, wie sie mit ihrem Chef telefoniert, und weiß, dass sie wirklich für sich einstehen und mit den meisten anderen Menschen, mich eingeschlossen, geschickt umgehen kann. Aber sie wird zu Wackelpudding, sobald irgendein Konflikt mit ihrem Vater ins Haus steht.

David hatte die Shelley kennen gelernt, die reif und voller Selbstvertrauen war, und es verwirrte ihn, dass sie ihre Bestimmtheit an der Garderobe abzugeben schien, sobald sie das Haus ihres Vaters betrat. Wie viele Kinder von kontrollsüchtigen Eltern kam Shelley in der Außenwelt, wo Beziehungen nicht durch massive elterliche Erwartungen, Forderungen und Vorurteile belastet sind, sehr gut zurecht. Doch hatte sie im Zusammenhang mit ihren Eltern, insbesondere in Bezug auf ihren Vater, nie eine eigene Identität entwickelt. Brachte sie die Frage, wem sie größere Loyalität schuldete, ihrem Mann oder ihrem Vater, in die Zwickmühle, dann entschied sie sich oft für den Menschen, mit dem sie eine längere gemeinsame Geschichte hatte, auch wenn sie ihre Ehe dadurch massiv belastete. Wie Sie im weiteren Verlauf dieses Kapitels noch sehen werden, ist es weniger beängstigend und erzeugt weniger Schuldgefühle, das neue Familienmitglied gegen sich aufzubringen, als Position gegen die kontrollsüchtigen Eltern zu beziehen.

Die mir von David geschilderte Sachlage machte offensichtlich, dass Norm sich mit Händen und Füßen gegen jede eigenständig getroffene Entscheidung Shelleys wehren und sie um keinen Preis zu sich selbst finden lassen würde. Normale Schwiegereltern, die nicht unter Kontrollsucht leiden, sind fähig,

- mit Ihnen und Ihrem Partner Konflikte offen zu besprechen,
- zu verhandeln und Kompromisse einzugehen,
- eine Lösung zu finden, bei der niemand der alleinige Verlierer oder Gewinner ist.

Doch Norm waren all diese Dinge unmöglich. Für ihn kam die Hochzeit seiner Tochter einem katastrophalen Statusverlust und der Einbuße seiner Rollenidentität gleich. Und wenn Menschen etwas verlieren, dann kämpfen sie verzweifelt, um es zurückzubekommen.

Wenn es Norm gelang, Shelleys Vertrauen in ihre Wahrnehmungen und ihr Selbstwertgefühl als erwachsene Frau zu erschüttern und sie ihre Stärken und ihren Verstand leugnete, dann brachte er sie vielleicht dazu, ihm zu gehorchen und sich noch ein wenig länger auf ihn zu stützen. Dann hätte er wieder das Gefühl, gebraucht zu werden und Macht zu haben.

Deutlich machen, wer der Chef ist

Ich fand es schon immer interessant, dass so viele kontrollsüchtige Eltern ihre Kinder oder Schwiegerkinder dazu bringen, im Familienunternehmen zu arbeiten. Das verschafft ihnen die Möglichkeit, nicht nur Kontrolle über deren Privatleben, sondern auch über ihren Lebensunterhalt zu gewinnen. Selbst in der besten Situation bringt es von Natur aus Risiken mit sich, im Betrieb von Schwiegereltern oder Eltern zu arbeiten. Das Machtgleichgewicht ist äußerst verzerrt, und trotz der scheinbaren finanziellen Vorteile oder Sicherheit, kann der Preis für all dies letztendlich zu hoch sein.

Mara ist eine 27-jährige Tänzerin mit rabenschwarzen Haaren, die sie in einem langen Pferdeschwanz trägt. Ihr Ehemann Rob arbeitet bei seinem Vater und mit einem seiner Onkel in der familieneigenen Steuerberatungsfirma. Mara erzählte mir, dass Jack seinen Sohn ständig vor fremden Leuten beschimpft und offenbar Gefallen daran findet, ihn zu verunsichern. Rob ist versprochen worden, dass die Firma später einmal auf ihn überschrieben wird, doch Mara macht sich mehr Sorgen um die Gegenwart. Sie suchte mich auf, weil sie außer sich und wütend darüber war, dass Jack die Europareise, die sie und Rob seit über einem Jahr geplant hatten, verhinderte.

Ich weiß nicht, ob unsere Ehe überlebt, wenn sich die Dinge so weiterentwickeln. Rob lebt in der ständigen Angst davor, seinen Vater zu enttäuschen. Eine Woche bevor wir zu unserer Reise aufbrechen wollten, erklärte Jack uns plötzlich, dass wir nicht fahren könnten. Zu Rob sagte er: »Ich kann es nicht glauben, wie du überhaupt auf den Gedanken kommst, zu einem solchen Zeitpunkt Urlaub machen zu wollen. Du weißt, dass einem unserer wichtigsten Klienten eine Steuerprüfung bevorsteht, und du bist wie üblich mit seiner Buchführung im Rückstand.« Als Rob sich zur Wehr setzen wollte, schimpfte sein Vater: »Nun verhalte dich doch einmal in deinem Leben wie ein Erwachsener! Du bist mir etwas schuldig. Dein Platz ist hier, nicht in Europa, wo du nur wie ein Idiot dein Geld verschwendest.« Das ist doch totaler Schwachsinn! Erstens ist diese Steuerprüfung nichts als Routine, und sowohl Robs Vater als auch sein Onkel werden damit fertig. Und außerdem wissen sie seit langem, dass wir gebucht haben. Aber Rob wurde nicht einmal wütend. Mir erklärte er, er könne sich nicht erholen oder Spaß haben, wenn er wisse, dass sein Vater sich ärgere, also ließen wir alles stornieren. Zunächst fühlte ich mich von der Situation einfach nur überfordert, aber jetzt bin ich schlicht wütend. Was ist das denn nur für ein Mann, den ich da geheiratet habe? Wenn die Dinge in Zukunft so laufen sollen, dann habe ich keine Lust, eine Rolle in diesem Drama zu spielen!

Jacks Timing war interessant. Und noch interessanter war die Frage, warum Rob an einem Arbeitsplatz festhielt, an dem er wie ein Dorfdepp behandelt wurde und mit dem er obendrein noch seine Ehe aufs Spiel setzte. Sicherlich, eines Tages würde ihm das Unternehmen gehören, doch was wäre dann noch von seiner Selbstachtung übrig? Die Hoffnung, die ihn zum Durchhalten bewog, war mit großer Wahrscheinlichkeit unrealistisch. Wenn kontrollsüchtige Menschen Ihnen eine Mohrrübe vor die Nase halten, um eine unhaltbare Situation erträglich zu machen, dann werden sie Ihnen den Preis mit großer Wahrscheinlichkeit verweigern, sobald Sie ihn einfordern. Ich habe schon oft erlebt, dass Familienmitgliedern der Mond im Tausch gegen Gehorsam versprochen wurde. Doch wenn der Kontrollsüchtige Jahre später in Rente geht oder stirbt, dann stellt sein erwachsenes Kind mit Entsetzen fest, dass es die Belohnung gar nicht gibt. Das Versprochene erhält der Sohn oder die Tochter nicht. Ihr einziges Erbe ist ihr tief gestörtes emotionales Wohlbefinden, das seine Ursache in jahrelanger schlechter Behandlung hat.

Mara erklärte, sie habe es satt mit anzusehen, wie ihr Mann schlecht gemacht und herumkommandiert werde. Ich wollte von ihr wissen, was sie mit all ihrer Wut tue. Sie zögerte einen Moment lang und verbarg dann ihr Gesicht in den Händen, als empfinde sie tiefe Scham.

Ich lasse sie natürlich an ihm aus. Ich sage ihm, dass er schwach und neurotisch ist. Und… ich trinke. Das macht mir wirklich

Angst. Mein Vater ist Alkoholiker, und ich habe mir geschworen, nie so zu werden wie er. Ich fühle mich schrecklich allein. Rob macht so viele Überstunden, und wenn er dann endlich nach Hause kommt, dann ist er meist erschöpft. Wir haben seit Wochen keinen Sex miteinander gehabt.

Echtes Problem, falsche Lösung

Eine Partnerschaft, die unter kontrollsüchtigen Schwiegereltern leidet, ist eine wahre Brutstätte für Wut, Groll und Verachtung. Sie sind den Personen gegenüber, die alle Macht zu haben scheinen, voller Groll. Diese Menschen halten die Fäden in Händen und machen es Ihnen unmöglich, Ihr eigenes Leben zu führen. Und wie Mara sind Sie vielleicht in zunehmendem Maße auch auf Ihren Partner wütend, weil es ihm weder gelingt, sich selbst aus einem offensichtlich ungesunden Beziehungsgeflecht zu lösen, noch Sie vor diesem zu schützen. Und falls das noch nicht genug sein sollte, um eine Ehe zu erschüttern, können Sie noch den Ärger Ihres Partners hinzufügen, dass Sie ihn mit einem Problem quälen, für dessen Existenz er sich sowieso schon genug schämt. Das Resultat sind Überforderung und Hoffnungslosigkeit. Kein Wunder, dass so viele Opfer kontrollsüchtiger Schwiegereltern geneigt sind, aufzugeben.

Ich machte Mara klar, dass ihr Ärger absolut verständlich war. Mir war klar, dass sie nicht wusste, was sie tun konnte, um die Situation zu verbessern. Stattdessen ließ sie sich in Depression, Alkoholismus und Wut sinken – Verhaltensweisen, die keine Lösung herbeiführen, sondern lediglich Jacks Position stärkten. Gemeinsam würden wir einen besseren Weg finden, um ihre Frustration zu bekämpfen und ihre Ehe auf eine gesündere Ebene zu heben.

Das Geld der Schwiegereltern und Ihr Leben

Bei kontrollsüchtigen Menschen sind Geld und Anerkennung eng miteinander verknüpft. Häufig machen sie Geschenke oder machen sie abhängig von den Entscheidungen, die Sie treffen, und teilen Ihnen auf diese Weise mit, ob sie mit Ihnen zufrieden sind oder nicht. Wie Sie am Beispiel von Mara und Rob sehen konnten, versprechen sie große finanzielle Belohnungen, für den Fall, dass Sie und Ihr Partner sich ihrem Willen beugen.

Sarahs Schwiegermutter Claire setzte ebenfalls Geld als Druckmittel ein, um eine Familienstruktur aufrechtzuerhalten, die längst schon nicht mehr existierte.

Devon wird von seiner Mutter gründlich manipuliert – nicht nur mittels Schuldgefühlen, die sie in ihm erzeugt, sondern auch mit Geld. Sie weiß, dass Geld für uns ein Problem ist, also nutzt sie es, um alle Gründe auszuschalten, die uns davon abhalten könnten, sie zu besuchen. Sie kauft die Flugscheine, und wir haben dann natürlich keine andere Wahl. Sie ist sehr großzügig, aber jedes Hilfsangebot hat einen kleinen oder meistens wohl eher einen großen Haken. Im Moment bietet sie uns an, uns ein Haus zu kaufen, aber nur, wenn es in Colorado ist, der Staat, in dem sie lebt. Sie sagt Dinge wie: »Wäre es nicht wunderbar, wenn ihr euer Traumhaus hier bauen könntet? Wäre es nicht großartig, wenn wir alle in derselben Stadt lebten? Ich habe kürzlich ein fantastisches Grundstück gesehen, das sich ideal für euch eignen würde.« Aber wir wollen nicht in Colorado wohnen. Unser Leben ist hier, in Los Angeles. Devon hat sie gefragt, ob sie uns Geld geben oder leihen würde, damit wir ein Haus in Kalifornien kaufen können, und sie hat »Nein« gesagt, weil Immobilien in Kalifornien angeblich überteuert seien.

Claires Botschaft war eindeutig: Macht es so, wie ich es will, und ihr bekommt das Geld. Folgt euren eigenen Vorstellungen, und ihr bekommt es nicht. Claires Methoden waren sicherlich wohlmeinender als Jacks, aber auch sie versuchte, die Schlaufen ihres Geldbeutels in eine Nabelschnur zu verwandeln.

Den Einsatz erhöhen

Wenn kontrollsüchtige Menschen feststellen, dass sie ihr Ziel nicht erreichen, dann werden sie, weil sich Ihr Partner nicht einfügen will, zwischen versprochener finanzieller Belohnung und finanzieller Bestrafung hin- und herwechseln.

Stephanie, eine aschblonde, zarte Nachrichtenredakteurin bei einem örtlichen Fernsehsender, begann ihre Ehe mit Andy, einem groß gewachsenen, extravertierten Kameramann beim selben Sender, mit, wie ihre Schwiegereltern fanden, einer inakzeptablen Last. Stephanie war bereits zweimal verheiratet gewesen, und eine Frau mit einer solchen Vergangenheit hatten sich Andys Eltern für ihren Sohn nicht vorgestellt.

Andy beschrieb seine Eltern als extrem engstirnig und berichtete, sie seien außer sich gewesen, als er ihnen mitteilte, dass er Stephanie heiraten werde, und hätten alles getan, um ihn von diesem Schritt abzubringen. Und Stephanie berichtete:

Vor der Hochzeit sind sie völlig aus dem Häuschen geraten. Andy verbrachte viel Zeit bei mir, und sie riefen drei- oder viermal pro Abend an, um ihn zu überprüfen. Als sie erkannten, dass sie seine Meinung in Bezug auf mich nicht ändern konnten, erklärten sie ihm, dass sie ihn, wenn er mich dennoch heiratete, aus der Familie ausstießen und aus ihrem Testament strichen. Und natürlich machten sie ihm dabei klar, auf wie viel Geld er dann würde verzichten müssen. Eine Zeit lang bekam er diesen Druck überhaupt nicht in den Griff, und wir beende-

ten ständig unsere Beziehung, um sie dann doch wieder aufzunehmen. Schließlich teilte ich ihm mit, dass ich jemanden, der sich von seinen Eltern derart beherrschen lasse, nicht heiraten könne.

Andy ergänzte Stephanies Darstellung.

Ich wusste nicht, ob sie das mit dem Testament wirklich ernst meinten und, um ehrlich zu sein, so viel bedeutete mir das Geld nicht. Aber ihre Drohung machte mir klar, dass sie sich offenbar sehr aufregten, und es machte mir etwas aus, dass ich es war, der sie derart aus der Fassung brachte. Ich wusste von Anfang an, dass meine Eltern uns Schwierigkeiten machen würden, aber ich war so verrückt nach dieser Frau, dass mich nichts davon abhalten konnte, sie zu heiraten. Mehrmals gab ich mir Mühe, möglichst alle Beteiligten zu versöhnen. Ich versuchte, meine Eltern davon zu überzeugen, dass sie Stephanie schließlich doch lieb gewinnen würden. Und ich versuchte Stephanie das Gefühl zu geben, dass sich mit der Zeit schon alles fügen würde, obwohl ich daran selbst nicht so recht glauben konnte.

Die Androhung schrecklicher finanzieller Konsequenzen gehört zur schweren Artillerie, die kontrollsüchtige Schwiegereltern gerne auffahren. Wie oft haben Sie schon Sätze gehört wie »Wenn du Den-und-Den heiratest, dann enterbe ich dich« oder »Wenn du darauf bestehst, Medizin zu studieren, dann musst du eben auf meine finanzielle Unterstützung verzichten«! Und in Andys Fall hatten seine Eltern das Gefühl, dass sie die Kontrolle über das Leben und Schicksal ihres Sohnes verloren, weil er eine Frau heiraten wollte, die sie als unmoralisch empfanden. Sollte er sich ihren Wünschen widersetzen, dann würden sie sich revanchieren und damit hoffentlich genug Druck erzeugen, um ihn zum Einlenken zu bewegen.

Ich wies Andy darauf hin, dass ich unmöglich einschätzen könnte, ob sein Vater seine Drohungen wirklich wahrmachen würde. Ich hatte es tatsächlich bereits mit Eltern zu tun gehabt, die nicht vor der Verwirklichung ihrer Androhungen zurückschreckten, aber auch mit solchen, die zunächst tyrannisch waren und schließlich nachgaben. Doch das spielte letztlich keine Rolle. Entscheidend war vielmehr die Frage, auf welche zukünftige Katastrophe Andy sich einließ, wenn er es seinem Vater gestattete, die Wahl seiner Ehefrau zu kontrollieren.

Geld ist viel mehr als nur eine Währung oder ein Zahlungsmittel. Es steht in enger symbolischer Beziehung zu Liebe, Vertrauen, Fähigkeit, Anerkennung und natürlich zur Macht. Folglich muss man auch dann, wenn man selbst über ausreichende Mittel verfügt, damit rechnen, dass viele kontrollsüchtige Schwiegereltern Geld als Druckmittel einsetzen und sich seiner bedienen, um Einfluss auf Sie oder Ihren Partner zu nehmen.

Druckmittel Schuldgefühle und Einschüchterung

Tommy gelang es, sich lange genug von der Leine seiner Eltern freizumachen, um Leslie zu heiraten, doch schien dieser Schritt seinen gesamten Willen aufgebraucht zu haben. Mit der Zeit unterwarf er sich neuerlich seinen Eltern.

Seine Mutter rief ihn an seinem 25. Geburtstag an und heulte ins Telefon: »Du bist unser einziger Sohn. Es ist dein 25. Geburtstag, und wir wollen dich sehen.« Und dann setzten sie hinzu, nur dich. Dann übernahm Tommys Vater den Hörer, warf ihm Undank und mangelnden Respekt vor seiner Mutter vor und verlangte, er solle gefälligst sofort zu ihnen kommen. Tommy erklärte mir, er müsse zu seinen Eltern, obwohl wir für den Abend andere Pläne hatten und er sie nur ungern über den

Haufen werfen wollte. Also fuhr er zu ihnen. Und ich weinte mich in den Schlaf.

Tommys Eltern ließen sich Methoden einfallen, die nicht nur lächerlich, sondern auch beleidigend waren. Doch warum ließ Tommy sich das bieten? Es ist wahr, er war noch sehr jung und, ja, er hatte zum ersten Mal eine eigene Wohnung und lebte erstmals nicht mehr bei seinen Eltern, aber er verhielt sich wie eine Marionette, deren Fäden seine Eltern hielten. Sie hatten in seinem Leben noch immer das Sagen, und er schien auch nicht die geringste Ahnung zu haben, welche emotionalen Anforderungen eine Ehe stellt.

Vertraute Regieanweisungen

Dieses Familiendrama nahm seinen Anfang nicht erst, als Tommy Leslie kennen lernte. Es ließ sich zurückverfolgen bis in Tommys Kindheit. Dass er miterlebte, wie seine Mutter in Depressionen verfiel, sobald er das Haus verließ, und fröhlicher wurde, sobald er zurückkehrte, vermittelte ihm den Eindruck, dass er dafür verantwortlich war, sie emotional über Wasser zu halten. Und wenn er versuchte, sich gegen diese ihm aufgedrängte Rolle zur Wehr zu setzen, dann trat sein Vater auf den Plan und verlangte Gehorsam. Folglich war Tommy daran gewöhnt, Freunde und eigene Interessen hintenan zu stellen, um seine freie Zeit pflichtbewusst mit seiner Familie zu verbringen. Aus dem gleichen Grund stieg er sofort nach seinem Schulabschluss in das Familienunternehmen ein. Er hatte davon geträumt, aufs College zu gehen und Polizeibeamter zu werden, doch er gab diese Pläne auf, weil seine Mutter seine dann erforderliche längere Abwesenheit nicht ertragen konnte und sein Vater ihm unterstellte, er würde einen solchen Beruf ohnehin nicht schaffen.

Als Erwachsener war Tommy nicht ausreichend entwickelt, um zu erkennen, dass er an erster Stelle seiner Frau Loyalität schuldete. Tatsächlich hätte bei ihm, wie bei so vielen erwachsenen Kindern von tyrannischen Eltern, die Verlagerung seiner Prioritäten unerträgliche Schuldgefühle erzeugt. Er wäre sich wie ein Verräter vorgekommen. Also verhielt er sich weiter so, wie er es schon immer getan hatte: Er war beim kleinsten Wink seiner Eltern zur Stelle. Und seine altvertrauten Verhaltensmuster, die ihn veranlassten, den Anforderungen seiner Eltern grundsätzlich Priorität einzuräumen, drängten seine Frau schon bald in den Hintergrund.

Bindende Überzeugungen

Leslie andererseits war keineswegs ein passiver Menschentyp, und doch hatte sie sich in ein Familiendrama hineinziehen lassen, das für Außenstehende wie absurdes Theater aussehen musste. Ich wollte von ihr wissen, ob und was sie unternommen hatte, um das Abgleiten der Situation ins Unerträgliche zu verhindern.

Zunächst erklärte ich Tommy, dass er den Anforderungen seiner Eltern einen Riegel vorschieben musste. Doch die Barriere zwischen ihnen und mir schien unüberbrückbar, und in mir machte sich der Eindruck breit, dass nichts von dem, was ich sagte, irgendetwas bewirken konnte. Ich weiß, ich hätte meine Sachen packen sollen – die meisten Menschen hätten das nicht mitgemacht. Aber ich war noch sehr jung und so verliebt, und außerdem verdiente Tommy gutes Geld im Betrieb seiner Eltern. Ich wollte einfach daran glauben, dass es schon irgendwann besser werden würde.

Als ich Tommy und Leslie zum ersten Mal gemeinsam bei mir hatte, wurde vieles klarer. Vor die Wahl gestellt, war Tommy eher bereit, Leslie unglücklich zu machen als seine Eltern. Für ihn war es wie für so viele in diesem Buch beschriebenen Personen vollkommen undenkbar, sich gegen die Giganten zu stellen, selbst wenn er damit sich und seine Partnerin unglücklich machte. Er erklärte mir, dass er jahrelang den Anweisungen seines Vaters gefolgt war. Sein Vater hatte immer viel Mühe darauf verwandt, ihm klarzumachen, dass er seine Mutter immer dann im Stich ließ, wenn sie ihn am meisten brauchte, und hatte jeden, auch den kleinsten seiner Fehler kritisiert. Sie dürfen nicht vergessen, solche Eltern festigen ihre Macht, indem sie in ihren Kindern Unzulänglichkeitsgefühle wecken und sie ständig an ihre Fehler erinnern, die praktisch alles umfassen, was nicht mit ihren Vorstellungen übereinstimmt.

Tommy hatte sich all dies zu Eigen gemacht, und tief in seinem Inneren war er immer noch davon überzeugt, dass seine Eltern den Schlüssel zu seinem Gefühlsleben in ihren Händen hielten. Daraus konnte er nichts anderes schließen, als dass jeder Ärger oder jede Unzufriedenheit, die er bei ihnen verursachte, für ihn katastrophale Folgen haben würden. Ihnen auch weiterhin die Entscheidungsgewalt über sein Leben zu überlassen schien ihm die einzige Zuflucht zu sein.

Hoffnung jenseits von Gewohnheiten

Ich machte Leslie klar, dass sie fünf Jahre lang darauf gewartet hatte, dass ihre Liebe, ihre Vernunft oder ihre Wut Tommy auf wundersame Weise in ihren Fürsprecher verwandeln würden, und es sah nicht so aus, als ob sich der Erfolg in nächster Zeit einstellen könne. Es ist niemals leicht, die Hoffnungen, Ängste und blinden Loyalitäten auszuschalten, die bewusst oder unbewusst die Willfährigkeit eines Partners bewirken. Die neuralgischen Punkte Ihres Partners wurden durch Ihre Schwiegereltern erzeugt, und wenn Ihr Partner auf deren Berührung reagiert, ist das oft weder vernünftig noch logisch erklärbar, sondern vielmehr eine unbewusste und impulsive Reaktion.

Doch, wie ich Leslie versicherte, mit ihrer und meiner Unterstützung würde Tommy sehr wohl zu Veränderungen fähig sein. Und darüber hinaus standen auch ihr Möglichkeiten zur Verfügung, mit der Situation anders umzugehen und sie maßgeblich zu verbessern.

Es tritt auf: der Enkel

Wenn Sie Ihre Schwiegereltern schon zu Beginn Ihrer Ehe als Oberkontrolleure empfinden, dann warten Sie nur, wie es Ihnen ergeht, wenn Sie erst Kinder haben. Kritiksüchtig veranlagte Schwiegereltern schütteln vielleicht ihre Köpfe oder wetzen ihre Zungen an Ihren erzieherischen Vorstellungen, aber kontrollsüchtige gehen noch einen Schritt weiter: Sie versuchen, Ihre Autorität als Eltern zu untergraben.

Nachdem sich Ihre Schwiegereltern bereits einem Wettstreit mit Ihnen um die Loyalität Ihres Partners geliefert haben, treten sie nun als Großeltern in direkte Konkurrenz zu Ihnen und Ihrem Partner. Es ist unmöglich, Ihnen eine Beschreibung aller Szenarien zu liefern, die mir bisher bei diesen Sabotageakten begegnet sind, doch allgemein gilt, dass sie alle Regeln, Abläufe und disziplinarischen Maßnahmen, die Sie für Ihre Kinder aufgestellt haben, ignorieren und durch ihre eigenen ersetzen. Ihre Schwiegereltern versuchen beispielsweise, Ihre Schulwahl oder Ihre religiöse Erziehung zu beeinflussen, oder sie mischen sich in die Ernährung oder Hygiene ein. Wenn Sie Schwiegereltern haben, die Ihre Kinder dazu missbrauchen, sich ihr eigenes Selbstwertgefühl zu bestätigen, dann wissen Sie, wie wütend einen eine derartige Manifestation von Kontrollsucht machen kann.

Im zweiten Kapitel haben Sie Karen und Cal kennen gelernt.

Sie haben gesehen, wie Karens Vater Ray kaum eine Gelegenheit ausgelassen hat, seinen Schwiegersohn unter dem Vorwand, ihm helfen zu wollen, herabzusetzen. Karen war immer schnell mit der Verteidigung ihres Vaters bei der Hand gewesen und hatte damit Cals Groll noch weiter vertieft. Doch Cal berichtete mir von einem Vorfall, der Karen schließlich dazu gebracht hatte, die Motive ihres Vaters zu durchschauen.

Unser Sohn Derek ist acht Jahre alt, und er war vollkommen verrückt nach einem bestimmten Videospiel. Wir stimmten zu, aber er sollte es sich verdienen, denn wir hatten ihm zum Geburtstag gerade erst ein Fahrrad geschenkt. Wir ließen uns ein paar zusätzliche Aufgaben für ihn in und um das Haus herum einfallen und versprachen, ihn dafür zu bezahlen. Sobald er sich den halben Preis verdient hatte, wollten wir die andere Hälfte beisteuern, damit er sich sein Videospiel kaufen konnte. Derek war begeistert. Doch dann nimmt mein Schwiegervater ihn eines Tages zu einem Fußballspiel mit, und er kommt mit dem Videospiel wieder! Wir hatten meine Schwiegereltern über unser Abkommen mit Derek in Kenntnis gesetzt, doch wieder einmal drehte Ray die Sache so, dass ich schlecht dabei wegkam und er der Held war. Ray und Derek als Verbündete gegen die gemeinsamen Eltern.

Selbstverständlich ist nichts dabei, dann und wann den Wünschen eines Kindes nachzugeben. Wenn Ray sich zum ersten Mal über Karens und Cals Vorstellung hinweggesetzt hätte, wäre damit noch kein großer Schaden angerichtet gewesen. Doch Rays Verhalten war Teil eines Musters, das sich bereits vor Dereks Geburt zwischen Ray und Cal entwickelt hatte. Zum Glück kam das Minidrama schließlich zu einem guten Ende.

Ob Sie es glauben oder nicht, Karen war wirklich sauer auf ihren Vater. Wir erklärten Derek, dass wir das Spielzeug zurück-

halten würden, bis er seinen Teil unseres ursprünglichen Handels erfüllt hatte, und natürlich brach die Hölle los. Schließlich erklärte Karen ihrem Vater, dass sie ihm zwar seine Beziehung zu Derek nicht verbieten würde, dass er diesmal jedoch eindeutig zu weit gegangen sei und sie so etwas nicht noch einmal erleben wolle. Gott, ich wünschte, sie hätte sich bei Ray schon früher einmal auf die Hinterbeine gestellt, aber besser später als nie. Wenigstens habe ich nun den Eindruck, dass wir im selben Team spielen.

Ray hatte schon früher, als Cal das Büro für Karen ausbaute, unter Beweis gestellt, wie stark er von Konkurrenzdenken geprägt war. Jedermann sollte sich darüber im Klaren sein, dass allein er, Ray, der Experte war. Einem starken Vater oder einer starken Mutter kann es schwer fallen, selbst ein klein wenig von dieser Rolle aufzugeben, und wenn Sie Ihre eigene Familie gründen, dann ist es ärgerlich, wenn sich Großeltern rücksichtslos über Ihre Wünsche und Regeln hinwegsetzen. Es ist äußerst schwierig, zum Schluss nicht als der Schurke dazustehen, wenn Sie auf Ihrer Linie beharren, während Ihre Schwiegereltern scheinbar großzügig und entgegenkommend sind.

Ray hätte die entstandene Auseinandersetzung verhindern können, wenn er seine Tochter und seinen Schwiegersohn gefragt hätte, ob es in Ordnung sei, wenn er Derek das Videospiel kaufte. Doch Ray war äußerst manipulierend, und manipulierende Menschen sind nur selten direkt. Statt also zu verhandeln, verursachte er einen Machtkampf, in dessen Zentrum der arme Derek stand, der Ray die Rolle des Helden zuwies und schließlich alle Beteiligten aus der Fassung brachte.

Kontrollsüchtige Schwiegereltern lähmen

Tyrannische Schwiegereltern können neben ihrer Kontrollsucht auch wunderbare Eigenschaften haben, und ihr störendes Manko mag nicht das Einzige sein, was Ihre Beziehung zu ihnen definiert. Doch gleichgültig, wie positiv und unterstützend Sie auch gelegentlich sein mögen, wenn sie darauf aus sind, Ihr Leben zu lenken und Ihnen ihren Willen aufzuzwingen, und wenn Ihr Partner bisher nicht dazu in der Lage war, sich gegen sie durchzusetzen, dann können all ihre Wohltaten kein Ausgleich dafür sein, wie wütend und machtlos Sie sich manchmal ihretwegen fühlen.

Gesunde Eltern fördern das Selbstwertgefühl ihrer Kinder und bereiten sie darauf vor, das Elternhaus sowohl physisch als auch emotional hinter sich zu lassen. Doch böse, kontrollsüchtige Schwiegereltern interessiert weniger, was für ihre Kinder am besten wäre, als ihr Bestes. Dabei schrecken sie auch nicht davor zurück, Ihren Partner in seinem Selbstvertrauen und in seiner Unabhängigkeit zu erschüttern. Es ist ihnen ein verzweifeltes Anliegen, die Kontrolle beizubehalten, und sei es um den Preis Ihrer Ehe.

Es ist, als hörte man solche Schwiegereltern sagen: »Ich werde dich einschüchtern, in dein Leben eindringen, dir Schuldgefühle vermitteln und dir dein Selbstvertrauen nehmen, damit ich mir die Kontrolle über dich bewahren und dir zeigen kann, wie sehr ich dich liebe.« Mit Liebe jedoch hat ihr Verhalten gewiss am wenigsten zu tun.

5
Die Chaotischen

Die bösen Schwiegereltern, denen wir bisher begegnet sind, versuchen, der Ehe ihres erwachsenen Kindes aggressiv ihren Stempel aufzudrücken. Sie setzen ihre Schwiegertochter und ihren Sohn unter Druck, damit sie ihr Leben nach ihrem Vorbild formen. Welcher Taktiken sie sich dabei auch bedienen, sie reklamieren für sich in der Ehe ihres Schwiegersohns und ihrer Tochter eine dominierende, aktive Rolle.

Doch die Menschen, die Sie in diesem Kapitel kennen lernen werden, sind anders. Tatsächlich interessieren sie sich nur selten, wenn überhaupt für Ihre Ehe. Sie gehören zu den Schwiegereltern, deren Leben so unglücklich und so chaotisch ist, dass sie überall um sich herum nur Krisen und Katastrophen auslösen.

Wenn Sie an Schwiegereltern geraten, deren Beziehung zueinander von Feindseligkeit geprägt ist, die alkoholkrank sind oder unter einer anderen Sucht leiden, mit Geld nicht umgehen können, sich Ihnen oder anderen Familienmitgliedern sexuell aufdrängen oder sogar Ihren Partner als Kind missbraucht haben, dann kann ihr Handeln unmöglich ignoriert werden. Und je mehr ihre Instabilität wächst und ihr Leben wie ein Kartenhaus einzustürzen droht, desto stärker wird auch die Stabilität Ihrer Partnerschaft in Mitleidenschaft gezogen.

Warum? Weil chaotische Schwiegereltern über eine nahezu hypnotische Fähigkeit verfügen, Ihren Partner in ihre unberechenbare, instabile Umlaufbahn zu ziehen.

Schwiegereltern, die ihre Zelte in der Kampfzone aufschlagen

Manche Paare leben unter dem Damoklesschwert einer ständigen, völlig unberechenbaren Impulsivität. Sie misstrauen einander, stauen jahrelang Groll gegeneinander in sich auf und fördern ihn in Kämpfen zu Tage, die das Haus erzittern lassen. Wenn Sie in eine solche Familie einheiraten, dann findet Ihr Leben plötzlich mitten in einem Kriegsgebiet statt – selbst dann, wenn zwischen Ihnen und Ihren Schwiegereltern eine große räumliche Entfernung liegt. Ihre Schwiegereltern trennen sich und finden wieder zusammen, stolpern von einer Krise in die nächste, und in vielen Fällen wendet sich einer von beiden an Ihren Partner um Unterstützung. Mit einem Mal ist Ihr Partner hoffnungslos zwischen die Fronten geraten, versucht zu trösten oder zu vermitteln oder hört sich endlose Schimpftiraden an. Wenn dies geschieht, dann haben Ihre Schwiegereltern plötzlich genauso viel Einfluss auf Ihr Leben wie die allerentschlossensten kontrollsüchtigen. Sie und Ihr Partner brauchen endlos viel Zeit, um sich in Ihrem gemeinsamen Leben zurechtzufinden, denn Ihre sich gegenseitig bekämpfenden Schwiegereltern schöpfen Ihre Lebensenergie ab und beschneiden Ihre Ehe bereits an der Wurzel.

Dana, eine schlanke junge Grafikerin mit rehbraunen Augen, suchte mich mit ihrem Mann Mark auf, dem Bühnenbildner einer erfolgreichen Fernsehserie. Während ihrer gesamten Beziehung zu Mark war Dana mit ihren Eltern die Gefangene eines Familiendramas, das regelmäßig außer Kontrolle gerät und Mark rasch um seine Geduld bringt.

Es tut mir Leid, aber ich begreife einfach nicht, was meine Frau zu erreichen erhofft, indem sie so viel Zeit mit ihrer Mutter am Telefon verbringt und ständig zu ihren Eltern hinüberläuft.

Letztes Mal war es schon nach Mitternacht, und es hat heftig geregnet. Dana hatte einen Unfall, sicherlich weil sie wegen ihrer Mutter aufgebracht war. Gott sei Dank ist ihr nichts weiter passiert, aber was wird nächstes Mal sein? Dana glaubt, wenn sie Glorias Hand hält und sie unterstützt und ihr hilft, einen Rechtsanwalt zu finden, dass sie diesmal wirklich ernst macht mit der Scheidung. Ich meine, sie wird ihren Mann nie verlassen – das geht nun schon seit 30 Jahren so, und in den sieben Jahren, die ich das jetzt miterlebe, war es bisher immer nur blinder Alarm. Wenn sie sagt: »Jetzt ist alles vorbei. Ich lass mich scheiden«, dann ist das nur so eine Redensart. Ich verstehe nicht, warum Dana das nicht erkennt. Gloria beklagt sich für ihr Leben gern darüber, wie schrecklich Danas Vater ist, aber sie hat zu viel Angst, um irgendetwas zu verändern. Also lädt sie alles bei Dana ab, um sich besser zu fühlen. Dafür fühlt Dana sich dann schlechter. Ich habe ihre verrückten Eltern satt, und ich will sie aus meinem Leben raus haben. Ich weiß, dass ich meinen Ärger an Dana auslasse, und ich bin hier, um herauszufinden, was ich dagegen tun kann.

Das Unbehagen verlagern

Mark schien ein klares Bild davon zu haben, was sich bei seiner Schwiegermutter abspielte. Als er feststellte, dass Dana sich schlecht fühlte, nachdem Gloria ihr ihr Herz ausgeschüttet hatte und es Gloria besser ging, legte er den Finger auf eine weit verbreitete Verhaltensweise, die ich als »Verlagerung des Unbehagens« bezeichne.

Gloria benutzt ihre Tochter Dana seit Jahren als Schuttabladeplatz für den Ärger und die Unzufriedenheit in ihrer Ehe. Indem sie sich im Beisein Danas den Kopf über ihre Probleme zermartert, kehrt sie Danas Innerstes nach außen und mobilisiert ihre Rettungsfantasien. Dana macht sich schließlich solche Sorgen über das Wohlergehen ihrer Mutter, dass sie sich für ihre Rettung verantwortlich zu fühlen beginnt. Auf diesem Wege kann Gloria sich die Mühe ersparen, selbst Verantwortung für ihr Leben zu übernehmen. Für Gloria funktioniert die Strategie, »bei Dana Schutt abladen und fortlaufen«, fast immer.

Für Dana jedoch wurde der überwältigende Wunsch, eine Mutter zu retten, deren Leben ein unablässiges Durcheinander war, zur ersten Priorität, die alles andere, auch ihre Ehe, in den Schatten stellte. Ihr war klar, dass ihre Supertochtertendenzen ein Problem darstellten, doch sie beharrte darauf, dass diesmal alles anders sein würde. Dieses Mal hatte die Krise eine neue Größenordnung erreicht:

In letzter Zeit stehen die Dinge zwischen meinen Eltern wirklich schlimmer als je zuvor. Letzte Woche hatten sie furchtbaren Krach miteinander – meine Mutter ist sich sicher, dass er sich mit einer anderen Frau trifft –, und mein Vater stürmte aus dem Haus und zog in ein Hotelzimmer. So etwas ist schon früher vorgekommen, aber diesmal hört es sich wirklich so an, als ob er nicht zurückkommt. Meine Mutter hat mir am Telefon etwas vorgeweint – sie ist derart am Ende, dass sie nicht einmal zur Arbeit gehen kann. Sie will, dass ich ihr rate, was sie tun soll, und hat mir von all den furchtbaren Dingen erzählt, die er ihr angetan hat. Diese Telefonate gehen mir schrecklich nahe, und ich versuche sie so gut ich kann zu beraten, auch von der Arbeit aus. Ich weiß, Mark ärgert sich sehr darüber, dass ich so viel mit ihr telefoniere und dass ich ständig zu ihr rüberfahre. Ich weiß, er möchte, dass ich sage: »Bitte zieh mich da nicht mit hinein.« Aber wie soll ich mit mir weiterleben können, wenn ich so etwas tue? Ich finde, sie sollte sich scheiden lassen. Diesmal, glaube ich, wird sie es tun, also unterstütze ich sie mit aller Kraft. Sie sagt, dass ihr das Gespräch mit mir besser tut als mit einem Therapeuten.

»Und das«, sage ich zu Dana, »muss Ihnen ein ganz schönes Machtgefühl geben.«

»Das stimmt«, gibt sie ein wenig verlegen zu. »Schon immer, seit meiner Kindheit bin ich die Vertraute meiner Mutter, und sie sagt mir, wie schrecklich mein Vater und wie unglücklich sie ist. Ich möchte sie so gerne retten, ihr Leben verbessern ... Wenn ich mir vorstelle, meine Mutter könnte schließlich doch noch glücklich sein ... Das scheint mir alle Opfer wert, die ich ihr zuliebe auf mich genommen habe.«

»Aber es hat sich nie etwas verändert, nicht wahr?«, fragte ich.

Einen Augenblick lang war sie still, dann traten ihr Tränen in die Augen.

»Nein ... Nichts hat sich je geändert. Sie arrangieren sich wieder miteinander, die große Katastrophe ist vorüber, und sie sagt zu mir, ›Vergiss einfach all die Dinge, von denen ich dir erzählt habe‹. Es ist entsetzlich peinlich – ich schäme mich so für meine verrückten Eltern. Dann spüre ich dieses dumpfe Gefühl im Bauch, und mir wird klar, sie hat es wieder geschafft, sie hat mich wieder benützt.«

Dana reagierte auf den letzten Hilfeanruf ebenso vorhersehbar wie auf alle vorangegangenen seit ihrer Zeit als Teenager – und jedes Mal waren die Ergebnisse gleich frustrierend.

Ich erklärte ihr, dass ein Kind, gleich welchen Alters, nichts zwischen zwei sich streitenden Elternteilen zu suchen hat. Es gab absolut nichts, was sie hätte tun können, und es war gerade vorhersehbar, dass sie sich dabei immer hilflos und unzulänglich und zum Idioten gemacht fühlen würde. Doch Dana brauchte offenbar die Adrenalinschübe, die ihre Mutter bei ihr verursachte, und erkannte nicht, welche Konsequenzen die Einbeziehung in die Eheprobleme der Eltern für ihr eigenes Wohlergehen und für ihre Ehe hatte.

Aufruhr als Nährboden

Es gibt viele Paare wie Marks Schwiegereltern, die sich bis ans Ende ihres Lebens gegenseitig bekämpfen. Sie scheinen Drama, Streit, Türenknallen, Gefühlsausbrüche, Schreien und Inszenierungen, die aus jeder Auseinandersetzung eine letzte Schlacht machen, zu brauchen. Diesmal sind sie fertig miteinander. Dann kehren sie zu dem zurück, was für sie »normal« ist, und tun nicht selten so, als sei nichts weiter gewesen. Ihre erwachsenen Kinder fühlen sich nach ihrem sinnlosen Versuch, einen oder beide Beteiligte zu retten, verwirrt, frustriert und oft wie erschlagen. Dana beschreibt die Situation mit den Worten: »Man fühlt sich wie in einer Tretmühle, die einen niemals irgendwohin bringt.«

Anhand der Informationen, die ich von Mark und Dana erhalten hatte, konnte ich erkennen, dass Danas Eltern sich durch Wut und Drama aneinander gebunden fühlten. Gloria gefiel es, sich zu beklagen und das Opfer ihres brutalen Mannes zu sein, der sie, wie Dana bestätigte, ständig erniedrigte und beschimpfte. Dana war gleichfalls der Meinung, dass ihr Vater sich seit mehreren Jahren mit anderen Frauen traf. Doch Gloria war entweder zu ängstlich oder zu gelähmt oder auf Grund ihrer Neurose zu sehr an ihren Mann Paul gebunden, um je die Schritte zu tun, die ihr Leben verbessern würden.

Und Dana war zu sehr in ihren seit ihrer Kindheit auf die Rettung ihrer Mutter bezogenen Bedürfnissen und Fantasien gefangen, um zu erkennen, dass ihr auch andere Reaktionsmöglichkeiten offen standen. Wenn es nicht funktionierte, dann verstärkte sie wie die meisten Menschen einfach nur ihre immer gleichen Bemühungen, und das machte Mark natürlich wütend, da er gezwungen war, seine Frau fortgesetzt mit einer unglücklichen und destruktiven Schwiegermutter zu teilen. Mit der richtigen Führung und dem entsprechenden Einsatz würde sich dieser frustrierende Zyklus jedoch durchbrechen lassen.

»Ich bin kein Alkoholiker!«

»So lautet das Mantra meines Schwiegervaters Vic«, seufzte Greg, ein gewitzter junger Programmierer.

Jedes Mal, wenn wir zu einem Familientreffen, einem Geburtstag oder Feiertag zusammenkommen, beginnt er nachmittags mit Wodka, und bis zum Abend hat er sein Quantum intus. Er trinkt, bis er schließlich lächerlich und infantil ist. Seine Sprache wird schleppend und undeutlich, was er sagt, ist völliger Unsinn, und er versucht, ein paar lahme Witze zu reißen. Meistenteils versteht niemand, wovon er spricht, also versuchen wir sozusagen, unsere Gespräche im Bogen um ihn herum zu führen. Doch dann wird er wütend, weil ihm nicht die Aufmerksamkeit zuteil wird, nach der er sich sehnt. Aber natürlich ist er kein Alkoholiker. Seiner Meinung nach ist er nur ein Typ, der gerne etwas Spaß hat – und dabei alle anderen unglücklich macht.

Greg fühlte sich seiner Frau Anita sehr nahe, aber Vics Eskapaden überschatteten immer wieder die gute Zeit, die sie eigentlich miteinander hatten. Anita entstammte einer typischen Alkoholikerfamilie, die den Elefanten in ihrem Wohnzimmer – das Familienproblem, von dem jeder weiß, doch mit dem sich niemand konfrontieren will – nie anerkannt, geschweige denn sich mit ihm auseinander gesetzt hatte. Ein solches Problem kann Drogenmissbrauch, Spielsucht, sexuelle Abweichung oder eine andere der unzähligen, Scham erzeugenden Verhaltensweisen sein, die unser Leben in den Abgrund reißen können. Doch welche Form der Elefant auch annimmt, alle schleichen auf Zehenspitzen um ihn herum und tun so, als sei er nicht da.

Als neues Familienmitglied fühlte sich Greg unwohl, bei diesem Versteckspiel mitzutun. Andererseits wollte er aber auch nicht derjenige sein, der die Wahrheit ausposaunt. Ich fragte ihn, ob es eine Möglichkeit zur Intervention gebe, in deren Verlauf die Familie Vic damit konfrontiere, wie sich sein Verhalten auf sie alle auswirke und welche Veränderungen sie von ihm erwarten.

Ich glaube nicht, dass solche Pläne eine realistische Chance haben. Niemand will darüber sprechen und schon gar nicht Vic damit konfrontieren. Ich habe versucht, Anita zu einem Besuch bei den Anonymen Alkoholikern zu überreden, aber sie will »niemanden unglücklich« machen und auch nichts Negatives über ihre Familie sagen. Meine Schwiegermutter schämt sich für sein Verhalten, aber sie lebt damit schon seit 32 Jahren. Sie ist finanziell von ihm abhängig und darüber hinaus, glaube ich, auch emotional. Mein Schwager lebt in einem anderen Bundesstaat, er kann uns also nicht weiterhelfen. Welche Rolle bleibt mir da zu spielen? Wenigstens ist er nicht einer dieser Alkoholiker, die in Schimpftiraden ausbrechen oder handgreiflich werden, aber er ist ein absolutes Arschloch und ruiniert jeden Feiertag und jedes Familienfest – Ereignisse, die doch eigentlich nett und erfreulich sein sollten. Habe ich hier irgendwelche Rechte, oder muss ich einfach weiter so tun, als sei alles in Ordnung?

Greg war der Einzige, der bereit war, sich mit der Wirklichkeit auseinander zu setzen, doch brachte ihn dies in eine prekäre Situation. Wenn eine Familie sich zusammenrottet, um eines ihrer Mitglieder zu schützen und sein Problem zu vertuschen, dann ist immer der Wahrheitsuchende der Bösewicht. Ich wollte von Greg wissen, ob er meine, dass Anita sich gegen ihn wenden und sogar noch stärker mit ihrem Vater paktieren würde, falls er sich entschließe, die Konfrontation auf eigene Faust herbeizuführen. Er sagte, er wisse es nicht, und er wisse auch nicht, ob er es überhaupt herausfinden wolle. Dann brachte ein dramatisches Ereignis das Thema endgültig zur Sprache.

Bei unserer Sitzung in der Woche darauf bemerkte ich gleich, dass sich etwas verändert haben musste. Greg war ein vollkommen anderer Mann – entschlossen und darauf festgelegt, die ungesunde Familiensituation nicht mehr länger zu akzeptieren.

Letztlich geschah etwas, das uns beide in Angst und Schrecken versetzt hat. Wir haben einen einjährigen Sohn, Michael. Wir waren zum Abendbrot bei meinen Schwiegereltern, und Vic trank wie immer unablässig. Er war wirklich unsicher auf den Beinen. Nach dem Essen gingen wir ins Wohnzimmer, und Vic wollte mit Michael spielen. Fairerweise muss ich zugeben, dass Vic ein wirklich netter Großvater ist, wenn er nüchtern ist – auch wenn das immer seltener vorkommt. An diesem Abend aber war Vic einfach grob mit Michael und stieß ihn gegen einen Beistelltisch. Dabei holte sich der Junge eine tiefe Platzwunde an der Lippe. Ich war fuchsteufelswild, und Anita war so weiß wie eine Wand. Sobald wir die Blutung stillen konnten, brachen wir auf. Auf dem Heimweg sprachen wir kaum ein Wort miteinander, aber sobald Michael im Bett lag, erklärte ich Anita, dass damit jetzt Schluss sein musste – sofort! Ich würde bei diesem Wahnsinn nicht mehr länger mitmachen. Sie nickte, und auf ihrem süßen Gesicht breitete sich tiefe Trauer aus. Aber sie nahm meine Hand und erklärte mir, dass sie meiner Meinung sei. Wir wissen nur nicht, wie wir es anstellen sollen, denn wir wollen niemanden verletzen und der Familie möglicherweise irreparablen Schaden zufügen.

Wünschen, hoffen – und Ende

Zwischen Anita und Greg war eine neue Allianz entstanden – ein gutes Zeichen für ihre Beziehung. Unglücklicherweise war ein Unfall erforderlich gewesen, um Anita bewusst zu machen, dass sie die Gefährlichkeit und Schädlichkeit der Alkoholkrankheit ihres Vaters und den Schaden, den er der Familie damit zufügte, jahrelang geleugnet hatte.

Als Anita Greg zu seiner nächsten Sitzung begleitete, wurde bald klar, dass sie jahrelang Papas Beichtvater und Beschützer gespielt hatte, obwohl sie wegen seines beschämenden Verhaltens häufig darauf verzichten musste, Freunde nach Hause einzuladen. Wie Dana hielt sich Anita mit Wunschdenken über Wasser.

Es war mir unmöglich, nicht darauf zu hoffen, dass er eines Tages sein Problem erkennen, sich regelmäßig mit den Anonymen Alkoholikern treffen und nüchtern werden würde. Dann würde er wieder der Vater sein, den ich hatte, bevor der Alkohol anfing, sein Gehirn zu zerstören – der Vater, der mein Kumpel war.

Das Hoffen auf die magische Verwandlung ihres Vaters machte Anita zur passiven Zuschauerin der Selbstzerstörung ihres Vaters. Jahrelang war sie nicht bereit gewesen, um ihrer selbst willen an der Beziehung zu ihrem Vater zu arbeiten, doch immerhin war ihr klar, dass sie ihren Sohn schützen musste.

In Dana wie in Anitas Elternbeziehung war Rollenumkehrung maßgeblich. Das Kind wird zum Verantwortlichen für Wiederherstellung, Schutz und Rettung – Aufgaben, die in den elterlichen Aufgabenbereich gehören. Das Kind wird von den Eltern manipuliert, für sie den Erlöser zu spielen.

Die Wahrscheinlichkeit war groß, dass Vic sich nicht ändern würde. Doch Anita und Greg würden lernen, sich von seinem Alkoholismus nicht schikanieren zu lassen. Gemeinsam würden sie die richtigen Worte finden und die erforderlichen Verhaltensstrategien entwerfen, um Vic in unüberschreitbare Schranken zu weisen. Das konnte Vic natürlich nicht gefallen – aber er hatte seinen Willen ohnehin schon viel zu lange gehabt. Es würde nicht einfach sein, doch Greg und Anita hatten begriffen, dass es keine vertretbare Alternative gab.

Finanzielle Rettungsaktionen ohne Ende

Alkoholismus ist nur eine Form zwanghaften Verhaltens, die eine junge Beziehung schwer unter Druck setzen kann. Manche Schwiegereltern erzeugen zwischen Ihnen und Ihrem Partner schreckliche Spannungen, indem sie erwarten, dass Sie sie vor den Folgen ihrer finanziellen Unvernunft retten.

Ein Börsenmakler mit sanftem Blick und schwindendem Haaransatz namens Steve suchte mich auf, weil er merkte, dass er immer mehr in den Treibsand seiner finanziell verantwortungslos agierenden Schwiegereltern geriet.

Seit ich in diese Familie eingeheiratet habe, sind Andrea und ich mit nichts anderem beschäftigt gewesen, als ihre Eltern aus einem blöden Wie-man-schnell-reich-werden-kann-Programm nach dem anderen freizukaufen. Ich weiß nicht, was mit diesen Leuten nicht stimmt. Sie haben keine Ersparnisse, weil Andreas Vater sich gegen meinen Rat auf das Börsentagesgeschäft eingelassen hat und folglich an einem Tag einen totalen Höhenflug und dann wieder den absoluten Absturz erlebt. Er hat seine Finger in allen möglichen komplizierten und riskanten Geschäften, doch wenn Sie mich fragen, ist das nichts anderes als Spielen. Er meint, er sei zu klug, um arbeiten zu müssen wie wir anderen. Wenn er jemals Gewinn macht, dann investiert er das Geld sofort wieder in irgendeinen anderen zweifelhaften Deal. Andreas Mutter Lois arbeitet in einem Versicherungsbüro, und Stan lebt praktisch von dem, was sie verdient. Ihm ist klar, dass er mich nicht direkt um Geld angehen darf, also lässt er alle paar Monate Lois in aufgelöstem Zustand bei Andrea anrufen, wenn sie die Rate für das Haus oder für die Autos plötzlich nicht bezahlen können oder ihnen irgendeine andere finanzielle Katastrophe droht. Und Andrea wird dann ganz ruhig und unglaublich elterlich und sagt: »Nun, wir müssen ihnen ein-

fach helfen, wir dürfen nicht zulassen, dass sie leiden.« Ganz egal, was ich auch sage, sie stellt einen Scheck aus. Sie lässt absolut nicht mit sich reden.

Steve und Andrea waren in die Elternrolle gedrängt und Andreas funktionsgestörte Eltern zu ihren Kindern geworden. Wie die anderen Paare, die wir in diesem Kapitel bereits kennen gelernt haben, fanden sich Steve und Andrea in der unvermeidlichen Rollenumkehrung wieder – ein im besten Fall behelfsmäßiger Ansatz im Umgang mit derart krankhaftem Verhalten.

Der Unterschied zwischen Helfen und Retten

Wenn Sie sich in einer der von Andrea und Steve vergleichbaren Situation befinden, dann betrachten Sie das, was Ihr Partner als einfache Hilfeleistung bezeichnet, als Rettungsmanöver. Lassen Sie uns daher also erst einmal die Definition klären. Selbstverständlich ist es nicht falsch, einem Vater oder einer Schwiegermutter auszuhelfen, wenn er oder sie gerade in finanziellen Schwierigkeiten ist. Krankheit, Scheidung, Arbeitsplatzverlust und finanzielle Rückschläge sind Bestandteile des Lebens. Ihre finanzielle oder emotionale Unterstützung kann einen Menschen, der Ihnen viel bedeutet, wieder auf die Füße bringen.

Doch ist es eine Sache, einen Schwiegervater zu unterstützen, dessen verantwortungsvolles und pflichtbewusstes Verhalten einem bekannt ist, und eine vollkommen andere, einen Schwiegervater, der immer wieder durch impulsives, überhöhtes Geldausgeben, Spielen oder leichtsinnige Investitionen in finanzielle Bedrängnis gerät, freikaufen zu müssen. Schwiegereltern, die sich einen leichtsinnigen Umgang mit Geld angewöhnt haben, erwarten nicht nur von Ihnen und Ihrem Partner, dass Sie sie retten, sie lassen Ihnen auch wenig Wahl. Das deplatzierte Mitgefühl Ihres Partners in Kombination mit dem durch Appelle der Schwiegereltern ausgeübten Druck machen es schwer, wenn nicht gar unmöglich, sie zurückzuweisen. Für Steve jedoch wurde genau dieser drastische Schritt zu einer immer dringenderen Notwendigkeit.

Wir erschöpfen unsere Ersparnisse. So kann es nicht weitergehen. Und ich werde es nicht zulassen, dass dieser Kerl unser Geld so ausgibt wie seins. Andrea erklärte mir gestern Abend, dass ihnen die 2500 Dollar fehlen, um die Rate für ihr Haus zu bezahlen. Das ist Pech, kann ich da nur sagen! Wenn sie sich das Haus nicht leisten können, dann kommt es eben zur Zwangsvollstreckung. Ich weiß einfach nicht, was ich Andrea noch sagen soll. Ich kann die Begründung, »Sie sind eben meine Eltern, und wir müssen ihnen aushelfen«, einfach nicht mehr hören.

Ich sah, dass Steve auf sich wie auf seine Schwiegereltern gleichermaßen wütend war, weil die Situation sein und Andreas Leben belastete. Seine Schwiegereltern waren zwar nicht hinterhältig oder kritiksüchtig wie andere, denen wir bereits begegnet sind, aber ihre Unfähigkeit, ihr Leben in den Griff zu bekommen, wirkte sich mindestens ebenso destruktiv auf seine Ehe aus, wenn nicht sogar noch mehr. Mir war außerdem klar, dass seinen mutigen Worten wahrscheinlich keine mutigen Taten folgen würden. Also entschloss ich mich, es bei ihm mit einer rasch greifenden Maßnahme zu versuchen, in der Hoffnung, dass er sich an ihr würde festhalten können, bis es uns gelang, wirkungsvoller in das Chaos einzugreifen.

Einfach »Nein« sagen

Ich fragte Steve, ob er »Desoxyribonukleinsäure« sagen könne, und er sah mich an, als ob ich verrückt geworden sei.

»Tun Sie mir den Gefallen«, sagte ich. »Sie werden gleich sehen, worauf ich hinauswill.«

Steve wiederholte das Wort, sah dabei jedoch äußerst skeptisch aus.

»Steve«, bemerkte ich, »Sie haben soeben ohne Schwierigkeiten eines der längsten und schwierigsten Wörter gesagt. Warum bereitet es Ihnen solche Schwierigkeiten, eines der kürzesten und einfachsten zu sagen?«

Er war einen Augenblick lang still und hatte jenen verwirrten Ausdruck auf dem Gesicht. Dann hatte er es kapiert: »Ach so, jetzt weiß ich, was Sie meinen. Sie meinen, ich soll ›Nein‹ sagen. Aber das ist nicht so einfach. Mit Ihrem schwierigen, langen Wort verbinden sich für mich keine Gefühle, mit dem Wort ›Nein‹ unter diesen Umständen jedoch umso mehr. Ganz abgesehen von den Schuldgefühlen und der Tatsache, dass alle, insbesondere Andrea, sauer auf mich sein werden.«

Ich bereitete Steve darauf vor, dass ich ihm einige schwierige Fragen stellen würde.

Susan: »Bewirkt Ihre Hilfe irgendwelche Veränderungen?«
Steve: »Nein.«
Susan: »Übernehmen Andreas Eltern auf irgendeine Weise Verantwortung, etwa indem sie sich Selbsterfahrungsgruppen für Spieler nach dem Prinzip der Anonymen Alkoholiker anschließen oder zur Schuldenberatung gehen?«
Steve: »Auf keinen Fall.«
Susan: »Haben Sie jemals auch nur einen Pfennig, von dem, was Sie ihnen geliehen haben, zurückbekommen?«
Steve: »Machen Sie Witze?«
Susan: »Ich fasse diese Antwort als Verneinung auf. Gut, erreichen Sie damit, dass Sie Ihr Geld in dieses Fass ohne Boden werfen, irgendetwas anderes, als dass Ihr Schwiegervater sich dazu ermutigt fühlt, sich weiter wie ein Verrückter aufzuführen, und dass alle Übrigen sich als Opfer fühlen?«

Steve: »Nein.«

Susan: »Wenn Sie Ihren Schwiegereltern morgen eine Million Dollar gäben, was meinen Sie, wie lange würde es dauern, bis alles wieder von vorn anfinge?«

Steve: »Vermutlich drei, höchstens vier Monate.«

Susan: »Letzte Frage. Sind Sie die Staatsbank?«

Steve: »Stan scheint das zu glauben...« Steve bedeckte sein Gesicht mit den Händen und seufzte tief. Dann nahm er den Kopf wieder hoch und sagte: »Ich kann es nicht zulassen, dass Andreas Eltern unsere Zukunft ruinieren. Wir haben sogar unseren Kinderwunsch auf später vertagt... Gott, ich komme mir wie ein Idiot vor. Also gut, Trainer, ich bin bereit, die Sache in Angriff zu nehmen.«

Steve erkannte, dass es vollkommen sinnlos ist, das Leben von ausschließlich mit sich selbst beschäftigten, in Schwierigkeiten geratenen Erwachsenen zu stützen, die bestens dazu in der Lage waren, für sich selbst zu sorgen – oder es zumindest könnten, wenn Andrea den Anker losließe, der sie alle gemeinsam in die Tiefe zog. Ich riet Steve, sich so bald wie möglich mit Andrea zusammenzusetzen, damit die Vernunft in ihr Leben zurückkehrte.

Sexuelle Raubtiere

Schwiegereltern beiderlei Geschlechts neigen manchmal zu Flirts oder verführerischem Verhalten im Hinblick auf die Partner ihrer Kinder, auf andere Verwandte oder sogar auf ihre eigenen Kinder. Solches Verhalten wird häufig auf lächerliche Weise verniedlicht durch Kommentare wie, »Ach, Mama wackelt nur ein bisschen mit dem Hintern«, oder »Jaja, Papa war schon immer ein richtiger Hengst«, oder »Mami hat sich schon immer für jüngere Männer interessiert«, oder »Du weißt doch, wie Männer sind«. Solche und viele andere Rationalisierungen haben die Aufgabe, die Bedenklichkeit dieses Verhaltens zu verschleiern und auf einer humorvollen Ebene abzutun. Doch trotz der gemeinschaftlichen Bemühung, Anstoß erregendem sexuellem Verhalten einen locker flockigen Anstrich zu geben, ist es keineswegs lustig. Es ist nicht niedlich, es ist nicht charmant, es ist nicht spielerisch, und es ist auf keinen Fall akzeptabel. Und trotzdem blicken alle einfach nur weg und tun so, als sei nichts vorgefallen. Dann muss sich am Status quo nichts ändern, und keiner regt sich auf – außer natürlich die Person, die sexuell belästigt wird.

Kim, eine aschblonde 25-jährige Angestellte in einem Videoverleih, suchte mich auf, weil sie es, wie sie sagte, nicht mehr wagte, mit ihrem Schwiegervater allein zu sein.

Mein Schwiegervater Phil war immer ein bisschen zu liebevoll mit mir, und ich fühlte mich in seiner Gegenwart unwohl. Wenn wir uns nach einem gemeinsamen Abendessen bei meinen Schwiegereltern verabschieden, dann umarmt er mich viel zu innig und kommt mir für mein Gefühl zu nahe. Ich könnte schwören, neulich hatte er eine Erektion. Ich habe lange gezögert, überhaupt irgendetwas dazu zu sagen, aber nun ist die Angelegenheit vollständig aus dem Ruder gelaufen. Letztens hatten wir sie zum Abendessen bei uns, und er sprang auf, um die Teller in die Küche zu tragen, nur, weil ich mich gerade dort aufhielt. Er stellte die Teller beim Waschbecken ab, packte und küsste mich. Er hat mir seine Zunge praktisch bis in den Hals hinuntergesteckt. Er atmete schwer und erklärte mir, dass er das und noch viel mehr schon habe tun wollen, als er mich zum allerersten Mal sah. Es war Grauen erregend. Er ist ein gutaussender Mann und höchstens 50 Jahre alt, aber, mein Gott, er ist mein Schwiegervater! Das ist wie Inzest!

Kim hatte sich offenbar völlig von den Ereignissen überrumpelt gefühlt. Ich fragte sie, ob sie irgendetwas habe tun oder sagen können.

Ich war so überrascht und abgestoßen, dass ich praktisch zu Eis erstarrte. Ich fing an, wie ein Roboter die Teller in die Geschirrspülmaschine einzuräumen. Und Phil ging lässig zu den anderen zurück.

Phil war zu 100 Prozent verantwortlich für sein Verhalten, und Kim war zu 100 Prozent *nicht* dafür verantwortlich. Doch ohne sich dessen bewusst zu sein, hatte Kim, indem sie schwieg, als er sie das erste Mal auf eine für sie unangenehme Weise umarmte, die stillschweigende Genehmigung erteilt, die es ihm gestattete, sich weiter vorzuwagen und herauszufinden, wie weit sie ihn gehen lassen würde. Ich erklärte Kim, dass wir dem anderen Menschen verraten, wie schwach unsere Grenzen sind, wenn wir das Inakzeptable ohne Protest hinnehmen. Dieser Mensch glaubt dann, dass nichts die weitere Eskalation seines unverschämten Verhaltens bremsen wird.

Doch es gab keinen Grund, warum Kim diesen Kampf würde allein ausfechten müssen – jedenfalls glaubte ich das, bis ich sie drängte, ihren Mann Eric zu informieren. Kims Augen blitzten vor Wut, als sie mir antwortete:

Oh, das habe ich bereits, und er hat gesagt, dass er keine Ahnung hat, was man dagegen tun kann. Dann hat Eric es seiner Mutter erzählt, die sich ebenfalls ratlos zeigte. Wer also ergreift meine Partei? Offenbar ist es in der Familie bereits bekannt, dass Phil gerne den Verführer spielt und sich weiblichen Verwandten unangemessen nähert. Solche Dinge sind schon früher vorgekommen. Das Schlimmste ist, niemand will Phil zur Rede stellen. Eric macht sich größere Sorgen darum, dass eine solche Konfrontation seinen verrückten Vater beschämen und sie einander entfremden könnte, als um mich. Ich kann es einfach nicht fassen, dass ihm die Gefühle seines Vaters wichtiger sind als meine. Ich fühle mich wie geschändet und betrogen, und niemand will sich für mich stark machen. Ich liebe meinen Mann, oder habe es jedenfalls getan, bis er sich in ein Weichei verwandelt hat. Jedenfalls glaube ich nicht, dass ich zu so einer Familie gehören möchte.

Auch in diesem Fall bewegte sich eine Beziehung, die gut hätte sein können, auf den Rand zum Abgrund zu, weil zugelassen wurde, dass ein Schwiegervater sich schlecht benahm. Und das Opfer dieses Verhaltens war wütend und fühlte sich verletzt, weil ihr Partner nicht die erforderlichen Maßnahmen ergriff, um sich mit ihr zu verbünden. Eric hatte sich stattdessen in eine Qualle verwandelt, gelähmt vor Angst, seinen Vater zu verärgern oder eine Familienkrise heraufzubeschwören.

Eine Familie wieder sicher machen

Wenn einem solchen Verhalten kein sofortiges, entschlossenes Eingreifen folgt, dann wird es mit größter Wahrscheinlichkeit eskalieren und sich, wie Kim schmerzhaft erfahren musste, in eine körperliche Grenzüberschreitung verwandeln. Familien wie die von Eric sind so lange kein sicheres Umfeld, bis Sie, mit oder ohne die Unterstützung Ihres Partners, Schritte unternehmen, um solches Verhalten zu unterbinden. Sie sollten nicht gezwungen sein, die unerwünschten verbalen oder körperlichen Annäherungsversuche eines anderen Menschen abwehren zu müssen – auch nicht die Ihres Schwiegervaters.

Phil vertraute seit langem darauf, dass jedermann lieber wegsehen, als ihn zur Rede stellen würde. Nachdem Kim und Eric gemeinsam in die Therapie kamen, sollte er eine große Überraschung erleben.

Wenn Ihre Schwiegereltern Ihren Partner missbraucht haben

Indem wir uns nun den finstersten Schwierigkeiten nähern, die man mit Schwiegereltern haben kann, stoßen wir auf eine turbulente Strömung, die bei Familien, in denen Kindern schwer misshandelt wurden, unterschwellig Unruhe verbreiten. Einige von Ihnen sind mit einem Partner verbunden, der als Kind emotional, körperlich oder sexuell missbraucht wurde. Anders als die beschriebenen bedürftigen oder unzureichenden Eltern kommen Eltern, die zu Missbrauch neigen, in der äußeren Welt gut zurecht. Zwar mögen sich einige in den Bereichen an Sie um Hilfe wenden, die wir bereits erwähnt haben, doch andere benötigen von Ihnen keinerlei Unterstützung. Doch ihr Verhalten in der Vergangenheit ist ein sicherer Hinweis auf eine schwere emotionale Störung dicht hinter der »normalen« Fassade. Zwar sind sie nicht beständig in irgendwelchen Schwierigkeiten, doch die Unfähigkeit Ihres Partners, sich von ihnen zu lösen, wird in Ihrem Leben mindestens ebensolchen verheerenden Schaden anrichten. Das Angriffsziel solcher Eltern ist Ihr Partner – Sie bleiben verschont.

Wenn Sie zum Puffer werden

Mel, ein kleingewachsener, muskulöser Lieferant bei einer Spedition, suchte mich auf, weil er es satt hatte, immer in das Schussfeld zwischen seiner Frau und seinen Schwiegereltern zu geraten. Bei unserer ersten Sitzung berichtete Mel:

Jenna bittet mich, die Anrufe ihrer Eltern auszusieben. Sie kritisieren und verletzen sie ständig – das war schon immer so. Ihr Vater verdrosch sie, als sie noch klein war, und sperrte sie stun-

denlang in ihrem Wandschrank ein. Da war sie erst sechs Jahre alt, das muss man sich mal vorstellen! Wie kann ein Mensch einem kleinen Mädchen so etwas antun? Dann machte ihre wunderbare Mutter sie für alle Spannungen und Streitereien verantwortlich, die es zwischen den beiden Ehepartnern gab – und ich bin sicher, davon gab es eine Menge, denn das ist auch heute nicht viel anders. Ich wusste, dass es Schwierigkeiten geben würde, als wir anfingen, miteinander auszugehen, aber Jenna war so stark – eine echte Überlebenskünstlerin. Ich glaubte, sie würde auf sich selbst aufpassen können.

Mel war fälschlicherweise davon ausgegangen, dass Jenna diese Traumata überwunden hätte, nur weil sie sich in der Vergangenheit ereignet hatten. Doch sobald sie zusammenlebten und in regelmäßigem Kontakt zu ihren Eltern standen, stellte Mel fest, dass Jennas Kraft lediglich eine Fassade war, die sie im Laufe der Jahre errichtet hatte, um in der Welt klarzukommen. Im Inneren war sie noch immer ein verängstigtes kleines Mädchen.

Wenn Ihr Partner für seine Heilung entscheidende Schritte unternommen hat (was bei Jenna leider nicht der Fall war), dann wird Ihnen die Beziehung zu Ihren Schwiegereltern vermutlich keine wesentlichen Probleme bereiten. Sind diese Bedingungen jedoch nicht erfüllt, dann ist es unvermeidlich, dass Sie ins Schussfeld geraten und nicht mit den Menschen umgehen können, die Ihren geliebten Partner so tief verletzt haben. Und um die Dinge noch komplizierter zu machen, mitunter wird Ihr Partner sogar vor Ihren Versuchen zurückschrecken, ihn oder sie in Schutz zu nehmen.

Sie ist jedes Mal wirklich aus der Fassung, wenn ihr Vater oder ihre Mutter sie anrufen. Ich begreife nicht, warum sie ihr das antun – sie sind grauenhaft zu ihr. Seit einiger Zeit will sie einfach nicht mit ihnen sprechen, also muss ich ihnen etwas vorlügen und sagen, dass sie nicht da ist oder dass sie zurückrufen wird, was sie dann nur selten tut. Natürlich werfen sie mir dann vor, dass ich sie von ihnen fern halte. Sie hat solche Angst vor ihnen, es zerreißt mir fast das Herz. Am liebsten würde ich ihnen sagen, sie sollen doch dahin gehen, wo der Pfeffer wächst und uns endlich in Ruhe lassen, aber sie will davon nichts wissen. Sie schwört, dass sie aufhören wird, mich als Puffer zu benutzen, sobald sie sich ein wenig stärker fühlt. Können Sie sich vorstellen, dass sie noch immer die Fantasie hat, dass sie eines Tages alles mit ihnen in Ordnung bringen wird? Ich habe keine Lust, die nächsten 20 Jahre in dieser verrückten Tretmühle zuzubringen. Ich verstehe einfach nicht, warum sie ihnen nicht sagt, welche Gefühle sie in ihr auslösen oder dass sie zum Teufel gehen sollen.

Mel fühlte sich verständlicherweise verwirrt von der Tatsache, dass Jenna die Beziehung zu den Menschen, die ihr in ihrem Leben die meisten Schmerzen bereitet hatten und noch immer bereiteten, aufrechterhalten musste. Für ihn war die Lösung des Problems vollkommen klar: Jenna verlangt von ihnen, dass sie die Herabsetzungen und beleidigenden Telefongespräche einstellen, und wenn sie darauf nicht eingehen, streicht sie sie aus ihrem Leben.

Doch Mel musste zunächst ein paar grundlegende Wahrheiten über Erwachsene, die als Kinder misshandelt wurden, begreifen, damit aus seiner Verwirrung und Ungeduld Verständnis und Mitgefühl werden konnten.

Das Vermächtnis des Missbrauchs

Wir haben bereits gesehen, dass fast alle Schwierigkeiten mit Schwiegereltern in einem Klima gedeihen, in dem Ihr Partner entscheidende, ungelöste Konflikte mit seinen Eltern mit sich herumträgt und bisher unfähig war, sich psychologisch von ihnen zu lösen. Dieser Umstand ermöglicht es Ihren Schwiegereltern, eine weit mächtigere Rolle in Ihrem gemeinsamen Leben zu spielen, als gesund ist. Und es gibt nichts, was einen Menschen mehr darin beeinträchtigen könnte, sich von den Eltern zu lösen und ein selbstbewusster Erwachsener zu werden, als Missbrauch während der Kindheit.

Missbrauch, welcher Art auch immer, verringert die Selbstachtung. Er beschneidet das Selbstvertrauen und fördert Selbstzweifel und Selbsthass. Menschen, die Erfahrungen mit Missbrauch machen mussten, glauben weder an sich noch an ihre Fähigkeiten. Sie meinen, keinen Anspruch auf gute Dinge oder auf wirkliche Liebe zu haben. Sie klammern sich an die Menschen, die sie misshandelt haben, weil sie sich im Kern noch immer wie schlechte, unwürdige kleine Kinder fühlen, die in aller Aufrichtigkeit daran glauben – so irrational dies auch klingen mag –, dass sie ihre Eltern davon überzeugen müssen, sie zu lieben, bevor sie mit ihrem Leben weitermachen können.

Mel fragte sich, ob Jenna jemals von ihrer Kindheit geheilt werden könnte, und ich versicherte ihm, dass es sich keinesfalls um eine Sackgasse handelte. So traumatisch solche Erfahrungen auch sein mögen und trotz all der düstern Prophezeiungen, die Sie vermutlich darüber gehört haben, dass Menschen mit Missbrauchserfahrungen für alle Zeiten geschädigt sind, es handelt sich nicht um eine aussichtslose Situation. Nachdem ich über 20 Jahre lang mit als Kinder missbrauchten Erwachsenen gearbeitet hatte, konnte ich Mel guten Gewissens trösten, dass der zugefügte Schaden durch konsequente Aufarbeitung entscheidend verringert werden kann. Wenn es möglich wäre, Jenna dazu zu motivieren, sich von ihren Eltern zu lösen, dann würde sie einen Großteil ihrer Selbstachtung zurückgewinnen und damit ihre Ehe maßgeblich fördern. Es war eine schwierige Aufgabe, doch mit Jennas und Mels Hilfe würden sie beide lernen, wie man gegen ihre Eltern wohl überlegt und wirkungsvoll in Aktion treten kann.

Der Magnet der Funktionsstörung

Im Verlauf dieses Kapitels haben Sie gesehen, dass es erwachsenen Kindern aus funktionsgestörten Familien dann umso schwerer fällt, sich von ihren Eltern zu befreien, je schwerer ihr Missbrauch, ihre Sucht oder Unfähigkeit sind, mit sich und dem Leben zurechtzukommen. Nachdem Ihr Partner seinen unzulänglichen, verantwortungslosen Eltern jede Form von Unterstützung, Fürsorge und Ermutigung hat zuteil werden lassen, jahrelang zu ihrem Wohle Rettungsfantasien produziert und ihnen unablässig hinterhergeräumt hat, ist er oder sie fest davon überzeugt, dass es seine/ihre Pflicht ist, zur Stelle zu sein, sobald die Eltern in Schwierigkeiten geraten. Denn die Fantasie beinhaltet immer auch die Vorstellung, dass irgendwann einmal der Tag kommen wird, da Ihre Schwiegereltern Ihrem Partner endlich die Liebe und Anerkennung zuteil werden lassen, nach der er sich so verzweifelt sehnt.

Das Bedürfnis Ihres Partners, Ihre Schwiegereltern zu retten, ist keine Wahl, die er bewusst trifft. Es handelt sich vielmehr um eine Reaktion auf eine jahrelange Krisensituation und um ein Überlebensprogramm, bei dem sich das Kind für die Bedürfnisse der Eltern verantwortlich fühlt statt umgekehrt.

Druck funktioniert nicht

Wut auf einen Partner zu entwickeln, der Sie in den von chaotischen Schwiegereltern verursachten Morast hineinzieht, fällt nur allzu leicht. Aber Sie wissen, dass Sie und Ihr Partner fast instinktiv vor Menschen zurückschrecken, die in der Öffentlichkeit so miteinander umgehen. Wenn Sie objektiv sind, dann erkennen sie, dass Ihre Schwiegereltern Ihren Partner ausnutzen, ohne dass je ein Ende in Sicht ist.

So verlockend es auch sein mag, Ihren Partner zu einer raschen Lösung und möglicherweise zum Bruch mit seinen destruktiven Eltern zu drängen, das Problem ist damit nicht gelöst. Diese Maßnahme bewirkt lediglich, dass Ihr Partner sich als Kind seiner Eltern noch unzulänglicher fühlt, und schließt alle weiteren Lösungsmöglichkeiten aus. Im zweiten Teil des Buches werden Sie sehen, dass es weit wirkungsvoller ist, Ihren Partner zu ermutigen und zu unterstützen, hier und jetzt mit seinen Eltern klarzukommen. Dann, und nur dann, wird er oder sie eine echte Chance haben, eine Wahl zu treffen und die Beziehung zu Ihnen zu seiner oder ihrer Priorität zu machen.

6
Die Zurückweisenden

Die unerträglichsten Schwiegereltern, die Sie in diesem Kapitel kennen lernen werden, sind jene, die sich Ihnen ganz und gar verweigern, Sie am liebsten aus ihrem Leben ausschließen würden und Sie als ganz und gar inakzeptabel einstufen. Sie entsprechen nicht ihren Vorstellungen, und sie lassen kaum eine Gelegenheit aus, um Sie und Ihren Partner dies auf häufig gefühllose und grausame Weise wissen zu lassen.

Derartige Schwiegereltern nehmen jede Gelegenheit wahr, um Sie zurückzuweisen und Sie möglichst aus einer Ehe zu drängen, die sie Ihnen auf diese Weise unerträglich machen. Um zu unterstreichen, wie sehr ihnen daran liegt, keinerlei Verbindung mit Ihnen zu haben, sprechen sie etwa Einladungen an Ihren Partner aus, die Sie und manchmal sogar Ihre Kinder bewusst ausschließen. In den extremsten Fällen bestrafen sie Ihren Partner mit Liebesentzug und schließen Sie beide aus der Familie aus. Besser kein Kind haben als eines, dass ihnen nicht die verlangte Willfährigkeit entgegenbringt.

Die Gründe, die sie für ihre Ablehnung nennen, sind zahlreich und vielfältig und haben oft wenig mit den tatsächlichen Kräften zu tun, die unter der Oberfläche gären und der eigentliche Grund für ihre verletzende Art sind. Sie behaupten, Sie nicht zu mögen, weil sie Ihre Familie nicht ertragen können, Ihren sozialen oder finanziellen Status, Ihre Religion, Ihre Rasse oder, wie im Fall meiner Klientin Holly, Ihr Aussehen.

Frühe Warnsignale

Holly ist eine 34-jährige Kreditsachbearbeiterin bei einer großen Baufinanzierungsagentur. Sie hat ein hübsches Gesicht, das von weichen, lockigen rot-braunen Haaren eingerahmt wird, und ist übergewichtig. Sie und ihr Mann Preston, ein 32-jähriger Versicherungsmakler, suchten mich auf, nachdem sie zwei Jahre verheiratet waren und sich fragten, ob sie noch ein drittes Jahr durchhalten würden. Ein Großteil ihrer Schwierigkeiten hing mit dem schrecklichen Verhalten von Prestons Eltern zusammen, das sie Holly gegenüber an den Tag legten und das schon lange vor ihrer Hochzeit begonnen hatte.

Preston ist der einzige Mann, mit dem ich je zusammen war. Wir gingen schon in der High-School miteinander, und es wurde ernst, als wir auf dem College waren. Wir fingen an, in meiner Wohnung über Nacht zu bleiben, und ab diesem Zeitpunkt wandten sich seine Eltern gegen mich. Sie haben mich nur so lange gut behandelt, bis sie mich als Bedrohung ihrer fest zusammengewachsenen Familie zu empfinden begannen. Seine Mutter rief ihn in meiner Wohnung an, und wenn ich am Telefon war, dann sagte sie stets nur »Hol Preston ans Telefon«. Es war so, als gäbe es mich gar nicht. Noch schlimmer wurde die Sache dadurch, dass Preston das College schmiss, um ganztags zu arbeiten, ohne seine Eltern darüber in Kenntnis zu setzen. Als sie es schließlich herausfanden, waren sie schrecklich wütend und sagten, ich sei der Grund, dass Preston seine Ausbildung nicht abgeschlossen habe. Es mangelte nicht an deutlichen Warnsignalen, dass Prestons Eltern böse Schwiegereltern sein würden, aber ich dachte wohl, ich würde damit fertig. Ich war mir sicher, dass die Dinge, sobald Prestons Eltern sich erst einmal mit der Vorstellung anfreundeten, dass wir es ernst miteinander meinten und sie mich kennen lernten, besser würden. Mein Gott, dass man sich so irren kann!

Zeit hilft nicht

Erinnern Sie sich noch an den eingangs erwähnten Mythos »Wenn sie mich erst besser kennen, wird alles besser?« Wir alle wollten daran glauben, dass die Liebe, die wir unserem Partner entgegenbringen, auch das versteinertste Schwiegerelternherz erweicht, und Holly war sich, wie so viele andere, die bereits die Ablehnung ihrer zukünftigen Schwiegereltern zu spüren bekommen hatten, absolut sicher, dass Prestons Eltern ihre Meinung schon ändern würden, wenn sie sahen, wie sehr sie einander zugetan waren, und dass Holly ein guter, liebevoller Mensch war. Tatsächlich aber intensivierten Prestons Eltern ihren kalten Krieg gegen Holly umso mehr, je deutlicher die Verbundenheit des Paares erkennbar und je klarer ihnen wurde, wie wenig sie tun konnten, um ihren Sohn zu einer Meinungsänderung zu veranlassen.

Als Preston ihnen mitteilte, dass wir heiraten wollten, sagten sie, sie würden der Hochzeit fern bleiben. Er erklärte ihnen, dass er mich heiraten würde, ganz egal, was sie taten, also kamen sie schließlich doch. Aber meine Schwiegermutter tat etwas, was ich nie verwinden werde: Während wir unser Gelöbnis sprachen, blieb sie als Einzige auf ihrem Platz sitzen, obwohl alle anderen aufstanden. So demonstrierte sie ihren Protest. Mein Schwiegervater hielt sich still im Hintergrund und machte aber bei allem mit, was sie tat.

Sie greifen Sie an Ihren Schwachpunkten an

Manche Schwiegereltern sind vielleicht von der Wahl ihres Sohnes oder ihrer Tochter enttäuscht und versuchen, ihr Kind entsprechend zu beeinflussen. Sobald die Hochzeit stattgefunden hat, ändern sie jedoch für gewöhnlich ihre Antihaltung, nehmen Einladungen an und bemühen sich sogar um Freundlichkeit. Sie sind zwar über die Partnerwahl nicht glücklich, aber sie erhalten die emotionale Bindung zwischen sich und der neuen Familie aufrecht, auch wenn diese Bindung von Kritik und Kontrollversuchen geprägt ist. Prestons Eltern jedoch waren durch und durch abweisende Schwiegereltern – bei ihnen durfte man weder Nachgeben noch Akzeptanz erwarten. Nach der Hochzeit probierten sie es mit einer neuen Taktik: Sie schossen sich mit der Präzision eines Laserstrahls auf Hollys größten Schwachpunkt ein.

Ihre hauptsächliche Kritik galt meinem Gewicht. Ich bin ohne Zweifel zu schwer, und ich versuche, etwas dagegen zu tun, aber Bemerkungen wie »Du solltest aber etwas abnehmen« oder »Warum hast du es nur so weit kommen lassen?« kann ich einfach nicht gebrauchen. Sie lässt keine Gelegenheit aus, um zu erwähnen, dass irgendjemand aus ihrer Bekanntschaft oder Verwandtschaft gerade ein »hübsches, schlankes Mädchen« heiratet. Jedes Mal wenn sie mich sieht, beäugt sie mich von oben bis unten prüfend, als läge ich unter einem Mikroskop. Ich weiß nie, was ich anziehen soll – ich wechsel die Kleider oft fünfmal, wenn mir ein Besuch bei ihnen bevorsteht. Warum muss sie mich nur jedes Mal so fertig machen?

Holly musste die grausamsten Zurückweisungen einstecken, aber Preston blieb keineswegs verschont. Wenn Sie je einen Beweis dafür brauchten, dass böse Schwiegereltern böse Eltern waren und sind, dann lesen Sie, was Preston mir erzählte:

Meine Mutter staucht mich genauso zusammen wie Holly. Holly und ich arbeiten wirklich hart, aber es gelingt uns trotzdem nie, etwas zu sparen. Anders als mein Vater, der als Geschäftsmann viel Geld verdient hat. Als ich kürzlich erwähnte, dass ich darüber nachdächte, doch noch meine Ausbildung abzuschließen, sagte sie: »Dazu bist du jetzt zu alt. Du hast deine Chance verpasst.«

Krisenzeiten

Judys Verhalten belastete Hollys und Prestons Ehe unerträglich, was sich in ständigem Streit und in einer spannungsgeladenen und vor zurückgehaltener Wut knisternden Atmosphäre manifestierte. Obwohl Preston kaum übersehen konnte, wie seine Mutter Holly absichtlich schlecht behandelte, tat er wenig, um seiner Frau das Sicherheitsnetz zu geben, das sie brauchte, und Holly selbst wusste nicht, wie sie ihn darum bitten sollte. Preston benötigte vermutlich all seine Energiereserven, um mit der Kritik seiner Eltern an ihm fertig zu werden und zugleich einen dürren Frieden in der Familie aufrechtzuerhalten.

Dann, nachdem sie etwa ein Jahr verheiratet waren, entschloss Preston sich, aus welchen Gründen auch immer, seine inneren Kämpfe auf eine Weise zum Ausdruck zu bringen, die nicht nur die Zurückweisung widerspiegelte, die Holly durch ihre Schwiegereltern erlitt, sondern sie noch obendrein auch tief verletzte.

Preston hatte eine Affäre mit einer Kollegin. Sie dauerte nicht sehr lange, aber als er sie mir schließlich beichtete, war ich wie am Boden zerstört. Und natürlich vergrößerte sie meine Unsicherheit in Bezug auf meine äußere Erscheinung tausendfach. Nun versuchen wir, unsere Beziehung zu flicken, und unsere Sitzungen bei Ihnen spielen dabei eine entscheidende Rolle. Er weiß, dass ich ihm noch immer gram bin und mich schrecklich verletzt fühle, aber er beginnt langsam, die Augen zu öffnen und zu sehen, was hier wirklich abläuft. Ich weiß, dass er an dieser Ehe festhalten will.

Ich wollte von Preston wissen, ob dies zuträfe, und er antwortete ohne Zögern mit einem uneingeschränkten »Ja«.

Ich forderte sie beide auf, im Laufe der nächsten Woche drei wichtige Dinge aufzuschreiben, die jeder von ihnen zum Erreichen dieses Ziels beitragen wollte.

Bei unserer nächsten Sitzung teilte Holly mir mit, dass sie gemeinsam auf die Idee gekommen waren, in einen anderen Stadtteil zu ziehen, um näher an ihrem jeweiligen Arbeitsplatz und weiter von Prestons Eltern entfernt zu sein.

Der nächste Punkt auf Hollys Liste bezog sich auf die wichtigen Veränderungen, die ihr eigenes Verhalten betrafen.

Ich war immer sehr schüchtern und geduldig. Aber mir ist klar, dass ich mich ändern muss, wenn ich klarkommen will. Judy hat gerade eine Osterkarte geschickt, auf der doch tatsächlich steht »Ausschließlich für meinen Sohn«. Ich sammelte all meinen Mut und beschloss, sie zur Rede zu stellen. Ich habe sie angerufen, aber sie hat mitten im Gespräch einfach aufgelegt. Wenigstens ist ihr nun klar, dass ich mir das nicht mehr länger bieten lasse. Nun beklagt sie sich bei Preston, ich sei so herrisch!

Preston sagte dazu nur: »Nun, lass sie nur jammern – das bereitet ihr im Leben sowieso die größte Freude.«

Preston selbst lieferte handfeste Beweise dafür, dass er bereit war, für den Fortbestand der Ehe zu kämpfen. Er stimmte folgenden Vereinbarungen zu:

1. Regelmäßig zur Therapie zu erscheinen;
2. sich neuerlich zu einer monogamen Beziehung zu verpflichten;
3. die volle Verantwortung für seine Affäre zu übernehmen und die Wirkung, die sie auf seine Frau hatte, zu ertragen, und
4. das Verhalten seiner Eltern nicht mehr länger zu verteidigen.

Außerdem gab er das alte Verhaltensmuster auf, Konflikte erst herunterzuschlucken und dann erst viel später zu explodieren, und wurde auf positive Weise aktiv, indem er dem Umzug in einen anderen Stadtteil zustimmte.

Es würde noch eine Weile dauern, bis der Schmerz, den Preston Holly mit seiner Affäre zugefügt hatte, abnehmen würde. Doch ich bin der Meinung, dass die Affäre Preston deutlich signalisiert hatte, sein Verhalten in allen Aspekten seiner Beziehung zu Holly zu überdenken, insbesondere im Hinblick auf seine Eltern. Insgesamt hätte nicht viel gefehlt, und er hätte sie verloren.

Preston und Holly geben sich in der Therapie große Mühe und entwickeln sich gut. Holly trifft sich regelmäßig mit einer überregionalen Selbsthilfegruppe zur Gewichtsreduktion und hat bereits 30 Pfund abgenommen. Kürzlich sagte Holly während einer Sitzung einen Satz, der sehr treffend zeigt, wie tief die Verletzung durch abweisende Schwiegereltern sein können: »Wissen Sie, die Dinge laufen zwischen Preston und mir jetzt so viel besser, aber es gibt Augenblicke, in denen ich mich noch immer betrogen fühle. Meine beiden Schwestern haben wunderbare Schwiegereltern, und manchmal steigt dann wieder die Frage in mir auf ›Warum bin ich nicht gut genug für sie? Ich habe doch nie etwas anderes getan, als ihren Sohn zu lieben.‹«

»Falsche Frage«, entgegnete ich. »Die richtige Frage lautet, ›Warum sind sie nicht gut genug, um zu erkennen, was für eine wunderbare Person Sie sind?‹«

Das Thema Rassenzugehörigkeit

Auch bei der Zurückweisung, die Felicias Partner durch ihre Eltern erfuhr, spielte sein Äußeres eine maßgebliche Rolle, doch auf vollkommen andere Weise. Felicia ist eine groß gewachsene, überwältigende 32-Jährige mit langen dunklen Haaren und strahlenden braunen Augen, die als Chefkontakterin in einer Werbeagentur arbeitet. Sie verabredete und verliebte sich in Les, den stellvertretenden Chef der Agentur, einen klugen und charmanten ehemaligen Footballspieler, der von ihr ebenso angetan war wie sie von ihm. Hört sich wunderbar an, nicht wahr? Es gab nur ein Problem, und es erwies sich als ein Haupthindernis für ihre Zukunftspläne: Felicia war weiß und Les war schwarz.

Das erste Mal, als Felicia mich mit nach Hause nahm, war auch schon das letzte Mal. Ihr Vater musterte mich kurz und sagte dann: »Ich weiß zwar nicht, wer Sie sind, aber ich weiß, was Sie wollen. Und damit gleich von vornherein Klarheit herrscht: Sie sind in diesem Haus nicht willkommen, und es gibt nicht die geringste Hoffnung für Sie, jemals meine Tochter zu heiraten.« Felicia wollte sich mit ihrem Vater anlegen, aber ich hatte keine Lust auf solche Spielchen. Ich nahm nur ihren Arm und sagte, »Gehen wir«, und das taten wir auch.

Die heftigste Zurückweisung kann von zukünftigen Schwiegereltern kommen, die alles an Ihnen akzeptieren, nur nicht einen bestimmten, unveränderlichen Bestandteil Ihrer Person: Ihre Rassenzugehörigkeit. Bereits Ihr Anblick löst in ihnen stark negative, äußerst tief sitzende Ressentiments aus. Falls Sie sich in einer solchen Lage befinden sollten, haben Sie es bestimmt schon früher mit dieser Art Feindseligkeit zu tun bekommen. Doch es tut doppelt weh, wenn sie von der Familie des geliebten Menschen ausgeht.

Es wäre wundervoll gewesen, wenn Chandler bei seiner ersten Begegnung mit Les zu seiner Tochter gesagt hätte: »Ich bin mit deiner Wahl nicht glücklich, und ich kann nicht so tun, als sei ich es. Ich glaube, dass du schweren Zeiten entgegengehst. Aber ich sehe auch, wie sehr Les dich liebt, und Liebe ist ein seltenes und kostbares Gut. Ich werde mich wohl erst noch an die

Vorstellung gewöhnen müssen, also sei bitte geduldig mit mir. Ich wünsche euch beiden nur das Allerbeste.«

Ich machte Les klar, dass ich begriff, wie sehr ihn Chandlers Worte verletzt haben mussten, die geäußert wurden, ohne ihm eine Chance zu geben, Felicias Eltern für sich zu gewinnen und das Eis in ihren Herzen zum Schmelzen zu bringen.

Diese Chance war es gewesen, auf die Felicia gebaut hatte, denn diese Seite ihres Vaters hatte sie bisher nicht kennen gelernt.

Mein Vater hat schwarze Freunde! Meine Eltern haben von uns immer verlangt, dass wir uns Schwarzen gegenüber genauso respektvoll benehmen wie gegenüber allen anderen Erwachsenen. Aber vielleicht ist da ein Unterschied, wenn die Familie so direkt betroffen ist. Ich wusste überhaupt nicht, was ich sagen sollte. Ich wäre am liebsten in den Erdboden versunken und war wütend. Meine Mutter schämte sich für den Vorfall. Ich hatte Angst, er könnte das Ende meiner und Les' Beziehung sein, aber Les verhielt sich wunderbar. Auf dem Weg zurück in meine Wohnung sagte er, er könne sich nicht vorstellen, dass ein Mann, der eine Tochter wie mich aufgezogen hat, so schlecht sein könne. Und wir gingen wohl davon aus, dass sich alles einrenken würde. Aber stattdessen wurde es noch viel schlimmer. Mein Vater wollte einfach nicht aufhören. Er rief mich an und äußerte die abfälligsten Dinge über Les. Ein paar Mal legte ich einfach mitten im Gespräch auf und fühlte mich schrecklich dabei. Immer wieder fühlte ich mich vor die Frage gestellt, ob ich mit dieser Situation wirklich fertig werden würde. Am liebsten wäre ich vor all den Spannungen und all dem Gezänk geflohen. Doch je mehr mein Vater versuchte, mich von Les zu entfernen, desto mehr wuchs meine Entschlossenheit, an der Beziehung festzuhalten.

Ich riet Felicia und Les dringend dazu, genau das zu tun, ganz egal, wie sich Felicias Eltern, insbesondere ihr Vater, weiter verhielten. Bereits mehrmals musste ich bei gemischtrassigen Paaren miterleben, wie zerstörerisch die von dieser Form der Zurückweisung erzeugte Bitterkeit und Verletzung wirken.

Gemischtrassige Ehen und Beziehungen sind von Natur aus schwierig. Sie zwingen Menschen dazu, sich mit ihren tiefsten, häufig unterdrückten Ängsten und Gefühlen in Bezug auf Anderssein zu konfrontieren. Solche Gefühle können Sie auch oft in den Gesichtern Ihrer Freunde und anderer Verwandte ablesen. Es trifft sicherlich zu, dass gemischtrassige Bindungen heute in unserer Kultur leichter akzeptiert werden als früher, aber das ändert nichts daran, dass solche Beziehungen für viele Menschen noch immer ein Reizthema sind – insbesondere dann, wenn es um die Partnerwahl eines ihrer Kinder geht. Und genau dieses Reizthema hatte Les durch sein Erscheinen bei seinen zukünftigen Schwiegereltern provoziert.

Zurückweisung noch aus dem Grab

Ich erwähnte bereits, dass die einzelnen Schwiegerelterntypen nicht klar voneinander abzugrenzen sind und dass viele Schwiegereltern Verhaltensweisen an den Tag legen, die mehreren Kategorien zugeordnet werden können. Im vierten Kapitel haben Sie erfahren, wie Norm die Kontrolle über das Leben seiner Tochter Shelley behalten wollte. Durch eine makabre Schicksalswendung reihte sich Norm darüber hinaus auch noch auf die grausamste Weise in die Kategorie der abweisenden Schwiegereltern ein. Seine Waffe war das Geld.

Ungefähr zwei Monate nachdem David und Shelley angefangen hatten, mich aufzusuchen, starb Norm beim Tennisspielen in seinem Klub an einem Herzschlag. In der Folge war es Shelley schließlich unmöglich, sich noch länger Illusionen über ihren Vater zu machen und über die Grausamkeit, mit der er David zurückgewiesen und Shelley für die Ehe mit ihm bestraft hatte. Unter Tränen erzählte mir Shelley, was geschehen war:

Er hat mich nie geliebt! So etwas tut man einem Menschen, den man liebt nicht an! Er hat alles meiner Mutter und meinen beiden Brüdern vererbt und eine Klausel in seinem Testament eingefügt, die unzweideutig verlangt, dass ich leer ausgehen soll. Und seinem einzigen Enkelkind hat er nicht einmal symbolisch etwas hinterlassen. Das Geld ist mir egal – es wäre wunderbar gewesen, etwas davon zu haben, aber wir kommen auch so zurecht.

Ich erklärte Shelley, dass Norm noch aus dem Grab heraus zwei Dinge erreichen wollte: Shelley dafür bestrafen, dass sie ihn verlassen hatte, und sicher sein, dass es nichts gab, woran sie mit dem verabscheuten Rivalen Freude haben könnte.

Shelley hörte ruhig zu, und nach einer Weile wandte sie sich an David: »Liebling, es tut mir so Leid, was ich dir alles zugemutet habe, nur weil ich mich der Tatsache nicht stellen wollte, wie grauenvoll mein Vater wirklich war.«

Norm hatte David nie akzeptiert – und es ist äußerst unwahrscheinlich, dass er je irgendjemanden akzeptiert haben würde, für den seine Tochter sich entschieden hatte. Seine schwelende Wut auf den Mann, der ihm sein kostbarstes Stück fortgenommen hatte, manifestierte sich nicht nur in seiner Kontrollsucht, sondern auch in seiner herzloser Zurückweisung.

Das versteckte Programm

Die Motive für Norms Zurückweisung Davids wurden mir erst klar, nachdem David die entscheidende Vorgeschichte erzählt hatte.

Nachdem wir geheiratet hatten, vertraute Shelley mir an, dass Norm, nachdem er herausgefunden hatte, was wir planten, in ihre Wohnung gekommen war und sie bis morgens um vier bekniete, mich aufzugeben. An erster Stelle, weil ich Jude bin, und an zweiter, weil aus mir nie etwas werden würde. Er sagte: »Schaff dir diesen Kerl vom Hals. Du hast so viel bessere Aussichten. Du hast einen tollen Job und du weißt doch, dass du immer auf mich rechnen kannst. Er hat doch keinen Schwung… Mit ihm endest du schließlich mit schreienden Kindern in einem Reihenhaus.« Dann nahm er seine Brieftasche heraus und gab ihr fünf Hundertdollarnoten, um ihr zu zeigen, wer sich wirklich stilvoll um sie kümmern würde. Shelley fühlte sich beschämt und wollte mir nicht von dem Vorfall erzählen, weil sie Angst hatte, ich könnte die Hochzeit platzen lassen. Es kam mir wie ein Wunder vor, dass sie es dann doch getan hat. Als ich Norm kennen lernte, da empfand ich ihn nur als den typischen übertrieben fürsorglichen Vater. Aber inzwischen ist mir klar geworden, wie krank dieser Mann tatsächlich ist. Er wollte der einzige Mann in Shelleys Leben sein.

Mit dieser Bemerkung traf David den Nagel genau auf den Kopf. Norm ergriff jede Gelegenheit, um seiner Tochter zu zeigen, dass ihr Mann nicht das gleiche Format hatte wie ihr Vater: nicht so reich, nicht so ehrgeizig, eindeutig unterlegen. Norm fühlte sich so eng mit Shelley verbunden, dass es keine Grenzen und keine klaren Rollendefinitionen gab. Seine Eifersucht auf jeden Mann, der drohte, seine Rolle in Shelleys Leben zu schmälern, ließ ihn mit allen Männern, die versuchten, bei Shelley seinen Platz einzunehmen, konkurrieren. Doch was war seine Rolle, und wo war sein Platz? War er ihr Vater oder rivalisierte er mit jedem Mann um ihre Zuneigung?

In diesem verschwommenen Rollenbild dominieren Verwirrung und der Wunsch zu verführen. Es fiel Shelley äußerst schwer, vor David und mir zuzugeben, dass ihr Vater immer versucht hatte, mit ihr zu flirten, und sich ihr gegenüber unangemessen verhielt. Vor allem vor sich selbst fiel ihr dieses Eingeständnis schwer.

»Niemand war gut genug für mich«

Ich erkenne langsam, dass es ihm nicht darum ging, was ich wollte oder was ich fühlte – es ging ihm nur um sich selbst. Ich hätte Mel Gibson nach Hause mitbringen können, es hätte nichts geändert. Es ging nicht darum, dass keiner gut genug für mich war. Das Problem war, mein Vater hielt sich für den einzigen Mann, der für mich in Frage kam. Zum Glück hat er sich nie sexuell an mir vergriffen, was einige meiner Freundinnen mit ihren Vätern erleben mussten. Aber er machte ständig irgendwelche Witzchen über Sex, und als ich anfing, mit Jungens auszugehen, da wollte er bis ins Detail wissen, was wir miteinander gemacht hatten. Ich habe meinen Vater immer angehimmelt, aber ich habe mich mit ihm auch immer irgendwie unwohl gefühlt.

Norm hat seine ungesunden Gefühle gegenüber seiner Tochter zwar nicht offen körperlich ausgelebt, doch hat er ein Klima erzeugt, das mit Recht als psychologischer Inzest bezeichnet werden muss. Somit ist er mit seinem Verhalten Shelley gegenüber nicht straffällig geworden, doch hat er sie auf eine Weise an sich gebunden, die sie erst jetzt langsam durchschaut. In diesem Klima war es unvermeidlich, dass er jeden Mann, der seine Position Shelley gegenüber bedrohte, zurückwies.

Unbegreifliche Grausamkeit

Norm wusste, wie grausam er sich zeigte, indem er Shelley aus seinem Testament strich. Doch fühlte er sich vollkommen im Recht, da seine angebetete Tochter sich durch ihre Heirat mit

David nicht nur seinen Wünschen widersetzt, sondern ihn obendrein betrogen hatte. Für ihn waren Bestrafung und Zurückweisung unter solchen Umständen die einzige angemessene Reaktion. Norms verzerrter Weltsicht zufolge waren seine Tochter und sein Schwiegersohn die Schurken, er selbst hingegen das Opfer. Aber er würde es ihnen schon zeigen, und genau das hat er getan.

Die Geschichte von Norm, Shelley und David ist bemerkenswert paradox und voller Ironie. Norm hatte sich vorgestellt, dass er mit seiner Entscheidung Schmerz und Schwierigkeiten erzeugen würde. Doch durch Shelleys Reaktion war am Ende er Zurückgewiesene, und Shelley und David setzten ihr Leben fort. Ich kann mir nicht vorstellen, dass Norm jemals Frieden finden wird, doch ich weiß, dass Shelley und David ihn gefunden haben.

Der Babyfaktor

Manchmal haben Schwiegereltern, die sich mit der Wahl ihres Kindes in keiner Weise abfinden konnten, Überraschungen parat, vor allem wenn die ersten Enkelkinder kommen.

Als Felicia und Les ihr erstes Kind bekamen, einen süßen kleinen Jungen, wollte Chandler sie nicht im Krankenhaus besuchen. Doch überraschenderweise erhielten Felicia und Les nun Schützenhilfe aus einer Richtung, aus der sie sie nicht erwartet hatten. Felicias Mutter Naomi sprach schließlich ein Machtwort.

Ich konnte das Verhalten meiner Schwiegermutter kaum glauben. Sie rief mich an, bevor sie ins Krankenhaus kam, und klang geradezu fröhlich. Sie erklärte, sie warte darauf, dass Chandler sich umziehe. Dann erzählte sie mir Wort für Wort, was sie zu ihm gesagt hatte. Sie hatte meinem Schwiegervater tatsächlich die Stirn geboten und ihm vorgehalten, dass er sich wie ein Idiot verhalte. »Du hast einen Enkelsohn, aber du benimmst dich selbst wie das größte Baby in der Familie. Es ist an der Zeit, dass du aufhörst mit all dem Blödsinn, den du bisher gesagt und getan hast, und endlich erwachsen wirst! Dieser Mann behandelt unsere Tochter gut, und sie lieben einander. Ich schäme mich dafür, dass ich deinen Unsinn mitgemacht habe, aber genug davon. Ich fahre in zehn Minuten ins Krankenhaus. Wenn du bis dahin nicht fertig bist, um mich zu begleiten, dann fahre ich ohne dich, und du kannst zu Hause bleiben und darüber nachdenken, wie viel unnötiges Leid du über uns alle bringst, nur weil Les nicht genau der Schwiegersohn ist, von dem du geträumt hast. Ich will dir mal etwas sagen, du warst auch nicht das, was meine Eltern sich vorgestellt hatten, und ich bin sicher, ich war auch für deine Eltern nicht Miss Amerika!« Sie sagte, Chandler sei sehr still geworden und hinaufgegangen, um sich umzuziehen. Und zu meinem Erstaunen besuchten sie uns gemeinsam. Chandler war sichtlich unbehaglich zu Mute, aber immerhin hat er seinen Enkel auf den Arm genommen und ihn als hübsches Baby bezeichnet. Das war wenigstens ein Anfang.

Endlich Tauwetter

Naomis und Chandlers Tochter war offenherzig und liebevoll, und es war undenkbar, dass ihre Eltern tief in ihrem Inneren nicht auch die Fähigkeit besaßen, Les zu akzeptieren, auch wenn es eher später als früher geschah. Schließlich hatten sie alle etwas Wichtiges gemeinsam: Sie alle liebten Felicia.

Sobald Felicia aus dem Krankenhaus nach Hause zurückkehrte, kümmerte sich Naomi hingebungsvoll um das Baby und half, wo sie nur konnte. Ihr neuer Status als Großmutter bereitete ihr viel Freude, und sie entwickelte eine enge Bindung an ihren Enkelsohn. Anfangs ärgerte sich Chandler über die viele Zeit, die Naomi im Haus ihrer Tochter zubrachte, doch Naomi teilte ihm einfach mit, er könne ja mitkommen, vorausgesetzt, er führe sich anständig auf.

Die Beziehung zwischen Felicias alter und ihrer neuen Familie wird nie idyllisch sein, aber wenigstens gehen sie ruhig und zivilisiert miteinander um. Sie besuchten auch abwechselnd Les' Eltern, und nach und nach setzte Tauwetter ein.

Manchmal hören die Beleidigungen nicht auf

Felicias und Les Geschichte hatte ein relativ glückliches Ende – kein ungetrübtes Glück, aber Frieden. Ein solches Ziel haben wir im Hinterkopf, wagen kaum, darauf zu hoffen, ziehen es zum Trost aber dennoch immer wieder hervor. Und es ist äußerst schmerzhaft, wenn man wie Noah und Ellen feststellen muss, dass auch ein Baby die Zurückweisung von Schwiegereltern nicht kurieren kann.

Ellen, eine 28-jährige Programmiererin, brachte eine sechsjährige Tochter aus einer früheren Beziehung mit in ihre Ehe mit Noah, einem Bezirksstaatsanwalt.

Es wurmte sie, dass ich mit Melissas Vater nicht verheiratet war. Als Noah mich mit nach Hause nahm und seinen Eltern vorstellte, war erst alles in Ordnung, doch es änderte sich, als Noah Melissa erwähnte. »Ach, Sie waren also schon einmal verheiratet?«, fragte Noahs Vater. Ich entgegnete, wie ich es immer tue: »Nein, ihr Vater und ich haben nie geheiratet.« Es war die Wahrheit, aber mir war sofort klar, dass ich sie lieber hätte für mich behalten sollen. Sein Vater sagte etwas wie: »Solche Dinge können wir nicht gutheißen.« Danach kam es zu ein paar langen, unangenehmen Pausen im Gespräch, und seither haben sie mich mehr oder weniger wie ein Flittchen behandelt. Als Noah und ich geheiratet hatten, wurde rasch deutlich, dass Melissa und ich bei Familienfeiern nicht vorzeigbar und deshalb nicht willkommen waren. Melissa ist süß und lieb, und es ist unmöglich, sie nicht gern zu haben, aber meine Schwiegereltern tun so, als ob sie die anderen Enkel anstecken könnte, indem sie über ihren Vater spricht, der in einer Rockband Gitarrist ist. Melissa findet ihren Vater und seinen Beruf aufregend. Die Familie denkt dabei nur an Sex und Drogen und ein wildes Leben. Ich habe beobachtet, wie Noahs Vater Melissa von den anderen Kindern fortgezogen und in ein Zimmer geschickt hat, um dort allein Videos anzusehen. Wie kann man nur so grausam sein.

Noah gibt zu, dass seine Eltern Stan und Elise noch nie abweichende Lebensstile toleriert hatten. Für sie war Ellen unmoralisch und eine Gefahr für das gute Familienimage. Ihre Gegenwart und Melissas Existenz schienen sie und alles zu bedrohen, was sie für gut hielten. Es spielte keine Rolle, dass Ellen in einem anspruchsvollen Job schwer arbeitete und eine hingebungsvolle Mutter mir einer fröhlichen, gut erzogenen Tochter war. Egal, was sie auch tat, Ellen konnte die negative Meinung, die ihre Schwiegereltern von ihr hatten, nicht verbessern. Ellen symbolisierte für sie einen Lebensstil, der ihnen vollkommen fremd war. Sie fürchteten sich davor, und sie wollten nicht, dass Ellens schlechter Einfluss die Familie verdarb.

Während der ersten beiden Jahre ihrer Ehe mit Noah hatte sie erst gewütet, dann getrauert und schließlich Noah gesagt, dass sie es nicht mehr länger aushalte – dann hatte sie festgestellt, dass sie schwanger war. Ellen und Noah hofften beide, dass die Ankündigung eines neuen Enkelkindes die eisige Beziehung zu Stan und Elise auftauen würde.

Ich weiß, Sie kennen alle diese Geschichten, aber vielleicht setzt unsere den anderen ja doch noch eins drauf. Als Noah ihnen mitteilte, dass ich schwanger bin, riet sein Vater ihm, besser einen Vaterschaftstest machen zu lassen, denn woher wollte er sonst wissen, dass das Kind wirklich von ihm war? Keine Glückwünsche, keine Freude, nur gemeine, beleidigende Kommentare, die andeuteten, dass ich Noah vermutlich betrog.

Ich sagte Ellen, dass ich tatsächlich ähnliche Berichte bereits von anderen Klienten gehört hatte, und versicherte ihr, es sei völlig natürlich anzunehmen, man sei der Einzige auf der ganzen Welt, dem eine Zurückweisung dieser Größenordnung zugemutet werde. Stan und Elise hatten alles getan, was ihnen nur einfiel, um sich Ellens Glück mit Noah in den Weg zu stellen – ohne Zweifel in der Hoffnung, sie würde bald genug davon haben und ihren Mann verlassen. Dann wären sie diesen Schandfleck in ihrer makellosen Familie wieder los. Und sie kamen ihrem Ziel gefährlich nahe.

Ellen sagt traurig: »Sie haben mich und meine Kinder seit mehr als drei Jahren nicht gesehen. Sie haben keine Fotos von uns. Die Kinder bekommen keine Geschenke.«

Und Noah fügt bedauernd hinzu:

Ich begreife einfach nicht, wie sie Ellen, nachdem wir Noah bekommen haben, weiterhin so behandeln können. Er heißt Noah III., wissen Sie, benannt nach mir und seinem Großvater. Wie können sie ein so hübsches kleines Baby einfach ignorieren? Ellens Familie war wirklich großzügig, aber meine Eltern haben keinen Pfennig zur medizinischen Versorgung beigetragen oder Ellen auch nur ein einziges Geschenk gemacht. Es ist eine Sache, wenn sie sich über mich ärgern, damit kann ich umgehen. Nicht umgehen kann ich damit, dass sie meine Frau und meine Kinder auf diese Weise quälen. Ich ertrage das nicht mehr länger. Ich weiß schon, sie sind meine Eltern, aber so kann es nicht weitergehen. Nur weiß ich leider nicht, was ich dagegen tun kann.

Ich machte Noah und Ellen klar, dass es schon lange an der Zeit war, einen Plan auszuarbeiten. Sie hatten sich jahrelang beschimpfen lassen und nur wenig unternommen, um diesem beleidigenden Verhalten wirkungsvoll Einhalt zu gebieten. Wenn sie im Umgang mit dieser schrecklichen Situation nicht zu dramatischen Veränderungen bereit seien, dann lägen jahrelanger andauernder Konflikt, Wut und nagender Schmerz vor ihnen, dass zwei unschuldigen Kinder jegliche Zuneigung vorenthalten wurde.

Ausgestoßen!

Von allen Drohungen und Bestrafungen, die sich im Repertoire abweisender Eltern und Schwiegereltern finden, ist die gemeinste: »Wenn du diese Person heiratest, dann bist du nicht mehr länger ein Mitglied unserer Familie.« Er hört sich an wie ein verzweifelter Bluff, aber Sie wären überrascht, wie viele Eltern tatsächlich ihre eigenen Kinder verstoßen, um ihrer Verachtung für Sie, die Schwiegertochter oder den Schwiegersohn, die oder den sie nicht tolerieren können, zum Ausdruck zu bringen.

Der angedrohte Familienausstoß ist die schwerste Artillerie abweisender Schwiegereltern. Es ist sehr viel Kraft erforderlich, um sich gegen solche Ultimaten aufzulehnen. Die Vorstellung eines bevorstehenden emotionalen Exils weckt frühkindliche Verlassenheitsängste und das gleichfalls frühkindliche Bindungsbedürfnis. Eine solche Androhung, ob sie nun ernst gemeint ist oder nicht, kann in Ihrem Partner große Ambivalenz und Schuldgefühle im Hinblick auf die Frage freisetzen, wem er mehr Loyalität schuldet: Ihnen oder seiner Ursprungsfamilie.

Hank, ein stämmig gebauter 26-jähriger Medizinstudent im dritten Jahr mit einem lieben Gesicht, hatte nicht vor, sich ernsthaft mit jemandem einzulassen, bevor er nicht wenigstens seine

Assistenzzeit im Krankenhaus begonnen hatte. Doch als er diesen Entschluss fasste, kannte er Nancy noch nicht, eine lebhafte Rothaarige, die im Dekanat arbeitete. Hanks Eltern regten sich auf, sobald ihnen klar wurde, dass Hank ernste Absichten hatte.

Hanks Eltern sind finanziell sehr gut gestellt. Sein Vater Warren arbeitet als Chefkardiologe in einem großen Krankenhaus, und seine Mutter Fay ist eine erfolgreiche Innenarchitektin. Sie sind Mitglieder im exklusivsten Klub der Stadt, und sie sitzen im Ausschuss des Symphonieorchesters und der Oper. Die Familie ist äußerst angesehen und bedeutend. In der Verwandtschaft gibt es Politiker und Wirtschaftsbosse. Für mich ist das alles ziemlich überwältigend – meine Familie stammt im Grunde aus dem irischen Armenviertel. Ich war natürlich eingeschüchtert, als mich Hank seinen Eltern vorstellte, aber mit einem so frostigen Empfang hatte ich nicht gerechnet. Nach etwas steifem Smalltalk machte mich Hanks Vater darauf aufmerksam, dass meine Beziehung zu Hank seinen Studienabschluss ernstlich gefährden könnte. Ich hatte den ganzen Abend lang ständig das Gefühl, mich verteidigen zu müssen, und konnte es kaum abwarten, an die frische Luft zu kommen.

Die erste Begegnung mit Hanks Eltern hätte für Nancy ausreichend Hinweise dafür geben sollen, dass sich ein Sturm am Horizont zusammenbraute. Sie jedoch führte die unangenehme Situation auf ihre eigene Nervosität zurück. Sie hatte keine Vorstellung davon, wie sehr Hanks Wahl Fay und Warren erzürnte.

Als wir aufbrachen, nahm Warren Hank beiseite und flüsterte ihm etwas zu. Ich konnte nicht hören, was er sagte, aber an Hanks Gesichtsausdruck konnte ich ablesen, dass es etwas Schlimmes gewesen sein musste. Auf dem Weg zurück in meine Wohnung war Hank sehr still. Schließlich fragte ich ihn, was denn sein Vater zu ihm gesagt hatte. Er versuchte, es herunterzuspielen, aber das funktionierte nicht gut. »Ach, nicht viel«, antwortete Hank schließlich. »Dad hat nur auf seine unnachahmlich snobistische Art gesagt: ›Dieses Mädchen hat weder Klasse, noch stammt sie aus einem anständigen Stall. Ich kann nicht glauben, dass du dir so eine aussuchst, wo du doch schon mit so viel passenderen Mädchen ausgegangen bist.‹ Als ich ihm erklärte, er könne sich seine Kommentare sparen, denn ich hätte mich bereits entschieden, sagte er, wenn ich dich heiratete, dann sei ich nicht mehr ihr Sohn. Mach dir keine Sorgen, er macht nur wie üblich seinen Einfluss geltend, so wie er immer tut, wenn ihm etwas gegen den Strich geht.«

Doch der Auftritt war keineswegs nur Show. Hank gab sich unbekümmert, aber er konnte nicht wissen, ob sein Vater mit seiner Drohung ernst machen würde oder nicht. Als seine Eltern nach der Hochzeit die Verbindung mit ihm vollständig abbrachen, war er am Boden zerstört. Nancy drängte ihn, sich mit seinen Eltern zu versöhnen, aber sie begegneten seinen Bemühungen immer mit derselben Bedingung: »Erst, wenn du dich von ihr trennst.« Seine Eltern riefen ihn nicht mehr an, auch nicht zu seinem Geburtstag oder den Feiertagen. Als Hanks Schwester ihren Schulabschluss am College machte, wurde er weder zur Feier noch zur anschließenden Party eingeladen. Sie taten so, als existiere Hank nicht mehr.

Zurückweisende Schwiegereltern wie Warren und Fay glauben, dass Sie, die oder der Unerwünschte, aufgeben und aus ihrem Leben verschwinden, wenn sie nur kalt und grausam genug sind. Sie setzten ihre Liebe als Vorschlaghammer ein und bringen ihre »Sorge« um das Wohlergehen Ihres Partners zum Ausdruck, indem sie Sie vollständig ablehnen und versprechen, dass alles wieder gut sein wird, sobald Sie aus dem Familienportrait verschwunden sind.

Hanks Eltern hatten ihn vor die Wahl gestellt: »Sie oder wir.«

Zwar entschied er sich für Nancy, doch der Ausstoß aus der Familie hatte schreckliche Auswirkungen auf sein Gefühlsleben. Und gleichgültig, wie oft er auch versuchte, sich von der Richtigkeit seiner Entscheidung zu überzeugen, er musste sich fragen, ob er für seine Ehe nicht einen zu hohen Preis bezahlt hatte. Er liebte seine Frau, aber er barg auch einen tiefen Groll in seinem Herzen gegen sie für den Preis, den er hatte bezahlen müssen. Es erforderte lange und intensive therapeutische Arbeit, bis das junge Paar zu der Liebe und dem Glück zurückfinden konnte, das es verdiente.

Die Blindheit der Zurückweisenden

Selbstverständlich haben Eltern, deren erwachsene Kinder sich für einen ungeeigneten Partner entscheiden – für einen Drogenabhängigen etwa oder jemanden, der nicht mit Geld umgehen kann, der bereits mehrere gescheiterte Beziehungen gehabt und zahlreiche Kinder zurückgelassen hat, oder der auf eine kriminelle Vergangenheit zurückblickt –, jedes Recht, zu protestieren und alles in ihrer Macht Stehende zu tun, um ihr Kind zu warnen. Sie wären keine guten Eltern, wenn sie es nicht täten.

Die Schwiegersöhne und Schwiegertöchter, denen Sie in diesem Kapitel begegnet sind, hatten nicht solche gravierenden Charakterfehler, um eine derartige Intervention zu rechtfertigen. Der Fehler liegt bei den Menschen, die sie zurückweisen und die sich von Veränderungen zutiefst bedroht fühlen. Intolerant und engstirnig, wie sie sind, erwarten und fordern sie ein Mitspracherecht bei der Partnerwahl ihrer Kinder, nehmen sich das Recht heraus, Ihnen gegenüber vollkommen blind zu sein und Ihnen Höflichkeit und Respekt vorzuenthalten.

Sie weisen Sie ab, ohne Sie jemals wirklich kennen gelernt zu haben.

7
Warum sind sie so böse?

Warum behandeln sie mich so?

Was haben sie nur gegen mich?

Warum würdigen sie nicht, wie viel Mühe ich mir mit ihnen gebe?

Warum sehen sie nicht, wie gut ich für dich bin und wie sehr wir einander mögen?

Warum müssen sie sich derartig festklammern?

Warum? Warum? Warum?

Vermutlich haben Sie sich selbst und Ihrem Partner solche Fragen hunderte Male gestellt. Wir sind eine neugierige Spezies, die gerne nach Erklärungen sucht, insbesondere für das menschliche Verhalten, und je rätselhafter das Verhalten, desto dringender suchen wir nach Antworten – von denen viele etwas mit unseren eigenen Unzulänglichkeiten und den unseres Partners zu tun haben. Doch die eigentlichen Kräfte, die Konflikte entstehen lassen, sind häufig tief im Unbewussten verborgen, und die Aussicht, dass Ihre Schwiegereltern sie jemals zu Tage fördern, ist geringfügig bis nicht existent. Selbst wenn Sie sie direkt darauf ansprächen, erhielten Sie vermutlich nur eine ausweichende Antwort. Sie dürfen nicht vergessen, Ihre Schwiegereltern haben nicht das Gefühl, dass ihr Verhalten einer Erklärung bedarf, denn sie selbst empfinden ihr Tun als gerechtfertigt. Sie haben nicht das Gefühl, sich irgendwie falsch zu verhalten.

Keine einfache Antworten

Damit sind wir gezwungen, auf eigene Faust und auf der Basis dessen zu forschen, was wir sehen und erleben und was wir herausfinden können über das, was das Verhalten geprägt hat und was wir nun als so beunruhigend empfinden. Da wir meistenteils keinen Zugang zu dem Innenleben unserer Schwiegereltern haben, werden wir nur wenige Antworten finden können, doch ich meine, sie werden Ihnen dennoch weiterhelfen.

Menschliches Verhalten eignet sich einfach nicht für geradlinige, klare Erklärungen, denn es entsteht durch zahlreiche verschiedene Faktoren. Auch Ihre Schwiegereltern hatten Eltern, und deren Eltern hatten wieder Eltern usw. – folglich handelt es sich um eine komplizierte Familiengeschichte. Sie reagieren außerdem auf ein Konglomerat aus Vorstellungen, Regeln und Erwartungen, das sich in ihrer Familie entwickelt hat und einem Großteil ihres Verhaltens zu Grunde liegt. Hinzu kommt das entscheidende Element ihrer persönlichen genetischen Bestimmung und ihres Temperaments. Ihre individuelle physiologische und psychologische Veranlagung könnte die Ursache dafür sein, auf tatsächliche oder eingebildete Kränkungen übersensibel zu reagieren. Sie könnten unter einem chemischen Ungleichgewicht leiden, das ihre emotionale Sprunghaftigkeit, ihre Angstneurose oder ihre Depression verursacht – Zustände, für die sie nie irgendwelche ärztliche Hilfe in Anspruch genommen haben. Möglicherweise tragen sie in sich Wut und Groll, die sie schon in sich aufgestaut haben, lange bevor Sie aufgetaucht sind, die sich jedoch erst jetzt auf Sie entladen. Das Verhalten, das für Sie so schmerzhaft ist, hat meistens viel weniger mit Ihnen als mit der individuellen Psyche und Geschichte Ihrer Schwiegermutter oder Ihres Schwiegervaters zu tun.

Manchmal reicht die Tatsache Ihrer Eheschließung bereits aus, um eine negative Reaktion hervorzurufen. Gelegentlich ist auch der Zusammenstoß Ihrer gegensätzlichen Persönlichkeiten oder das gleichzeitige Auftreten mehrerer Stressfaktoren der Auslöser. Es gibt eine ganze Reihe von Faktoren, die böse Schwiegereltern zu dem machen, was sie sind, und wenn wir ein bisschen tiefer graben und einige der beschriebenen Fallgeschichten genauer ansehen, dann erkennen wir nach und nach die zu Grunde liegenden Muster.

Die Kraft der Überzeugung

Drei Dinge sind es vor allem, die das problematische Verhalten Ihrer Schwiegereltern in Konflikten mit Ihnen aktivieren: die Interaktion mit Ihnen, die Lebensumstände und, vielleicht am wichtigsten, ihre tief verinnerlichten Überzeugungen. Böse Schwiegereltern, egal welchen Typs, haben bestimmte vergleichbare Überzeugungen, die ihre Negativität auf individueller oder kollektiver Ebene fördert. Warum handeln sie so? Lassen Sie uns die häufigsten Überzeugungen, die ihnen oft gar nicht bewusst sind und dennoch einen Großteil des für Sie so beunruhigenden Verhaltens untermauern, genauer betrachten. Nicht alle bösen Schwiegereltern haben alle diese Überzeugungen, doch eine oder mehrere von ihnen spielen in der Regel eine Schlüsselrolle.

1. Sie glauben, ein Monopol auf die Wahrheit zu haben

Vor einigen Jahren erhielt ich einen Anruf von meiner damaligen Schwiegermutter, die ich Helen nennen möchte. Helen war, um es so höflich wie möglich auszudrücken, äußerst schwierig und kontrollsüchtig. Sie hatte mich angerufen, um sich über eine Auseinandersetzung mit einer ihrer Freundinnen auszulassen, und nachdem sie mir detailliert beschrieben hatte, wie gemein diese Freundin wegen eines unbedeutenden Konflikts zu ihr gewesen war, versicherte sie mir, dass sie absolut nichts getan hatte, um eine so feindselige Behandlung zu verdienen. Dann wollte sie wissen: »Nun, was meinst du soll ich tun?« Worauf ich antwortete: »Ich weiß nicht… schließlich hat jede Geschichte zwei Seiten.« Ohne eine Sekunde innezuhalten entgegnete Helen: »Aber ich habe dir doch gerade beide Seiten der Geschichte geschildert!«

Diese Geschichte bringt die Leute immer zum Lachen, wenn ich sie bei Vorträgen wiedergebe. Doch wenn Sie das Lustige einmal beiseite lassen, dann haben Sie ein großartiges Beispiel für die absolut unerschütterbare Überzeugung mancher Menschen, dass es nur eine Wahrheit gibt, nur eine Version der Wirklichkeit und nur eine Art, die Situation richtig zu betrachten: ihre. In der Psychologie bezeichnen wir so etwas als geschlossenes System – eine geistige Haltung, die Menschen davor bewahrt, Alternativen zu erforschen, weil sie solche gar nicht erst zulassen. Viele der bösen Schwiegereltern, die Sie bisher kennen gelernt haben, glauben fest daran, dass sie ein Monopol auf die Wahrheit haben, und deshalb fühlen sie sich praktisch aufgefordert, Ihnen den letzten Schliff zu geben.

Ich habe die Erfahrung gemacht, dass die überwiegende Mehrheit böser Schwiegereltern diese eingeengte Weltsicht haben. Und natürlich wehren sie sich gegen jeden Eingriff, der diese in Frage stellen könnte.

Anders heißt schlechter

Liz, die Kindergärtnerin, deren verschlingende Schwiegermutter Terry ich im dritten Kapitel beschrieben habe, ist ein gutes Beispiel für diese Art Starrheit.

Wenn es um die Familie geht, dann hat es überhaupt keinen Sinn, mit Terry argumentieren oder den eigenen Standpunkt erklären zu wollen. Sie verfügt über ein Regelwerk, und das ist in Stein gemeißelt: Die Familie muss die ganze Zeit beisammen sein, die Familie ist das Einzige, was zählt, für die Familie muss alles andere aufgegeben werden, wenn die Familie dich ruft, musst du springen. Wenn ich nicht zustimme und es wage, Zeit für uns allein zu fordern, dann werde ich mit so freundlichen Begriffen wie »egoistisch« und »lieblos« etikettiert. Und das ist dieselbe Frau, die mich am Anfang mit offenen Armen willkommen geheißen hat. Ich nehme an, sie glaubte wohl, dass ich mich einfach nahtlos einfügen würde.

Liz musste feststellen, dass anders für ihre Schwiegermutter gleichbedeutend mit schlecht war.

Einigermaßen gut angepasste, liebevolle Menschen können Unterschiede bei Überzeugungen, Bedürfnissen, Wahrnehmungen und Einstellungen akzeptieren. Eine gesunde Familie hätte kein Problem mit Liz' Vorstellung, dass jedes Paar eigene Freunde braucht und eigenen Aktivitäten nachgehen dürfen muss, auch wenn es die Familie als wichtig akzeptiert. Doch jemand wie Terry kann keine Meinungsverschiedenheiten zulassen. Wie meine frühere Schwiegermutter meint sie, nur sie wisse, was richtig ist, und blinder Gehorsam sei der einzige Weg, um ein guter und wertvoller Mensch zu werden. Das alles macht Terry noch nicht zu einem schrecklichen Menschen. Doch ihre Unfähigkeit, die fehlende Übereinstimmung in grundlegenden Bereichen zu akzeptieren oder auch nur anzuerkennen, erzeugt ein hohes Maß an Reibung und verhindert eine gute Beziehung zwischen Schwiegermutter und Schwiegertochter.

Die Tyrannei fest gefügter Vorstellung

Ihnen sind schon mehrfach Menschen wie Terry begegnet. Sie bringen ihre Meinung darüber, wie die Sie betreffenden Dinge sein sollten, auf unterschiedliche Weise zum Ausdruck, doch zwei Worte tauchen regelmäßig in jedem Gespräch mit ihnen immer wieder auf: *sollte* und *müsste*. Unflexible Schwiegereltern untermauern ihre Ansichten mit religiösen Äußerungen oder Aussagen wie den Folgenden: »Jeder weiß doch, dass man so viel

Zeit wie möglich mit der Familie zubringen soll«, oder »Du musst zu Hause bei deinen Kindern bleiben, sonst können aus ihnen keine glücklichen Menschen werden.« Und sie machen die schlimmsten Voraussagen für den Fall, dass Sie sich anders als ihren Vorstellungen entsprechend entscheiden.

Im ersten Kapitel haben wir gesehen, dass die Grafikerin Anne wegen ihres Berufes und ihrer Lebensweise unter Beschuss durch ihre Schwiegermutter Vivian geriet.

Obwohl es uns gut geht und die Kinder sich prächtig entwickeln, macht Vivian trotzdem diese furchtbaren Vorhersagen darüber, was in unserer Ehe Schreckliches passieren und den Kindern Schlimmes zustoßen wird, weil ich arbeiten gehe. Ich glaube, sie erträgt es nicht, dass sie mit ihren Prophezeiungen falsch liegt, also sagt sie Sätze wie: »Warte nur, bis deine Kinder älter sind, dann wirst du begreifen, wovor ich dich gewarnt habe.« Ich glaube, sie würde sich insgeheim freuen, wenn etwas Schreckliches geschähe, damit sie Recht bekommt.

Festgefügte Meinungen, vor allem solche, die die Überzeugung Ihrer Schwiegereltern zum Ausdruck bringen, dass sie alles besser wissen und Sie keine Ahnung haben, sind fast immer wertlos, weil sie zum einen subjektiv und zum anderen total starr sind. Wenn die Vorstellungen böser Schwiegereltern absolut der Wirklichkeit spotten, verbiegen sie lieber die Wirklichkeit, um sie mit ihrer Wahrheit in Übereinstimmung zu bringen. Sobald Sie einmal begriffen haben, wie unflexibel ihre Vorstellungen sind, werden Sie die Hoffnung auf eine wundersame Veränderung aufgeben und die Dinge nehmen, wie sie sind, statt sich weiterhin Wunschvorstellungen hinzugeben.

2. Sie halten sich für den Mittelpunkt der Welt

Viele, wenn nicht alle bösen Schwiegereltern sind in erstaunlichem Maß mit sich selbst, mit ihren Wünschen, Bedürfnissen und Gefühlen beschäftigt. Die Welt muss sich ausschließlich um sie drehen.

Für diese Schwiegereltern hat Liebe nichts mit Akzeptanz oder Toleranz zu tun, sondern ausschließlich mit ihrem eigenen emotionalen Wohlbefinden und mit ihrem Image. Liebevolle Schwiegereltern betrachten ihre Kinder und deren Partner und stellen sich die Fragen:

- Auf welche Weise bereichern sie mein Leben?
- Was geben sie mir?
- Welchen Einfluss nehme ich auf sie mit dem, was ich sage oder tue?
- Wie kann ich dem neuen Familienmitglied das Gefühl vermitteln, dass es willkommen ist, und dazu beitragen, dass es sich in unserem Kreis wohl fühlt?
- Wie kann ich verhindern, dass ich das, was mich an diesem Menschen stört, nicht auf verletzende oder kränkende Weise zum Ausdruck bringe?

Böse Schwiegereltern hingegen fragen sich:

- Auf welche Weise zwingen mich meine Kinder und deren Partner, mein Leben einzuschränken?
- Was nehmen sie mir weg?
- Werden sie dazu beitragen, dass andere Menschen mich ungünstig beurteilen?
- Bedrohen sie mich?
- Wie kann ich mich gegen sie durchsetzen?

Hollys Schwiegermutter Judy ist ein klassisches Beispiel für diese blinde Ichbezogenheit. Judy hat Holly nie akzeptiert und keine Gelegenheit ausgelassen, sie wegen ihres Übergewichts zu malträtieren. Und vor kurzem hat sie Holly auf besonders gemeine Weise mit dieser Schwäche gequält.

Prestons Bruder hat uns vor kurzem mitgeteilt, dass er bald heiraten würde. Ich war begeistert, weil ich die Frau, mit der er zusammen ist, sehr mag, und ich hatte mir schon ausgemalt, wie ich ihr bei vielen Dingen helfen würde. Dann forderte Judy sie auf, mich nicht zur Hochzeit einzuladen, weil ich mit meinem Übergewicht das Hochzeitsfoto ruinieren würde. Ich frage mich, ob sie irgendeine Vorstellung davon hat, welche Gefühle sie mit dieser Bemerkung in mir auslöst.

Judys ständige Beschäftigung mit Hollys Gewicht und ihre Verdrängung der Wirkung ihres Verhaltens spricht Bände von ihrer Ichbezogenheit und ihrem Narzissmus. Sie ignoriert völlig, dass Holly eine liebe, ehrliche, fleißige junge Frau ist, die Preston treu ergeben ist. Judy empfand Holly als Bedrohung des Bildes, das sie sich von der zukünftigen Frau ihres Sohnes gemacht hatte. Ein guter Charakter war für Judy im Vergleich zu der Beschämung, die sie angesichts von Hollys Übergewicht empfand, vollkommen unbedeutend.

Was werden die Leute denken?

Weil ichbezogene Menschen extrem von Bewunderung und Anerkennung abhängig sind, werden die meisten von der Frage verzehrt, wie sie auf andere wirken. Judy stellte sich vor, dass die Leute sie wegen ihrer dicken Schwiegertochter herabsetzen würden. Hatte ihr Sohn Preston nichts Besseres bekommen können? Welchen Klatsch würden sie hinter ihrem Rücken verbreiten? Würden sie über sie lachen? Oder, was noch schlimmer wäre, würden sie etwa Mitleid haben?

Es kam ihr nie in den Sinn, dass die meisten Menschen viel zu sehr mit ihren eigenen Problemen beschäftigt sind, als sich über das Gewicht ihrer Schwiegertochter Sorgen zu machen.

Gelegentlich grenzt die Ichbezogenheit böser Schwiegereltern an Verfolgungswahn. Weil sie alles auf sich beziehen, beschuldigen sie Sie, ihnen absichtlich wehzutun, es so einzurichten, dass sie eine Enttäuschung erleben oder in eine peinliche Situation geraten, oder ihnen auf alle erdenkliche Weise Schwierigkeiten zu bereiten.

Ähnliches berichtete auch Pat, die Maskenbildnerin, deren Schwiegereltern ihre negative Haltung an ihrem Ehemann Jeff ausließen.

Eines Abends kamen Jeff und ich über eine Stunde zu spät zum Abendbrot zu ihnen. Sofort stichelte Harry, dass wir doch nie eine Gelegenheit auslassen würden, sie warten zu lassen. Er tat so, als hätten wir den Unfall, der den Verkehr zum Erliegen gebracht hatte, eigens eingefädelt, und als hätte ich mein Handy vorher mit Absicht leer telefoniert, nur um sie zu ärgern. Das ist doch verrückt oder? Sie können sich ja vorstellen, wie harmonisch der Rest des Abends verlief.

Die meisten Menschen würden, wenn sie erführen, dass jemand über eine Stunde im Verkehr stecken geblieben war, mitfühlend sein, auch wenn sich aus diesem Grund das Abendbrot verzögerte. Doch ichbezogene Schwiegereltern nehmen alles persönlich und scheinen nicht erkennen zu können, dass auch andere Menschen gelegentlich ärgerlich und frustriert sind. Für solche Schwiegereltern haben grundsätzlich nur die eigenen Gefühle Bedeutung. Ihnen fehlt ein bedeutender Persönlichkeitsteil: Einfühlungsvermögen.

Das fehlende Einfühlungsvermögen

Menschen, die ausschließlich mit sich selbst beschäftigt sind, fehlt das, was ich als das Gen des Einfühlungsvermögens bezeichne. Diese äußerst bedeutsame Fähigkeit gehört vielleicht zu den wichtigsten menschlichen Eigenschaften. Es wohnt irgendwo in unserem Inneren, wo genau weiß niemand. Vielleicht im Geist oder im Nervensystem und ganz bestimmt in der Zusammenballung von Gefühlen und Empfindsamkeiten, die wir als Seele bezeichnen. Es handelt sich um den Teil unserer selbst, der es uns gestattet, zu spüren oder wenigstens zu verstehen, was ein anderer Mensch fühlt und wie sich die Behandlung, die wir ihm angedeihen lassen, auf sein Wohlergehen auswirkt.

Dieser geheimnisvolle, wunderbare Bestandteil unserer selbst wurde als Mitgefühl, Sympathie, Verständnis, Sensibilität, die Fähigkeit, sich auf einen anderen »einzustimmen« oder sich in seine Lage zu versetzen, bezeichnet. Ich ziehe die Bezeichnung Einfühlungsvermögen vor, denn dieses Wort beschreibt für mich die wichtigste Eigenschaft, die man besitzen kann, um zu einem wirklich liebenden Menschen zu werden. Einfühlungsvermögen macht Ihnen die Gefühle eines anderen Menschen bewusst, weil Sie dazu in der Lage sind, seine Gefühle wenigstens zum Teil nachzuempfinden. Außerdem hemmt Einfühlungsvermögen den Impuls, einen anderen Menschen zu verletzen.

Unglücklicherweise fehlt den abweisenden Schwiegereltern diese Fähigkeit fast vollständig, und bei vielen der übrigen bösen Schwiegereltern, denen wir bisher begegnet sind, ist sie nur in sehr eingeschränkter Form vorhanden.

- Wie hätten Hollys Schwiegereltern so grausame Bemerkungen über ihr Übergewicht machen und sie aus den Familienaktivitäten ausschließen können, wenn sie auch nur im Geringsten fähig gewesen wären, sich in ihre Lage zu versetzen?
- Wie konnte Joes Mutter Ruth ihre zukünftige Schwiegertochter Anne vor den Gästen der Probehochzeit mit ihren ätzenden Bemerkungen über Annes beruflichen Ehrgeiz derart in Verlegenheit bringen? Spürte sie denn nicht, wie sehr ihre Bemerkungen verletzten und dass sie einen ansonsten gelungenen Abend damit verdarb?
- Wie konnten Ellens Schwiegereltern nicht nur zu ihr, sondern auch zu ihrer Tochter aus einer früheren Beziehung so kalt und gemein sein? Und ihr als sie schwanger wurde unterstellen, dass sie sich mit anderen Männern herumtrieb? In diesem

Fall handelte es sich um sadistische Bestrafungsaktionen, die viele abweisende Schwiegereltern gemeinsam haben. Oder fehlte ihnen einfach das Gespür, um die Auswirkungen ihres Benehmens zu erkennen? Jedenfalls war Ellen für sie kein Mensch mit Gefühlen. Für ihre Schwiegereltern war sie nichts als eine Bedrohung für deren enges, ungesundes Familiensystem. Und diese Auffassung rechtfertigte für sie alles, was sie sagten oder taten, denn für sie war Ellen der Schurke in dem Drama.

- Wie konnte Chandler Les sagen, dass er in seinem Haus nicht willkommen sei, nur weil er eine schwarze Hautfarbe hat? Er bewertete Les auf der Basis fremdbestimmter Normen und fand nicht nur, dass Les ihnen nicht entsprach, er empfand ihn auch als Bedrohung seiner festen Vorstellungen. Und deshalb reagierte Chandler so, wie es die meisten sich bedroht fühlende Menschen tun. Er griff an. Natürlich waren ihm in diesem Augenblick Felicias und Les' Gefühle vollkommen unwichtig.

Manche Menschen sind emotional so eingeschränkt und so ausschließlich auf Verteidigung eingestellt, dass sie sich keine Sekunde lang in die Lage eines anderen versetzen können. Wenn Sie diese Einschränkungen sowohl mit dem Herzen als auch mit dem Verstand erkennen und verstehen, werden Sie mit der Frage »Wie können sie mich nur so behandeln?« besser zurechtkommen.

Eine der Antworten lautet: Sie behandeln Sie auf diese Weise, weil ihnen der Schmerz, den sie verursachen, entweder nicht bewusst oder egal ist. Sie können nicht spüren, was Sie fühlen, und an der Stelle, an der sich ihr Einfühlungsvermögen befinden sollte, herrscht bei Ihren Schwiegereltern nur Leere. Folglich können sie unbegrenzt Leid verursachen ohne deshalb Schuld- oder Reuegefühle zu entwickeln – Gefühle, die es ihnen nicht gestatten würden, so weit zu gehen, ohne selbst zu leiden.

3. Sie wollen über Sie ihre Dämonen austreiben

Manchmal sind Sie ein unwillkommener Spiegel, der Ihre Schwiegermutter oder Ihren Schwiegervater an einen Teil ihrer Vergangenheit erinnert, den sie lieber vergessen würden. Sie haben vielleicht das Pech, einer Schwester oder einem Elternteil zu ähneln, die oder den Ihre Schwiegermutter als Kind gehasst hat. Oder Sie scheinen die Verkörperung eines Aspekts ihrer selbst zu sein, den sie überwinden und vergessen wollten. In manchen Fällen aktiviert Ihre bloße Gegenwart alte Ängste, Schamgefühle oder die Erinnerung an unglückliche Erfahrungen. Dann kämpfen Ihre Schwiegereltern mit Ihnen unbewusst wie mit ihren eigenen Dämonen.

Ich wusste, dass es für Holly wichtig sein würde, Judy als Frau mit ihren eigenen Dämonen und ihrer eigenen Geschichte kennen zu lernen, also forderte ich Preston auf, Holly so viel wie möglich von seiner Mutter zu erzählen. Ich hatte eine Ahnung, dass wir auf Hinweise stoßen würden, warum Judy so heftig auf Hollys Gewichtsprobleme reagierte und warum sie immer wieder auf Holly losging.

In der darauf folgenden Woche brachte Preston ein altes Familienalbum mit, das Bilder von seiner Mutter als Kind enthielt, und ein einziger Blick auf die Fotos lieferte uns die Antwort auf viele Fragen. Die Bilder zeigten ein missmutiges pummeliges kleines Mädchen, das zwischen humorlos dreinblickenden Eltern saß. Holly hatte in ihrer Schwiegermutter unwissentlich schmerzhafte Erinnerungen und unaufgelöste Schamgefühle aktiviert, die Judy schon vor langer Zeit fortzuschieben und zu verdrängen versucht hatte. Als wir das Album betrachteten, erinnerte sich Preston an ein wichtiges Ereignis.

Als ich Holly zum ersten Mal mit nach Hause brachte, um sie meinen Eltern vorzustellen, nahm mich meine Mutter in der Küche beiseite und erklärte mir, dass ich auf Spott von Freunden und Familienangehörigen vorbereitet sein sollte. Ich ent-

gegnete, das könne doch nicht ihr Ernst sein – alle hätten Holly gern. Doch sie sagte fast geheimnisvoll: »Glaub mir, Preston, ich weiß, wovon ich spreche.« Als ich wissen wollte, warum sie sich da so sicher sei, wechselte sie das Thema.

Die Kompromisslosigkeit, mit der Judy ihre Schwiegertochter zurückwies, war ein sicheres Zeichen dafür, dass Holly in Judy offenbar eine schmerzhafte Erinnerung aktiviert hatte, und Judys Eingeständnis, dass sie wusste, wie Übergewichtige im Allgemeinen behandelt werden, bestätigt dies. Überreaktionen sind immer ein deutliches Zeichen dafür, dass die Gegenwart mit der Vergangenheit verwechselt wird. Doch ohne die Fotos wären Preston und Holly nie auf den Gedanken gekommen, dass Holly ungewollt peinigende Erinnerungen und Gefühle in Judy wieder erweckt haben könnte. In ihrem Unbehagen hatte Judy ihre Schwiegertochter zum Sündenbock gemacht, auf den sie viele ihrer eigenen noch vorhandenen Unsicherheiten projizierte.

Obwohl Judy kein Kind mehr war, bestanden ihre Unsicherheitsgefühle im Hinblick auf ihr Aussehen im Verborgenen weiter. Als Holly die Bühne betrat, musste Judy dies so empfunden haben, als sei die Vergangenheit plötzlich zur Gegenwart geworden und verschaffe ihr die Gelegenheit zum Rollentausch: Diesmal war es Judy, die quälte, statt gequält zu werden.

Alte Drehbücher ausleben

Böse Schwiegereltern behandeln Sie nicht nur deshalb schlecht, weil Sie unwissentlich Verdrängtes in ihnen aktivieren. Sicherlich wird es Sie nicht überraschen zu erfahren, dass sie außerdem an Ihnen die Muster wiederholen, die sie als Kinder kennen gelernt haben. Ihre Schwiegereltern sind nicht als kritiksüchtige, verschlingende, kontrollsüchtige oder zurückweisende Menschen zur Welt gekommen. Sie haben sich diese Verhaltensweisen angeeignet auf Grund ihrer eigenen Erfahrungen mit Menschen, die sie auf die gleiche Weise behandelt haben. Vielleicht stellen Sie sich nun vor, dass jemand, der ständig herabgesetzt oder unterdrückt oder ausgegrenzt wurde, sich eher in die entgegengesetzte Richtung entwickeln würde und anderen Menschen die eigenen schlimmen Gefühle ersparen möchte. Doch allzu oft trifft das Gegenteil zu, und das Verhalten Ihrer schwierigen Schwiegereltern ähnelt immer mehr dem ihrer eigenen problematischen Eltern.

Von Karen erfuhr ich, dass die Vaterbeziehung ihres Vaters Ray, dessen Verhalten gegenüber seinem Schwiegersohn Cal von Kritiksucht und Konkurrenzdenken bestimmt war, die gleichen Verhaltensmuster hatte.

Mein Großvater ist inzwischen fast 80 Jahre alt, und ich mag ihn nicht besonders leiden. Und das Verrückte ist, dass mein Vater ihn, glaube ich, auch nicht besonders mag, auch wenn er das nie zugeben würde. Großvater ist äußerst fordernd und perfektionistisch, und in seiner Gegenwart ist mein Vater wie verwandelt. Mein großspuriger, ausgelassener Vater wird richtig still und wirkt wie ein kleines Kind. Früher konnte ich das noch nicht so erkennen, aber inzwischen ist mir klar, dass Dad sich mit mir genauso verhält wie sein Vater mit ihm, vielleicht nicht ganz so extrem, aber er hat eindeutig unerfüllbare Anforderungen … Und wenn er Cal herumkommandiert, dann hört er sich über weite Strecken genau wie sein eigener Vater an. Man möchte meinen, er werde alles tun, um sich positiv von Großvater abzuheben, denn ich bin sicher, Großvater hat ihm das Leben äußerst schwer gemacht.

Dass wir trotz bester Vorsätze andere häufig so behandeln, wie wir selbst behandelt wurden, ist eine alte, und wie ich finde, äußerst zutreffende Erkenntnis innerhalb der Psychologie und des Lebens selbst. Als Kinder treffen wir bestimmte unbewusste Entscheidungen im Hinblick auf bestimmte Botschaften und Rollenmodelle, mit denen wir zu tun haben. Wenn wir als Kinder schlecht behandelt werden, dann gibt es absolut nichts, was wir dagegen unternehmen können. Viele Menschen durchlaufen dann die so genannte völlig unbewusste »Identifikation mit dem Aggressor«, denn er ist es, der Macht und Sicherheit verkörpert. Wenn ein Vater seinem Kind ständig klarmacht, dass, was es tut, nie gut genug ist, dann trifft das Kind unbewusst die Entscheidung, als Erwachsener ebenso stark und hart zu werden wie der Vater. Dann wird es endlich gut genug sein, und keiner wird es jemals wieder verletzen. Viele Menschen glauben auch, wenn es ihnen vollkommen unbewusst ist, dass sie irgendwie den in früheren Jahren erfahrenen Schmerz heilen helfen, indem sie werden wie der Mensch, der sie verletzt hat, und indem sie ihre frühen Kränkungen an andere Menschen weitergeben. Sie erschaffen sich die Illusion einer Macht, nach der sie sich als Kinder so verzweifelt gesehnt haben. Und wenn Sie der Mensch sind, der in ihr Fadenkreuz gerät, dann wissen Sie, wie erschreckend dieses Zielschießen sein kann.

4. Sie meinen, die vorhandene Liebe reiche nicht aus

Problematische Schwiegereltern agieren auf der Basis empfundenen Mangels. Wenn ihr Kind Sie liebt, dann glauben Ihre Schwiegereltern, dass Sie ihnen diese Liebe gestohlen haben. Sie empfinden Liebe nicht als unbegrenzten Rohstoff, der sich in dem Maß, in dem er gegeben wird, vermehrt. Und weil sie um etwas kämpfen, was sie für ein seltenes und schwindendes Gut halten, wird jeder Konflikt zu einem Loyalitätstest. Ihr Partner muss ständig beweisen, dass er sich noch immer seiner Ursprungsfamilie zugehörig fühlt, indem er sie Ihnen vorzieht und zu seiner Priorität macht. Wenn sich Ihr Partner weigert, setzt er sich einem Sperrfeuer mürrischer, wütender Missbilligung und verletzter Gefühle durch Ihre Schwiegereltern aus.

John, der Rechtsanwalt, den Sie im vierten Kapitel kennen gelernt haben, lieferte mir ein gutes Beispiel für dieses Problem, als er schilderte, was geschah, nachdem er seinen Eltern vorgeschlagen hatte, statt bei ihm in einem Hotel zu übernachten.

Es hagelte empörte Vorwürfe von der Art: »Wie kannst du dich nur von ihr gegen uns einnehmen lassen?« »Wir erkennen dich gar nicht wieder!« »Diese Frau macht uns deine Liebe streitig.« Als ich versuchte, ihnen klarzumachen, dass ich sie beide noch immer genauso lieb habe wie früher, da wollten sie mir nicht zuhören. Dann setzten sie noch eins drauf: »Wenn du schon in deinem Haus keinen Platz mehr für uns hast, dann kann es in deinem Herzen auch nicht anders aussehen.«

Im übertragenen Sinn warfen ihm seine Eltern damit vor: »Wenn du sie liebst, dann hast du für uns keine Liebe mehr übrig, und dass wir nicht bei dir wohnen dürfen ist der Beweis dafür.«

Um diese unvernünftigen Forderungen und absurden Anschuldigungen überhaupt begreifen zu können, müssen Sie erkennen, wie Ihre Schwiegereltern Ihre Ehe einschätzen. Auch wenn Ihr Partner bereits seit vielen Jahren in einer eigenen Wohnung lebt, nehmen Ihre Schwiegereltern Ihre Ehe dennoch nicht ernst – sie haben schließlich ein Leben lang mit ihrem Partner zusammengelebt, und Sie sind nur ein Neuling, ganz gleich, wie lange Sie schon verheiratet sind. In den Augen Ihrer Schwiegereltern ist Ihre Ehe ein Akt der Meuterei seitens ihres erwachsenen Kindes – folglich sehen sich Ihre Schwiegereltern dauernd veranlasst, die Loyalität Ihres Partners zu überprüfen. Ihr Partner kann den Test nur dann bestehen und die schrecklichen Schuldgefühle wegen seiner vermeintlichen Illoyalität nur dann vermeiden, wenn er sich über Sie hinwegsetzt. Böse Schwiegereltern erschaffen ständig Situationen, in denen Ihr Partner nur verlieren kann: entweder bei seinen Eltern oder bei Ihnen.

Ihre Schwiegereltern wollen von Ihrem Partner in Worten oder Taten fortwährend die Bestätigung dafür, dass sie wichtig und Sie unbedeutend sind. Fast ist es so, als definierten sie sich ausschließlich über Ihren Partner, gleichgültig wie fähig oder intelligent sie auch sein mögen. Sie können nicht zulassen, dass Sie ihnen das fortnehmen.

Ihre Schwiegereltern müssen, koste es, was es wolle, an Ihrem Partner festhalten

Alle Eltern wollen die Verbindung zu ihren Kindern aufrechterhalten, und auch wenn Ihre Schwiegereltern halbwegs in sich ruhten und ein erfülltes Leben führten, würden sie sich dennoch die Zuneigung und gelegentliche Gesellschaft ihrer Kinder wünschen. Doch sobald ihre erwachsenen Kinder begännen, ein eigenes Leben zu führen, träten sie zurück und ließen sie in diesem neuen Leben Fuß fassen. Selbstverständlich werden selbst die bewusstesten und fortschrittlichsten Eltern unter einem Gefühl des Verlusts und der Leere leiden, wenn ihr erwachsenes Kind von zu Hause auszieht, aber sie werden versuchen, die entstandene Lücke mit ihrer Partnerschaft, der Arbeit, mit Sport, Freunden und anderen Verwandten neu auszufüllen. Böse Schwiegereltern hingegen wissen nicht, was sie mit sich anfangen sollen. Vermutlich mögen sie einander nicht, finden in ihrer Ehe wenig Freude und haben, wie ich bisher feststellen musste, meistens auch nur wenige Freunde.

Leslies Beschreibung von Tommys Familie bestätigt dieses Bild.

Sals und Ginas Leben ist das Geschäft, Geldverdienen und Tommy. Dabei beschimpfen sie einander ständig sowohl in englischer als auch in italienischer Sprache. Dahinter steckt mehr als nur der Dampf, den zwei heißblütige Menschen gelegentlich ablassen müssen. Sie beleidigen und beschimpfen sich gegenseitig auf geradezu unglaubliche Weise. Wenn Gina anruft, dann ist sie häufig in Tränen aufgelöst. Ich höre die beiden nie wie andere Leute darüber reden, dass sie mal einen Abend mit Freun-

den ausgehen oder eine Reise planen. Sie kommen mir vor wie eine riesige Krake, die mit ihren Armen alles umschlingt, sodass keiner mehr Luft bekommt.

In dieser verrückten Ehe aneinander gekettet, hatten Sal und Gina ihren Sohn Tommy immer als ihre Rettung empfunden. Ihr starker, gut aussehender Sohn würde sie immer mit dem versorgen, was sie selber nicht herstellen konnten. Mit Aufmerksamkeit, Gesellschaft, Anerkennung, der Versicherung, dass sie noch immer gebraucht werden, und Kontrolle. Jahrelang erfüllte Tommy die Anforderungen, die sie in dieser Hinsicht an ihn stellten. Und nur, weil jetzt eine Frau in Tommys Leben getreten war, hatten sie nicht vor, auf ihn zu verzichten.

Eltern, die aufs Engste mit ihren Kindern verstrickt sind, fühlen sich betrogen und verlassen, wenn ihre erwachsenen Kinder eigene Beziehungen eingehen. Tommy hatte eine Frau gefunden, die ihm wirklich viel bedeutete und mit der er seine eigene Familie gründen wollte. Doch statt sich für ihn zu freuen, betrachteten seine Eltern Leslie als Zerstörerin des Machtgleichgewichts, das sie so sorgsam geschaffen hatten.

»Sie sind ein Usurpator«, erklärte ich Leslie. »Sie haben das Boot zum Schaukeln gebracht. Sie haben das Gleichgewichtsgefüge der Familie zerstört. Nach Ginas und Sals Vorstellung haben Sie ihnen ihr Leben genommen. Sie dürfen sich also nicht darüber wundern, dass Ihre Schwiegereltern alles versuchen werden, um es zurückzubekommen.«

Mamas Junge und Papas Mädel

Vielleicht ist Ihnen aufgefallen, dass das stärkste Klammern zwischen Mutter und Sohn sowie zwischen Vater und Tochter stattfindet. Sie haben vermutlich gleichfalls festgestellt, dass die größten Konflikte zwischen Schwiegermutter und Schwiegertochter sowie zwischen Schwiegervater und Schwiegersohn auftreten. Obwohl es natürlich Ausnahmen gibt, scheint es ziemlich offensichtlich, dass die Konkurrenz zwischen einem Elternteil und einem jüngeren, gleichgeschlechtlichen »Bewerber« um das geliebte (erwachsene) Kind für einen Vater oder eine Mutter besonders bedrohlich sein muss, wenn er oder sie sich obendrein noch mit einem überwältigenden Verlust konfrontiert sieht.

Die Formulierungen »Mamas Junge« und »Papas Mädel« transportieren weit mehr unterschwellige Gefühle, als eine oberflächliche Betrachtung vermuten lässt. Ohne Zweifel assoziieren Freudianer mit dieser fehlenden Bereitschaft der Mutter, den Sohn ziehen zu lassen, und dem Festhalten des Vaters an der Tochter diverse sexuelle Vorstellungen, aber solche Spekulationen werden Ihnen bei der Krise, die Ihre bösen Schwiegereltern in Ihrem Leben hervorrufen, wenig nützen.

Dennoch sagen diese Formulierungen viel darüber aus, wer im Leben Ihres Partners nach Ansicht Ihrer Schwiegereltern der wichtigste Mensch sein sollte. Die Formulierung verweist Sie außerdem auf eine gehemmte emotionale Entwicklung seitens Ihres Partners, die ihn ohne Zweifel darin beeinträchtigen kann, sich klar auf Ihre Seite zu stellen.

Schmerz, nicht Stolz

Elternschaft ist die einzige Art von Liebe, in der Trennung und nicht wachsende Nähe das Ziel ist. Für gute Eltern ist das selbstverständliche Verlassen des Nestes eine Bestätigung dafür, dass ihre Aufgabe beendet ist. Doch für viele böse Schwiegereltern erzeugt diese Trennung und die Fähigkeit Ihres Partners, mit Ihnen eine neue Bindung einzugehen eine ganze Palette negativer, beängstigender Gefühle: Verlassenheit, Eifersucht und Verlust. Statt wegen der erfolgreich bewältigten Erziehungsaufgabe stolz zu sein, fühlen sie sich ins Ungewisse gestürzt und entwickeln den glühenden Wunsch, ihr erwachsenes Kind zu sich zurückzuholen, um neuerlich den Trost und die Sicherheit des Vertrauten zu spüren. Nur dann, meinen sie, wird die vorhandene Liebe für alle ausreichen.

Jenseits von Überzeugungen

Bisher haben wir uns weitgehend mit den psychologischen Grundlagen des schwierigen Verhaltens Ihrer Schwiegereltern befasst. Doch wie ich eingangs dieses Kapitels bereits erwähnte, kann es noch andere Faktoren geben, die möglicherweise gleichfalls eine wichtige Rolle spielen. Physische und biochemische Störungen können bei kontrollsüchtigen oder verschlingenden oder chaotischen Schwiegereltern zum Tragen kommen, und die Erkenntnis, dass das gegen Sie eingesetzte Gift eine reale physiologische Basis hat, kann Ihnen große Erleichterung verschaffen, insbesondere dann, wenn Ihnen mit aller Vehemenz gesagt wurde, dass Sie der Übeltäter sind.

Wie Sie bereits gesehen haben, sind mit Sucht oder finanziellen und ehelichen Krisen kämpfende Schwiegereltern so ausschließlich darauf konzentriert, den Kopf über Wasser zu halten, dass sie kaum weiter als bis zur nächsten Rettungsaktion blicken können. Dinge wie Dankbarkeit oder Rücksichtnahme haben da kaum Platz. Sie kommen sich vor, als müssten sie ertrinken, und Sie und Ihr Partner verfügen als Einzige über die lebenserhaltenden Mittel. Wenn Sie den Rettungsring nicht werfen, dann versuchen sie alles, um Sie dazu zu bringen, sei es mit Lügen, Zureden oder Drohungen.

Viele Menschen, die süchtig, rücksichtslos oder depressiv sind, leiden tatsächlich unter einer biochemischen Störung, die sowohl schwere Stimmungsschwankungen als auch verantwortungsloses Verhalten hervorrufen kann. Alle Gesprächstherapien der Welt werden kaum helfen, wenn diese zuvor nicht behoben wird. Zum Glück hat in der Medizin das Bewusstsein für diese Störungen als Ursache für scheinbar unbegreifliche Verhaltensweisen, die sich auf Ihr Leben mit Ihrem Partner so ungünstig auswirken, deutlich zugenommen. Es gibt außerdem heutzutage mehr Behandlungsmöglichkeiten als jemals zuvor. Der Trick besteht aber natürlich darin, die betroffene Person davon zu überzeugen, diese Möglichkeiten auch für sich zu nutzen.

Die große Lüge

Inzwischen sollten Sie besser begreifen, warum Sie für Ihre Schwiegereltern eine so entsetzliche Bedrohung darstellen und warum sie Sie auf so subtile oder offensichtlich unangenehme Weise herabsetzen müssen. Bisher hatten Ihre Schwiegereltern das Heft in der Hand und konnten Sie als das Problem abstempeln. Ihnen zufolge sind Sie nicht gut genug, klug genug, gut aussehend genug, liebevoll genug, reich genug, nett genug und verfügen auch nicht über die richtige Herkunft oder Religion, um ihrer Liebe und ihres Respekts würdig zu sein.

Und bisher haben Sie ihnen vielleicht sogar einen Teil ihrer Propaganda abgenommen und gehofft, Sie würden Wege finden, damit sie netter und liebevoller mit Ihnen wären, weil mit Ihnen tatsächlich etwas Grundlegendes nicht stimmte.

Doch im Verlauf dieses Kapitels haben Sie gesehen, dass die meisten Probleme mit Schwiegereltern ihren Ursprung in Ihren Schwiegereltern selbst liegen und wenig oder gar nichts mit Ihnen zu tun haben. Damit will ich Sie nicht davon freisprechen, dass Sie gelegentlich etwas wirklich Unfreundliches gesagt oder getan haben – das kommt bei allen Menschen vor. Doch wenn die Angriffe gegen Sie und Ihre Ehe das Maß alles Vernünftigen überschreiten, dann ist es an der Zeit, die Ärmel hochzukrempeln und mit der Arbeit zu beginnen.

Die Hürden liegen sehr hoch, aber auch die Aussichten auf Erfolg sind gut. Darauf können Sie Haus und Hof verwetten.

Zweiter Teil

Mit bösen Schwiegereltern leben

Einführung: Mein Vertrag mit Ihnen

Nun ist es an der Zeit, neue Möglichkeiten des Umgangs mit sich selbst, mit Ihrem Partner und mit Ihren Schwiegereltern zu finden. Um Ihnen dabei zu helfen, habe ich den zweiten Teil dieses Buches in drei Segmente unterteilt. Im ersten Abschnitt werden Sie vor allem an sich arbeiten, damit Sie sich emotional auf die Veränderungen vorbereiten, die nur Sie allein bewirken können. Ich helfe Ihnen dabei, mutig und ehrlich herauszufinden, an welcher Stelle Sie sich in einer Sackgasse befinden und zu erkennen, wodurch Sie Ihre Situation noch zusätzlich verschlimmern. Damit Sie nicht mehr länger automatisch in die Opferrolle abgleiten, will ich Ihnen zeigen, wie Sie über das übliche Schuldzuweisen, Überreagieren, Zornigwerden und in Hilflosigkeit Erstarren hinausgelangen können. Ihr Ziel ist es, aus diesem passiven, hilflosen Zustand zu produktiver Veränderung zu finden.

Dann bringe ich Ihnen als Nächstes wirkungsvolle Strategien für die Arbeit mit Ihrem Partner bei. Ich liefere Ihnen die genauen Formulierungen, mit denen Sie ihn oder sie wissen lassen können, was Sie wollen, unterstütze Sie darin, ein Klima der Sicherheit, Akzeptanz und Problemlösung zu schaffen und Ihrem Partner eine reelle Chance zu geben, sich mit Ihnen zu verbünden und mit seinen Eltern reifer umzugehen.

Im dritten Abschnitt versorge ich Sie mit einem vollständigen Arsenal besänftigender Antworten, die Sie in jeder Situation Ihren Schwiegereltern geben können. Ich verhelfe Ihnen außerdem zu einer angemessenen Grenzziehung, die für Ihre Schwiegereltern klar, aber ohne Feindseligkeit zum Ausdruck bringt, was Sie nicht mehr länger hinnehmen. Für die extremeren Fälle, in denen Sie nur geringe Aussichten haben, die dicken Verteidigungsanlagen zu durchbrechen, zeige ich Ihnen, wie Sie unabhängig von der Beteiligung Ihres Partners die Folgen unangemessenen Verhaltens festsetzen und formulieren können – selbst dann, wenn nur ein Stillhalteabkommen dabei herauskommt. Schließlich helfe ich Ihnen, zu einer realistischen Akzeptanz zu finden, damit Sie sich auch der positiven Eigenschaften Ihrer Schwiegereltern erfreuen können, ohne es den negativen zu gestatten, Sie und Ihre Ehe zu vergiften.

Mir ist klar, dass Sie sich vermutlich von einigen oder sogar von all diesen Aufgaben im Augenblick überfordert fühlen, vor allem dann, wenn Ihre Nerven durch Konflikte in jüngerer Zeit oder eine lange Abfolge von Schwierigkeiten bloßliegen. Doch allein schon das Wissen, dass Ihnen ein Katalog aus Verhaltensvorschlägen, zielgerichteten Strategien und neuen Richtlinien vorliegt, wird Ihnen helfen, sich zu beruhigen. Und ich kann Ihnen versichern, dass wir uns für diese Arbeit Zeit nehmen und immer nur einen Schritt nach dem anderen machen werden.

Falls Sie sich nicht in Therapie befinden und auch keine entsprechenden Pläne haben, zeige ich Ihnen hier viele der Techniken und Strategien, die ich im Laufe der Jahre in der Zusammenarbeit mit meinen Klienten mit schwer wiegenden Beziehungsproblemen benutzt habe. Falls in Ihnen im Verlauf dieser Arbeit starke Gefühle geweckt werden und Sie den Drang verspüren, sie näher zu untersuchen,so rate ich Ihnen dringend, Ihrem Instinkt zu folgen und den Gefühlen nachzugehen.

Sollten Sie sich gegenwärtig in irgendwelcher Form von Therapie befinden oder in einer Selbsthilfegruppe sein, dann versichere ich Ihnen, dass die in diesem Buch vorgeschlagene Arbeit keineswegs darauf abzielt, Ihre bereits ergriffenen Maßnahmen zu ersetzen, sondern sie im Gegenteil ergänzen und fördern will.

Erwarten Sie nicht, dass sich die Dinge über Nacht ändern. Doch sollten Sie wissen, dass sie sich ändern *werden*, wenn Sie sich auf diese Arbeit einlassen, denn wenn Sie erst einmal anfangen, das Heft in die Hand zu nehmen, kann nichts bleiben wie zuvor. Sie werden zu Selbstvertrauen und Klarheit zurückfinden. Die Hilfsmittel, die ich Ihnen hier vorstelle, werden es Ihnen gestatten, das scheinbar unveränderliche Verhaltensmuster zwischen Ihnen und Ihren Schwiegereltern zu verändern und eine gesündere und liebevollere Beziehung mit ihnen zu finden.

8
Die Perspektive wechseln

»Diese gefühllosen, egoistischen, verdorbenen Leute!«

»Mein verweichlichter Mann!«

»Meine infantile Frau!«

Bisher waren Sie vermutlich ziemlich ausschließlich darauf fixiert festzustellen, wer Ihnen was antut, weil jede frustrierende Begegnung mit Ihren bösen Schwiegereltern wieder ein Stück Vergnügen, Spontaneität, Optimismus und Freude aus Ihrer Ehe stiehlt. Und ich weiß, dass Sie als Ergebnis dieser Konflikte schmerzhafte Verluste hinnehmen mussten. Möglicherweise haben Sie gespürt, wie der gegenseitige Respekt aus ihrer Ehe langsam verschwindet, oder Sie mussten Ihren Traum von einer eng verbundenen Familie aufgeben. Sie haben eventuell sogar den Glauben daran verloren, dass Sie und Ihr Partner ein Team sind und gemeinsam mit allem fertig werden, was das Leben von Ihnen fordert.

Wirklichkeit und Fantasie

Der endlose Kreislauf aus schmerzhaften Erfahrungen und verletzten Gefühlen wird erst unterbrochen, wenn jemand den Mut dazu hat, und es wird Sie sicherlich nicht überraschen, wenn ich Ihnen sage, dass Sie dieser Jemand sein müssen. »Wieso soll ausgerechnet ich mich ändern?«, fragen Sie sich vermutlich. »Meine Schwiegereltern und mein Partner sind doch diejenigen, die sich danebenbenehmen.« Doch Sie sind die Person, die die Zusammenhänge am deutlichsten erkennt, und Sie sind bereit zuzugeben, dass es in diesem Beziehungsgeflecht echte Schwierigkeiten gibt. Alle übrigen Beteiligten scheinen nur mitspielen zu wollen, wie sie es immer schon getan haben, und den beeindruckenden Dinosaurier mitten im Raum lieber zu ignorieren.

Ich weiß, es wäre einfach wunderbar, wenn Ihre Schwiegereltern eines Abends bei Ihnen vorbeikämen und sagten, »Wir sehen ein, dass wir dich schlecht behandelt haben. In Wahrheit bist du ein großartiger Mensch, und wir müssen uns bei dir entschuldigen. Was können wir tun, um all die schlechten Dinge, die wir gesagt und getan haben, wieder gutzumachen«? Und wäre es nicht großartig, wenn Ihr Partner sagen würde, »Mom und Dad, nun ist es aber genug! Ich lasse es nicht zu, dass ihr den Menschen, den ich liebe, weiterhin so schlecht behandelt«! Dann müssten Sie gar nichts tun, außer sich in dieser neuen liebevollen Familienatmosphäre wohl zu fühlen.

Mir ist klar, dass es weniger beängstigend und viel bequemer ist, darauf zu warten, dass alle Übrigen sich verändern, als selbst in Aktion treten zu müssen. Doch leider ist dieser Idealansatz unrealistisch und, wie Sie sicherlich bereits erkannt haben, vergeblich.

Das Warten ist vorüber. Jetzt ist Handeln angesagt.

Ein Neuanfang

Hätte man Sie für längere Zeit in einen dunklen Raum eingesperrt, dann würden Sie wahrscheinlich nicht sofort ins Licht laufen, sobald sich die Tür öffnete. Das Licht würde Sie blenden und die neue Freiheit verwirren. Sie wüssten wohl kaum sogleich, was Sie als Erstes tun sollten.

Ähnlich verhält es sich mit der neuen Freiheit, die Sie sich gegenüber Ihren Schwiegereltern erkämpfen müssen – nehmen Sie sich also genug Zeit, um sich zurechtzufinden. Ich hoffe, Sie werden nicht allzu enttäuscht sein, wenn ich Ihnen *nicht* rate, den Veränderungsprozess damit zu beginnen, dass Sie mal eben zu Ihren Schwiegereltern hinüberfahren oder sie anrufen und ihnen die Meinung sagen. Ganz im Gegenteil. Als Erstes müssen Sie emotional ein paar Gänge herunter- und Ihren Verstand einschalten, damit Sie etwas Kontrolle über Ihre so überwältigenden Gefühle bekommen. Sie müssen sich erst an das Licht gewöhnen.

Lassen Sie sich auf eine Affäre ein

Zunächst müssen Sie sich auf eine Affäre einlassen. Habe ich Ihre Aufmerksamkeit? Hören Sie auf, sich ausschließlich mit dem zu beschäftigen, was Ihr Partner nicht schafft, nicht für Sie tut und auch in der Vergangenheit nicht für Sie getan hat, und mit dem, was Ihre Schwiegereltern Ihnen antun, gestern angetan haben oder morgen antun werden. Beschäftigen Sie sich mit dem, was *Sie* jetzt sofort für *sich* tun können. Zwacken Sie Ihrem Tagesplan Zeit ab und verabreden Sie sich mit der Person, die Sie kennt, wie sonst niemand … mit sich selbst.

An diesem Wendepunkt ist es entscheidend, dass Sie jeden Tag ein wenig Zeit finden, die Sie allein und ungestört mit sich verbringen können. Planen Sie diese Zeit ein. Tragen Sie sie in Ihren Terminkalender ein. Mir ist klar, dass dies, wenn Sie kleine Kinder, einen Job, einen fordernden Partner oder alles zusammen haben, nicht einfach ist. Aber es ist entscheidend. Selbst wenn Sie sich dazu für eine Stunde in den Park setzen müssen, es ist notwendig, dass Sie sich auf sich selbst konzentrieren können. Ergreifen Sie die Gelegenheit gleich jetzt und versuchen Sie, sich ein paar Minuten lang selbst zu beruhigen. Meditieren Sie, machen Sie Tiefenatmung und machen Sie sich klar, dass Sie gerade eine wichtige neue Lebensphase einläuten.

Der Beobachtungsraum

Sobald Sie Zeit und Raum für sich geschaffen haben, sollen Sie ein geistiges Bild erzeugen, das Sie bei unserer gemeinsamen Arbeit immer wieder einsetzen werden. Stellen Sie sich vor, dass Sie hinter einem dieser Spiegel stehen, die bei polizeilichen Gegenüberstellungen verwendet werden, durch den Sie zwar in dem Raum hinein-, die darin befindlichen Personen aber nicht hinausblicken können. Hinter diesem Spiegel können Sie beobachten, wie die Familie die unterschiedlichen Szenarien ausspielt, die Ihnen so viel Leid verursachen.

Außerdem wird noch etwas anderes stattfinden, denn diesmal werden Sie den Scheinwerfer auf sich selbst richten und feststellen, was Ihr Beitrag ist. Gleichgültig, ob Sie sich im ersten, fünften, zehnten oder dreißigsten Jahr Ihres Schwiegerelternkriegs befinden oder ob Sie erst kürzlich eine unangenehme Begegnung mit ihnen hatten, die stürmische Gefühle in Ihnen geweckt hat, ich werde Sie jetzt auffordern, Ihre Aufmerksamkeit von all dem, was Ihnen angetan wurde, und wie unfair alles ist, abzuziehen und mutig und ehrlich zu analysieren, wie und an welcher Stelle Sie sich in diesem Dreiecksverhältnis festgefahren haben.

Fehler, die jeder macht

Im Umgang mit bösen Schwiegereltern macht fast jeder Fehler, und ich kann Ihnen versichern, dass auch Sie, gleichgültig wie klug und emotional entwickelt Sie auch sein mögen, mit Sicherheit in eine der sechs am weitesten verbreiteten Fallen getappt sind. Sie haben

1. sich in der Opferrolle verfangen,
2. übertrieben reagiert,

3. zu große Zurückhaltung geübt,
4. unrealistische Erwartungen im Hinblick auf sich selbst,
5. unrealistische Erwartungen im Hinblick auf den Partner und
6. unrealistische Erwartungen im Hinblick auf die Schwiegereltern gehabt.

Ich bezeichne diese Kategorien als Fallen, weil man sich, wenn einem das Bewusstsein dafür fehlt, wie sehr eigenes Verhalten den Waldbrand anfachen kann, so leicht in ihnen verfängt.

Hier werden wir uns mit der ersten Hälfte der Liste befassen und uns der zweiten im neunten Kapitel zuwenden. Sie werden feststellen, dass die Kapitel im zweiten Teil des Buches kürzer gehalten sind als im ersten. Da Sie Informationen in großen Mengen verarbeiten müssen, möchte ich Sie nicht überfordern, indem ich in den einzelnen Abschnitten zu viel von Ihnen verlange. Beschäftigen Sie sich so lange mit dem Material, wie Ihnen dies erforderlich scheint, und verdauen Sie es in kleinen Portionen. Die tief greifendsten Veränderungen in Ihrem Leben werden Ihnen möglich, wenn Sie neue Einsichten und Fertigkeiten langsam und stetig verinnerlichen.

Falle 1:
Die Opferrolle

Mara, die Tänzerin, die Ihnen in dem Kapitel über kontrollsüchtige Schwiegereltern begegnet ist, wurde von ihrer besten Freundin darauf aufmerksam gemacht, wie leicht sie sich in die Falle hatte locken lassen, um wie ein typisches Opfer zu denken, zu fühlen und zu handeln, geradezu besessen von der Vorstellung, dass ihr kontrollsüchtiger Schwiegervater ihr ihre Traumreise nach Europa gestohlen hatte.

Jedes Mal, wenn mir auf meinem Schreibtisch etwas in die Hände fällt, das mich an unsere Reise erinnert, die Telefonnummer des Reisebüros etwa oder einer der wunderschönen Kata-

loge, dann schießt mein Blutdruck in die Höhe, und mich packt die Wut. Mir war nicht klar, wie viel Zeit und Energie ich auf diesen Ärger verwandte und zu was für einem Jammerlappen ich geworden war, bis ich, etwa eine Woche bevor ich zu Ihnen kam, mit meiner besten Freundin Joan zum Mittagessen verabredet war. Ich redete darüber, wie wütend ich auf Rob und seinen Vater war, und fing an, meine ganze Litanei von Ungerechtigkeiten durchzuhecheln. Nach einer Weile nahm Joan meine Hand und sagte: »Hör mal, Mara, es tut mir wirklich Leid, dass du nicht fahren konntest, aber ich habe keine Lust mehr, mir immer wieder die Geschichte mit deinem Schwiegervater anzuhören. Mach Schluss mit dem Jammern und Klagen. Du kannst eine neue Reise planen, und wenn wieder etwas dazwischenzukommen droht, dann hoffe ich, dass du und Rob den Mut haben, euch durchzusetzen. Die Reise ist gar nicht das eigentliche Problem, und du weißt das. Das wirkliche Problem ist, warum ihr eine solche Behandlung zulasst.«

Ich erklärte Mara, dass sie sich vermutlich etwas anderes vorgestellt hatte als Joans vordergründig fehlende Sympathie, dass jedoch Joan meiner Meinung nach nicht nur äußerst klug, sondern auch sehr freundschaftlich reagiert hatte. Statt Maras vermeintliche Hilflosigkeit mit Kommentaren wie »Ist es nicht schrecklich!« und »Ach, du Arme!« zu unterstützen, half sie ihrer Freundin bei den ersten Schritten, um aus dieser Sackgasse herauszufinden. Joan erkannte zudem scharfsinnig, dass die abgesagte Reise, so enttäuschend dies auch sein mochte, nur das Symbol für ein viel verworreneres Problem war.

»Sie haben Recht, Joan hat Recht, meine Eltern haben Recht!«, rief Mara. »Ich bin in einer Sackgasse. Der ganze Wust meiner Gefühle fühlt sich an wie ein Sumpf. Ich hasse es, wie Jack Rob rumkommandiert, und ich hasse den Einfluss, den er auf unser Leben hat. Das macht mich zu einem Menschen, den ich nicht mag. Ich belege Robs Vater hinter seinem Rücken mit schrecklichen Schimpfwörtern, und hinterher fühle ich mich entsetzlich deswegen.«

Wenn Sie die Straße entlanggehen, erklärte ich Mara, und jemand schlägt Sie nieder und stiehlt Ihr Geld, dann sind Sie ein wahres Opfer – jemand, der keinerlei Einfluss auf das hat, was ihm zugestoßen ist. Doch im Umgang selbst mit den entsetzlichsten Schwiegereltern haben Sie viele Wahlmöglichkeiten und Optionen.

»Aber welche Wahlmöglichkeiten habe ich denn?«, fragte Mara aufgebracht. »Ich habe keine Ahnung! Wenn ich Jack die Meinung sage, dann ist Rob sauer auf mich und genau der Schwächling, als den ich ihn in dieser Situation erlebt habe. Ich will aber nicht, dass das geschieht, und wenn ich …«

»Halt!«, gebot ich Mara. »Sie drehen sich im Kreise. Natürlich wissen Sie nicht, was Sie tun sollen, sonst hätten Sie es bereits getan und müssten nicht hier sitzen. Sie sind in einem emotionalen Kreislauf negativen Denkens gefangen, der zu Zwangsvorstellungen und einer Opferhaltung führt. Lassen Sie uns damit anfangen, dass wir ein paar der Vorstellungen, die Sie zum Opfer machen, näher untersuchen und durch realistische neue Überzeugungen ersetzen, die wieder Hoffnung in Ihnen wecken.«

Hoffnungslosigkeit verwandeln

Ich forderte Mara auf, ihre fünf am häufigsten wiederkehrenden Überzeugungen in Verbindung mit ihrer Situation zu nennen. Nach einigem Nachdenken schrieb sie Folgendes auf:

- Die Dinge werden sich nie ändern.
- Ich habe keinerlei Einfluss.
- Robs Vater geht immer und aus jeder Konfrontation als Sieger hervor.
- Robs Vater ruiniert unser Leben.
- Vielleicht sollte ich mich einfach scheiden lassen.

Die Überzeugungen von Opfern sind getränkt in Hoffnungslosigkeit und einem Gefühl von Endgültigkeit. Worte wie »nie«, »immer« und »keinerlei« kommen häufig vor. Und diese Überzeugungen erscheinen absolut real und zutreffend, wenn man sich mitten im Strudel befindet. Kein Wunder, dass Mara so niedergeschlagen und entmutigt war.

Mara und ich wandten uns nun den fünf Punkten zu, die sie aufgeschrieben hatte, um ihre irrigen Vorstellungen möglichst zu modifizieren. Ich forderte sie auf, bei jedem Punkt darauf zu lauschen, was der weisen Person hinter dem Einwegspiegel, die sich selbst beobachtet, dazu einfiel und ein paar Worte aufzuschreiben, die einen Gegenpol zur Negativität der ursprünglichen Auffassungen bildeten. Ich machte ihr klar, dass sie nur das aufschreiben durfte, was sie selbst tun konnte, und nicht, was sie gerne als Handlung von Rob oder ihrem Schwiegervater gesehen hätte. Anfangs fiel es ihr schwer, Passivität und negative Stimmung hinter sich zu lassen, doch schon bald war ihr Interesse an unserer Arbeit geweckt, und ich sah mit Freude, dass ihr Humor und ihr Schwung zurückkehrten. Als sie fertig war, ließ ich sie die neue Liste laut vorlesen. So hörten sich ihre Überzeugungen nach dem zweiten Durchgang an:

- »Die Dinge werden sich nie ändern … bis ich meinen Hintern hochbringe, aufhöre zu jammern und endlich etwas unternehme.«
- »Ich habe keinerlei Einfluss. Ach wirklich? Es wird nicht einfach sein, und ich weiß, über Nacht wird sich keine Verbesserung einstellen, aber, um Himmels willen, mir ist es immerhin gelungen, ein angesehenes Tänzerstipendium zu erringen und einen Job bei einer großartigen Tanztruppe, und ich habe meiner jüngeren Schwester geholfen, aufs College zu kommen. Ich habe keinen Einfluss? So ein Quatsch!«
- »Robs Vater geht immer aus jeder Konfrontation als Sieger

hervor … bisher. Mehr will ich darüber jetzt nicht sagen, denn ihm stehen einige Überraschungen bevor.«

- »Robs Vater ruiniert unser Leben … aber nur, wenn wir es zulassen. Er hat großen Einfluss, aber so viel nun auch wieder nicht.«
- »Vielleicht sollte ich mich einfach scheiden lassen. Oder vielleicht sollte ich mich einfach beruhigen und erkennen, dass dies eine wunderbare Gelegenheit ist, um ein paar neue Fertigkeiten zu lernen und mehr über mich zu erfahren. Auf keinen Fall ist jetzt der richtige Augenblick, um so weit reichende Entscheidungen zu treffen. Es spricht noch so viel für Rob und mich. Wir müssen nur erst wieder ins richtige Fahrwasser zurückfinden.«

Mir war klar, dass Mara sich sehr viel stärker anhörte, als sie sich im Augenblick tatsächlich fühlte, aber das spielte keine Rolle. Es ist äußerst wichtig, sich Ziele zu setzen, selbst wenn die Gefühle noch etwas hinterherhinken. Wenn Sie sich Ziele setzen, dann geschehen faszinierende Dinge: Die Gefühle schließen auf, sobald Sie mit mehr Mut agieren. Der Prozess dauert viel länger, wenn Sie darauf warten, dass Sie sich besser fühlen, bevor Sie sich zu Veränderungen durchringen.

Mara hatte sich realistische und gesunde Ziele gesetzt. Es war nur eine Frage der Zeit, bis sie das Selbstvertrauen auch spüren würde, das zunächst nur auf dem Papier stand.

Ich bat Mara außerdem, im Hinblick auf ihr Trinken, das sie als Mittel gegen ihre Frustration und ihren Groll angefangen hatte, eine Verpflichtung einzugehen. Da sie in ihrem bisherigen Leben mit Alkohol keine Schwierigkeiten gehabt hatte, bat ich sie, in Erwägung zu ziehen, das Trinken eigenverantwortlich einzustellen. Sie war überzeugt, dass ihre neue Hoffnung und Energie ihr Bedürfnis nach Alkohol vollkommen auflösen würden. Doch da sie die Tochter eines Alkoholikers war, wusste sie von ihrer Suchtgefährdung. Sie stimmte zu, sich den Anonymen

Alkoholikern anzuschließen, sollte es ihr nicht gelingen, ihren Alkoholkonsum innerhalb kürzester Frist unter Kontrolle zu bekommen. Ich versprach ihr, dass wir beide zusammen die Einhaltung dieser Vorsätze genau überwachen würden, denn es ist unmöglich, die für solche Arbeit erforderliche Klarheit aufzubringen, wenn der Geist vom Alkohol umnebelt ist. Zum Glück war das Trinken schon bald kein Thema mehr.

Lügen maskieren sich als Wahrheit

Die aus der Opferhaltung erwachsenen Überzeugungen sind Lügen, die wir für die Wirklichkeit halten. Sie sind eine Quelle vieler unserer Gefühle im Zusammenhang mit ohnmächtiger Wut und Hilflosigkeit. Interessanterweise sind weder Monate noch Wochen erforderlich, um diese Überzeugungen zu ändern. Wenn man sie mit der Wirklichkeit konfrontiert, dann lösen sie sich rasch auf. Vielleicht leisten sie noch ein wenig Widerstand, doch schließlich sind die Klarheit und Kraft der Wahrheit zu viel für sie und sie fallen in sich zusammen.

Bitte machen Sie die folgende Übung für sich selbst. Schreiben Sie Ihre aus der Opferhaltung erwachsenen Überzeugungen auf und fordern Sie sie dann heraus. Ersetzen Sie jedes »Ich kann nicht« durch »Ich habe noch nicht…« Für jedes »nie« oder »immer« setzen Sie wie Mara »bisher« ein. Lesen Sie sich Ihre neue Liste mehrmals laut vor. Lassen Sie einen Menschen teilhaben, dem Sie vertrauen, wenn Ihnen dies richtig erscheint.

Ihre Überzeugungen können denen von Mara ähnlich sein oder sich deutlich von ihnen unterscheiden. Wie immer sie auch lauten mögen und egal wie niedergedrückt Sie sich im Augenblick auch fühlen, Sie sind fähig, diesen innersten Funken und damit auch das Gegenmittel gegen Ihre Opferhaltung zu finden. Sie sofort niederzuschreiben ist ein gutes Mittel, sie zu überwinden. Und die Beschreibung Ihrer geplanten Handlungen motiviert Sie, die Opferhaltung abzulegen und steigert *Ihre* Macht.

Falle 2:
Überreaktion

Überreaktionen lassen den Blutdruck in die Höhe schießen. Sie können als Explosion, Wutanfall, Schreien, Rückzug in wütendes Schweigen und tausenderlei andere Verhaltensformen zum Ausdruck kommen, die in keinerlei Verhältnis zu dem auslösenden Moment stehen.

Überreaktionen kann man bei anderen nur schwer übersehen. Doch sie bei sich selbst zu erkennen fällt oft schwer, denn wenn einer unserer neuralgischen Punkte gedrückt wird, dann sind wir überzeugt, dass wir auf eine entsetzliche Beleidigung angemessen reagieren. Oft sagen uns Schuldgefühle und Verlegenheit erst im Nachhinein, dass wir über das Ziel hinausgeschossen sind.

Pam, die junge Schaufensterdekorateurin, wurde ständig von ihrer Schwiegermutter Sylvia kritisiert. Einige von Sylvias Kommentaren waren relativ harmlos, doch viele von ihnen waren direkte persönliche und natürlich unerbetene Angriffe auf Pams Äußeres. Pam reagierte, indem sie eingeschnappt war und sich zurückzog, statt Sylvia die Stirn zu bieten. Ihr auf diese Weise unterdrückter Groll ließ sie auf jeden Kommentar Sylvias hypersensibel reagieren. Schließlich löste eine nahezu wohlwollende Bemerkung die Explosion aus.

Wir deckten gerade den Tisch für Chris' Geburtstagsfeier, als Sylvia mich korrigierte. »Meine Liebe«, sagte sie, »die Vorspeisengabeln müssen links von den Gabeln für das Hauptgericht liegen.« Sie hörte sich so selbstgefällig und besserwisserisch an, aber vielleicht wollte sie ja nur helfen. Ich weiß es nicht. Jedenfalls hörte ich aus ihren Worten nur, »Du bekommst aber auch gar nichts hin. Du wirst nie eine so vollendete Gastgeberin sein wie ich«. Ich knallte die Gabeln auf den Tisch und brach in Tränen aus. Ich sagte ihr, sie könne den Tisch decken, wie sie es für richtig halte, und ging hinaus, um mich zu beruhigen. Da-

mals dachte ich, dass ich nun endlich meinen Gefühlen freien Lauf gelassen hatte, doch im Rückblick schäme ich mich für den Vorfall und komme mir ein bisschen albern vor. Bei Sylvia habe ich immer das Gefühl, auf ihren nächsten Angriff warten zu müssen, aber diesmal, das muss ich zugeben, war, was sie gesagt hat, gar nicht so schlimm. Was tue ich mir bloß an, Susan?

Als Pam und ich den Vorfall näher untersuchten, erinnerte sie sich daran, dass sie sich in der Gegenwart ihrer glamourösen und als Künstlerin hoch talentierten Mutter, die keine Gelegenheit ausließ, ihre beeinflussbare Tochter daran zu erinnern, wie wenig sie richtig machte, immer irgendwie unzulänglich fühlte.

Jedes Mal, wenn meine Mutter mich niedermachte, dann leitete sie ihren Kommentar mit diesem falsch-süßlichen »Meine Liebe« ein und ließ dann eine herabsetzende Kritik folgen. Natürlich konnte ich als Kind nicht angemessen reagieren, zog mich vielmehr verletzt in mein Zimmer zurück und weinte. Bis zum heutigen Tage habe ich das Gefühl, die Zähne zusammenbeißen zu müssen, wenn jemand seinen Satz mit »Meine Liebe« einleitet. Und wie spricht Sylvia mich an, wenn sie herablassend ist? Mit den gleichen Worten im fast gleichen Tonfall!

»Pam«, sagte ich, »in 99 Prozent der Fälle, in denen unsere Reaktion in keinem Verhältnis zum Vorgehen steht, reagieren wir auf etwas aus unserer Vergangenheit und übertragen die dazu gehörigen Gefühle auf das gegenwärtige Ereignis.

Ich möchte Ihnen ein Beispiel für Überreaktion aus meinem eigenen Leben geben. Als ich noch ein Teenager war, beschäftigte sich meine Mutter auf geradezu zwanghafte Weise damit, wie ich meine Haare trug, und sie fummelte ständig an ihnen herum und versuchte, sie mir aus dem Gesicht zu schieben. Das hörte auch nicht auf, als ich schon das College besuchte, und die Bitte, dies sein zu lassen, half nicht. Sie tat das sogar vor meinem Freund, was mich wirklich demütigte und erzürnte. Und, Sie werden es kaum glauben, sie tut es noch immer! Aber inzwischen muss sie ihre Hand nur irgendwie in die Nähe meines Gesichts bewegen, und schon gehe ich los wie eine Rakete. All die alten Gefühle werden in mir nach oben gespült. Ich kann es nicht einmal ertragen, wenn sie mir sagt, dass mein Haar hübsch aussieht – ich will einfach nicht, dass sie sich auch nur irgendwie mit meinen Haaren beschäftigt! Doch anders als früher, können wir inzwischen gemeinsam darüber lachen. Erkennen Sie anhand dieser Geschichte, wie selbst kleine Gesten oder sogar ein einzelnes Wort alte Gefühle aktivieren und Überreaktionen auslösen können?«

Den Mangel an Glaubwürdigkeit beheben

Wenn Sie bei jedem kleinsten Vergehen Ihrer Schwiegereltern aus einer Mücke einen Elefanten machen, dann erwecken Sie folgenden Eindruck:

- Die Menschen, die solche Überreaktionen miterleben, werden Sie mit der Zeit als hysterisch einstufen.
- Wie der Schäferjunge, der wegen eines angeblichen Wolfes wieder und wieder blinden Alarm schlägt, wird Sie niemand mehr ernst nehmen, wenn Sie einen legitimen Grund dazu haben.
- Sie bestärken Ihre Schwiegereltern in ihrer Auffassung, dass Sie das Problem sind.
- Sie geraten in Verlegenheit und fühlen sich unzulänglich, weil Sie sich von Ihren Affekten leiten lassen und Ihnen niemand wirklich zuhören will.

All dies erscheint mir nicht besonders wünschenswert, und ich bin sicher, Ihnen ergeht es ebenso.

Ich erkläre Pam, mein Rat solle keineswegs darauf hinauslaufen, dass sie kein Recht habe, sich zu wehren, wenn Sylvia anfange, ihr die Hölle heiß zu machen. Doch wie dies am besten geschehen könne, dem würden wir uns erst im nächsten Schritt zuwenden. In dieser frühen Phase gehe es darum zu lernen, zwischen kleinen, unbedeutenden Ärgernissen wie etwa im Fall des Vorspeisenbestecks und richtigen Angriffen, die eine persönliche Beleidigung darstellen, unterscheiden zu lernen.

»Aber wie soll ich in der jeweiligen Situation den Unterschied erkennen?«, wollte Pam wissen.

In einer gefühlsbetonten Zeit wie der unseren, in der uns weisgemacht wird, dass das Zurückhalten von Gefühlen unserem physischen und emotionalen Wohlergehen schaden kann, ist es möglicherweise schwierig, angemessene Gefühlsäußerungen und Überreaktionen auseinander zu halten.

Auch wenn es Ihnen nicht gelingt, Ihre Neigung zur Überreaktion bis zu ihren Ursprüngen zurückzuverfolgen, so können Sie einen Gefühlsausbruch doch sicher unter Kontrolle halten, indem Sie sich zum Beobachter der Situation machen. Dieser Trick verlangt ein wenig Übung, aber der Einsatz ist es allemal wert.

Wenn Sie das nächste Mal das Gefühl haben, dass Sie gleich aus den Fugen geraten werden, entschuldigen Sie sich, verlassen den Raum und ziehen sich an einen Ort zurück, an dem Sie sich beruhigen können. Stellen Sie sich dann die folgenden Fragen:

- Ist das, was sie/er gerade gesagt hat, grausam?
- Werde ich durch das Gesagte in meiner Würde verunglimpft?
- Ist das Gesagte beleidigend?
- Fühle ich mich dadurch beschimpft?

Ein Großteil der schwiegerelterlichen Bemerkungen fällt in die Vorspeisenbesteckkategorie – sie sind vielleicht ärgerlich oder nerven, aber mehr auch nicht. Wenn dies zutrifft und Sie keine der obigen Fragen rundheraus und ehrlich mit »Ja« beantworten können, dann sollten Sie sich Ihre Energie für wichtigere Konfrontationen aufsparen. Bis solche Auseinandersetzungen an der Reihe sind, werden Sie über spezielle Vorgaben und Strategien verfügen, mit deren Hilfe Sie sich Ihren bösen Schwiegereltern direkter entgegenstellen können.

Falle 3:
Übertriebene Zurückhaltung

Übertriebene Zurückhaltung ist die Kehrseite von Überreaktion. Wut und Verletzung sind ebenso groß und die Situation gleichermaßen spannungsgeladen, doch statt um sich zu schlagen, verschließen Sie Ihre Gefühle und verinnerlichen die Negativität, die um Sie her verbreitet wird. Vielleicht leugnen oder rationalisieren Sie wirklich schwer wiegende Episoden oder versuchen sogar, sich selbst zu überzeugen, dass es gar nicht so schlimm war. Sie tun alles, um unangemessene Zusammenstöße und Veränderungen zu vermeiden.

Diane, die Warenhauseinkäuferin, der Sie bereits in dem Kapitel über verschlingende Schwiegereltern begegnet sind, hatte Schwiegereltern, die darauf bestanden, wochenlang bei ihr zu Hause zu kampieren. Ihr Mann John ließ sich durch die Schuld- und Verpflichtungsgefühle, die seine Eltern in ihm wachriefen, wenn er Alternativvorschläge machte, unter Druck setzen und zum Nachgeben bewegen, und Diane fügte sich Johns Willen. Für Diane war die Folge Frustration und eine nicht abreißende Serie von Migräneanfällen.

Susan, ich weiß, dass ich mit der Situation vollkommen falsch umgehe. Ich stehe nicht zu meiner Einstellung, sondern gebe immer nur Johns Bitten nach. Wenn seine Eltern da sind, bin ich die ganze Zeit entsetzlich angespannt, aber ich würde für meine schauspielerische Leistung bestimmt einen Oscar gewinnen. Ich bin so nett zu ihnen, dass mir davon selbst schon schlecht wird. Wenn sie dann endlich abreisen, bin ich so gestresst, dass ich mich am liebsten eine Woche lang ins Bett legen würde.

Diane beschrieb ein Verhalten, das typisch ist für Menschen, die ihre Gefühle auf übertriebene Weise zurückhalten: die Fassade aus Freundlichkeit, während der Betreffende innerlich kocht, die körperlichen Symptome und die Weigerung, Unruhe jeglicher Art zu bewirken.

Lernen, die richtigen Worte zu finden

Ein weiteres klassisches Beispiel für übertriebene Zurückhaltung lieferte Kim, deren Schwiegervater Phil sich bei ihr sexuelle Übergriffe herausgenommen hatte.

»Was hätte ich denn tun sollen? Ihm eine knallen? Ich habe es meinem Mann und meiner Schwiegermutter erzählt…«

»Aber mit Phil haben Sie nicht gesprochen, oder?«, fragte ich.

»Was hätte ich denn sagen sollen?«, entgegnete sie.

»Na ja, Sie haben doch eine Tochter im Teenageralter. Lassen Sie uns einmal annehmen, er würde sich ihr gegenüber ebenso verhalten. Meinen Sie, Ihnen wäre dann etwas eingefallen, was Sie ihm hätten sagen können?«

»Selbstverständlich wäre mir da etwas eingefallen«, antwortete Kim. »Ich hätte ihm gesagt, dass er ein Widerling ist und dass er sich besser behandeln lassen sollte. Ich würde ihm sagen, dass er meiner Tochter nicht mehr nahe kommen darf und dass ich sein Haus nie wieder betreten würde und er auch in unserem nicht mehr willkommen wäre, wenn er sich noch einmal an sie heranmachte. Ich hätte es meinem Mann sofort erzählt und darauf bestanden, dass er seinem Vater die erforderlichen Vorschriften macht. Ich hätte es meiner Schwiegermutter erzählt, damit sie sich endlich klarmacht, was für eine Art Mann sie da geheiratet hat, und ich hätte auch die übrigen Familienmitglieder gewarnt, damit sie ihre Kinder vor ihm schützen können.«

»Und warum konnten Sie das nicht für sich selbst tun?«, fragte ich.

»Ich weiß es nicht… ich fühlte mich wie gelähmt. Sein Verhalten hat mich derart schockiert, dass ich kein Wort über die

Lippen brachte. Es fällt mir schwer, wütend zu werden – wenn es um Menschen geht, die mir viel bedeuten, dann gelingt es mir, aber wenn es nur um mich geht, dann scheint es irgendwie nicht so wichtig zu sein.«

Haben Sie die äußerst viel sagende Aussage Kims bemerkt: »Aber wenn es nur um mich geht, dann scheint es irgendwie nicht so wichtig zu sein?« Wie die Beispiele von Diane und Kim deutlich zeigen, haben Menschen, die übertrieben zurückhaltend reagieren, wenn sie eigentlich aus der Haut fahren sollten, für gewöhnlich eine verzerrte Vorstellung von ihrem Wert und ihrer Bedeutung. Wenn Sie in diese Kategorie gehören, dann

- ignorieren Sie fortwährend Ihre eigenen Gefühle,
- glauben Sie, dass der Fehler grundsätzlich bei Ihnen liegt,
- tun Sie so, als sei alles in Ordnung, wenn das Gegenteil der Fall ist,
- bringen Sie Ihre unterdrückten Gefühle in körperlichen Leiden zum Ausdruck,
- ziehen Sie es vor, das zu ertragen, was andere Ihnen antun, um jegliche Auseinandersetzung zu vermeiden,
- hatten Sie schon immer Schwierigkeiten damit, sich selbst zu schützen.

Wenn Sie feststellen, dass in Konfliktsituationen auch nur eine oder zwei dieser Verhaltensweisen auf Sie zutreffen, dann sind Sie ein Mensch, der übertriebene Zurückhaltung übt.

Oberflächlich betrachtet wirkt übertriebene Zurückhaltung gesünder als heftige Überreaktionen. Doch keines dieser Reaktionsmuster ist auf Dauer Erfolg versprechend. Übertriebene Zurückhaltung zahlt sich nur sehr kurzfristig aus. Sie zögert lediglich den Zeitpunkt Ihres letztendlichen Handelns heraus. Doch die Nachteile einer solchen Strategie sind viel zu groß, um die momentane Erleichterung zu rechtfertigen. Indem Sie Ihre unabwendbar erforderliche Reaktion hinauszögern, tragen

Sie lediglich dazu bei, dass sich die Verhaltensmuster der übrigen Beteiligten verfestigen, und schaden Ihrer Selbstachtung. Außerdem ist es emotional anstrengend, eine falsche Fassade aufrechtzuerhalten. Sicherlich werden Sie zustimmen, dass dieser Preis zu hoch ist.

Geben Sie Ihren Gefühlen freien Lauf

Wenn Sie dazu neigen, übertriebene Zurückhaltung zu üben, dann ist es an der Zeit, Ihre Gefühle herauszulassen. Wie so vieles sinnloses Verhalten hat auch übertriebene Zurückhaltung ihre Wurzeln in der Angst: davor, dass Sie schlecht dastehen, dass die Leute Ihr Verhalten missbilligen oder dass Sie die Kontrolle verlieren könnten. Je länger Sie jedoch Ihren Ärger und Ihre Verstimmungen unterdrücken, desto größer ist die Wahrscheinlichkeit, dass Sie genau die Art gewaltige Explosion erleben, die Sie so dringend vermeiden wollen. Ich habe die Erfahrung gemacht, dass Menschen, die all ihre nicht zum Ausdruck gebrachten Gefühle speichern, zu viel gewaltigeren Explosionen neigen als jene, die ihre Gefühle wohl dosiert zum Ausdruck bringen.

Für übertrieben Zurückhaltende ergibt sich oft eine Verzögerung zwischen dem eigentlichen Ereignis – etwa der Beleidigung, der Verletzung oder einer ihn vollkommen in Anspruch nehmenden Einladung – und dem Augenblick, da er es als solches erkennt. Sie können diese Verzögerung verkürzen und sich Ihre Gefühle rascher bewusst machen, indem Sie die »Aua!«-Technik praktizieren. Wenn nach einem Zusammenstoß mit Ihren Schwiegereltern oder Ihrem Partner Ihre Anspannung zunimmt, Ihr Herz zu hämmern beginnt oder Ihr Magen sich zusammenzieht, dann halten Sie inne, sobald Ihnen Ihr körperliches Symptom bewusst wird. Sagen Sie laut: »Aua! Das hat wehgetan!« Widerstehen Sie dem automatischen Bedürfnis, den Ärger beiseite zu schieben und zu vergessen. Bleiben Sie bei dem Gefühl. Gestehen Sie sich selbst ein: Ich bin wütend. Ich bin verletzt. Ich bin aufgebracht. Aua!

»Aua!«, zu sagen, mag Ihnen albern vorkommen, aber es ist eine großartige Methode, um den Kanal zu öffnen zwischen Ihrem Körper, der die Situation offenbar sofort erkennt, und Ihrem diese Erkenntnis verweigernden Geist. Vielleicht entwickelt sich Ihr »Aua« zu einem »Aua! Das hat aber wehgetan, und ich habe etwas Besseres verdient« oder zu »Aua! Das hat wehgetan und ich bin verdammt wütend«. Vielleicht wollen Sie auch einfach sagen:

- Ich bin wütend.
- Das hat sich nicht gut angefühlt.
- Ich bin aufgebracht.
- Ich bin wütend und fürchte zu explodieren.

Üben Sie zunächst mit Freunden oder Geschwistern – mit Menschen also, denen Sie vertrauen. Sie verdienen die Erleichterung, die Sie spüren, wenn Sie Ihre wahren Gefühle zulassen, auch dann, wenn Sie zu diesem Zweck das gefahrlose, falsche Lächeln durch das Wort »Wut« ersetzen müssen.

Da Sie nun lernen, Ihre Gefühle rascher zuzulassen, werden Sie feststellen, dass sich in Ihnen ein Gefühl von Dringlichkeit aufbaut – Sie wollen umgehend reagieren, wenn die Verletzung stattfindet. Dies wirkungsvoll zu tun, lernen Sie mit den neuen Kommunikationstechniken, die ich Ihnen in den nächsten Kapiteln vorstellen werde.

9
Wenn Erwartungen Schaden anrichten

Stellen Sie sich vor, Sie hätten bei Ihrer Hochzeit die folgende Verpflichtung auf sich genommen:

> Willst du, ___________, ___________ zu deinem vor dem Gesetz rechtmäßigen Mann/deiner rechtmäßigen Frau nehmen? Unter der Voraussetzung, dass du ein Mitglied der Familie deines Partners/deiner Partnerin wirst, und eingedenk der Tatsache, dass es zwar Liebe und Zuneigung, aber unvermeidlich auch Differenzen und Konflikte geben wird? Versprichst du, deine Erwartungen auf ein vernünftiges Maß zu beschränken und nicht all deine Bedürfnisse auf deinen Partner oder deine Schwiegereltern zu projizieren? Und versprichst du außerdem, diese Erwartungen zu untersuchen, wenn du enttäuscht, ärgerlich, wütend oder verletzt bist?

Nur sehr wenige Menschen könnten diese Fragen, die eine entscheidende Rolle bei den meisten Schwierigkeiten mit Schwiegereltern spielen, mit einem uneingeschränkten »Ja« beantworten. Lassen Sie uns also hier und jetzt unrealistische Erwartungen und das, was sie Ihnen antun, kritisch unter die Lupe nehmen.

Falle 4:
Unrealistische Erwartungen im Hinblick auf sich selbst
Sie haben einen tollen Job, Sie fühlen sich stark und gesund, haben vielleicht nette Kinder, nette Freunde. Also sind Sie zu

der Überzeugung gekommen, dass jeder, der so gut funktioniert wie Sie, mit allem klarkommt, auch mit diesen verdammten Schwiegereltern. Sie schaffen das, sagen Sie sich. Schließlich sind Sie erwachsen (wenn das schon auf sonst niemanden in der Familie zutrifft). Sie empfinden es als Ihre Aufgabe, das Schlimme zu ertragen und Güte und Vernunft auszustrahlen, so lange, bis die anderen wieder zu sich kommen.

Holly, deren Schwiegermutter Judy sie ständig wegen ihres Gewichts schikanierte, musste sich eingestehen, dass sie angesichts von Judys Grausamkeit viel zu viel von sich erwartet hatte.

Sie können sich nicht vorstellen, wie oft ich mir, wenn ich den Tränen nahe war, gesagt habe: »Du bist stark. Lass dich nicht von ihr fertig machen. Begib dich ja nicht auf ihr Niveau.« Was können Worte denn schließlich schon für Schaden anrichten? Es sind ja nur Worte. Aber inzwischen weiß ich, sie können höllisch verletzend sein. Und weil es mir nicht gelang, sie einfach an mir abprallen zu lassen, fühlte ich mich obendrein auch noch wie ein Schwächling.

Holly unterschätzte nicht nur die Wirkung, die Judys verbale Attacken auf sie hatten, sie machte sich außerdem auch noch Vorwürfe, weil es ihr nicht gelang, die andere Wange hinzuhalten.

Holly war in vielen Bereichen ihres Lebens eine starke Frau, aber leider lassen sich ausgezeichnete Arbeitsleistung oder gute Teamfähigkeit nicht so ohne weiteres auf die Familiensituation übertragen.

Ich bat Holly, sich ihre Erwartungen im Hinblick auf sich selbst und ihren Umgang mit Judy genau anzusehen und bis zum nächsten Mal all ihre Erwartungen, ob realistisch oder unrealistisch, aufzuschreiben. Als sie in der darauf folgenden Woche zu mir kam, erklärte sie mir, dass sie diese Aufgabe als äußerst lehrreich empfunden habe.

Diese Übung hat mich mit der Nase darauf gestoßen, wie unrealistisch meine Erwartungen an mich selbst sind, wie unmöglich es ist, meine selbst gestellten Anforderungen zu erfüllen. Mir ist klar geworden, dass ich im Umgang mit Judy über übernatürliche Fähigkeiten verfügen und von allen normalen Verletzlichkeiten hätte frei sein müssen, um mit ihr klar zu kommen. Ich wusste, dass Preston mich entsetzlich verletzen konnte, aber wie sehr Judy mir zusetzt, habe ich bisher nicht erkannt. Die wichtigsten Eingeständnisse auf dieser Basis sind: Es ist realistisch, sich verletzt zu fühlen, wenn man beleidigt wurde, es ist realistisch, wütend zu werden, wenn man angegriffen wird, und es ist realistisch, »Aua!« zu sagen. Damit will ich wohl sagen, es ist realistisch, davon auszugehen, dass man ein Mensch mit Gefühlen ist, und absolut unrealistisch zu glauben, man bestehe aus Eisen.

Holly musste feststellen, dass es kaum einen Menschen gibt, der sich nicht durch schlechte Behandlung angegriffen fühlt, egal wie viele gute Eigenschaften er auch hat, und dass niemand erwarten kann, solche Angriffe einfach wie ein Stäubchen auf dem Mantelkragen abzuschütteln. Sie erkannte, dass diese übertriebenen Erwartungen an sich selbst sie daran gehindert hatten, mit Judy auf angemessene Weise umzugehen. Sie würde lernen müssen, auf Kritik und Zurückweisung zu reagieren, nicht indem sie ihre verletzten Gefühle verbarg, sondern indem sie sich direkt mit der Person auseinander setzte, die sie schlecht behandelte.

Was erwarten Sie von sich, wenn Sie mit dem schwierigen Verhalten Ihrer Schwiegereltern konfrontiert werden? Stellen Sie an sich realistische oder übermenschliche Anforderungen? Würden Sie von Ihrer besten Freundin erwarten, dass sie die gleichen Anforderungen erfüllt?

Falle 5:
Unrealistische Erwartungen im Hinblick auf den Partner
Bisher sind Ihnen in diesem Buch vor allem Partner begegnet, die ihr Elternhaus zwar physisch, nicht aber psychisch verlassen haben. Wann greift Ihrer Meinung nach das Eheversprechen? Nach einem Jahr? Nach zwei Jahren? Niemand weiß es. Die meisten Menschen gehen einfach davon aus, dass ein Paar, sobald es verheiratet ist, seine Eltern zurücklässt und eine eigene starke Einheit bildet.

Wie die meisten Menschen haben Sie vermutlich angenommen, dass der Wechsel Ihres Partners aus dem Einflussbereich seiner Eltern in den Ihren automatisch und unverzüglich stattfindet – und das obwohl Sie wahrscheinlich genügend Warnsignale dafür bekommen, dass ihm die Trennung von seinen Eltern schwer fallen würde – ebenso schwer wie Ihnen die Ihre. Und die meisten Menschen erwarten von ihrem Partner, dass er sie beschützt und für sie einsteht, egal was kommt.

Liz, die Kindergärtnerin, war tief verletzt, als ihr Mann Paul das verschlingende Verhalten seiner Mutter Terry äußerst wohlwollend kommentierte. Paul ging sogar noch einen Schritt weiter und erklärte, dass Liz' Aufregung ihr eigenes Problem und mit Sicherheit auf ihre unglückliche Kindheit zurückzuführen sei.

Liz konnte natürlich nur wahrnehmen, wie sehr sie sich betrogen fühlte. Ich machte sie darauf aufmerksam, dass die Annahme, Paul würde seine Mutter nach der Hochzeit nur noch mit Liz' Augen sehen und erkennen, wie sehr sie alles in ihrer Nähe erdrückte, vielleicht doch etwas unrealistisch war. Eine so große Veränderung konnte nicht einfach über Nacht stattfinden. Und sie würde vermutlich gar nicht stattfinden, wenn Liz weiterhin Terry als Bösewicht des Dramas abstempelte.

Ich forderte Liz auf, sich darauf zu konzentrieren, wie Paul seine Mutter sah, und sich in seine Lage hineinzuversetzen.

»Für ihn ist das Verhalten seiner Mutter vollkommen normal

und vertraut«, sagte ich zu ihr. »Er empfindet es als gütig und interpretiert alles durch seinen eigenen Filter. Er hat noch nicht begriffen, dass Sie Ihre Schwiegermutter nicht mit seinen Augen sehen und dass Sie andere Eindrücke haben als er. Der Mensch, den wir heiraten, ist nicht unser Klon. Paul ist anders aufgewachsen. Die Situation, wie sie jetzt ist, ist ihm seit langem vertraut. Auf keinen Fall kann er nachvollziehen, wie die Anforderungen seiner Eltern auf Sie wirken. Und unglücklicherweise wird er, wenn es hart auf hart kommt, wie die meisten die Partei der Menschen ergreifen, mit denen ihn die längere gemeinsame Geschichte verbindet. Das ist traurig, aber wahr. Ich weiß, dass Paul sich einverstanden erklärt hat, ebenfalls zur Beratung zu kommen, aber wenn Sie wollen, dass er Ihre Gefühle versteht, dann müssen Sie sich auch um die seinen bemühen und ihm dazu genug Zeit geben. In der Zwischenzeit können Sie versuchen, einen Kompromiss mit Ihren Schwiegereltern auszuhandeln. Entsprechen Sie in einigen Dingen ihren Wünschen und erhandeln Sie sich im Tausch dafür kleine Freiheiten. Das wird die Situation erleichtern. Und geben Sie die Opferrolle auf. Ihre Situation lässt zahlreiche Lösungsansätze zu. Außerdem haben Sie sich so ausschließlich mit Ihrer Wut beschäftigt, dass Sie ganz und gar vergessen haben, was für einen netten Ehemann Sie haben und wie sehr Ihnen Ihr Beruf Spaß macht. Sie sind nicht das Opfer Ihrer Schwiegereltern, sondern Ihrer unrealistischen Erwartungen.«

Das Klima verändern

Pete, der Versicherungskaufmann, den Sie in dem Kapitel über die verschlingenden Schwiegereltern erlebt haben, musste gleichfalls feststellen, dass die Worte »Ja, ich will« Ellen nicht automatisch von einer Tochter in eine Ehefrau verwandelt hatten.

Also gut, dann bin ich eben meinen unrealistischen Erwartungen in die Falle gegangen. Aber wie komme ich da wieder raus?

Ich dachte, wenn ich sie immer wieder darauf hinweise, wie besitzergreifend ihr Vater ist, dann fasst sie sich eines Tages an die Stirn und ruft: »Wie Recht du doch hast! Natürlich ist er besitzergreifend. Wie konnte ich das nur übersehen? Mir war nicht klar, wie sehr du darunter leidest. Ich werde ihn bitten, uns nicht mehr so oft anzurufen und sich mehr aus unserem Leben herauszuhalten.« Aber wem versuche ich da etwas vorzumachen? Das ist leider nur eine Fantasievorstellung.

Pete bat mich, ihm eine Strategie zu zeigen, mit deren Hilfe er Ellen umgehend aus der erstickenden Umarmung ihres Vaters befreien könnte. Ich musste ihm erklären, dass man wenig tun konnte, solange Ellen selbst dazu nicht bereit war. Und auch, wenn man Ellens Bereitschaft voraussetzen kann, handelt es sich um einen Prozess, der Zeit und sehr viel Geduld verlangt. Ellen konnte einfach nicht verstehen, warum das Verhalten ihres Vaters, mit dem sie ihr ganzes bisheriges Leben zusammen gelebt hatte, problematisch war. Er verhätschelte sie und war sofort für sie da, wenn sie etwas brauchte – Ellen hatte also zwei Männer, die sich um sie kümmerten.

Ich sagte Pete, ich sei überzeugt, er werde jedes Mal, wenn er sich über Ellens Vater beschwerte, als derjenige abgestempelt, der die Probleme macht.

Da können Sie sicher sein! Ihre Lieblingskommentare sind: »Du bist zu empfindlich«, »Du bist zu emotional«, »Ich sehe da kein Problem«, »Kannst du ihn nicht ein wenig in Ruhe lassen, er versucht doch nur, uns zu helfen.« Gott, mir geht das derartig auf die Nerven! Ich schlage mit dem Kopf gegen die Wand. Ich habe die Nase voll davon, dass meine Frau sich wie eine Sechsjährige benimmt, die mit allem zu ihrem Papa läuft. Wozu bin ich da? Nur, um für sie die Rechnungen zu bezahlen?

Pete brauchte Übergangsstrategien, bevor er sich mit Ellen hinsetzen konnte, um eine ernstliche Problemlösung anzustreben. Ich hoffte, dass sie mit Pete zur Beratung kommen würde, auch wenn sie davon überzeugt war, dass es sich ausschließlich um Petes Schwierigkeiten handelte. Inzwischen war Pete kurz vorm Zerplatzen.

»Pete«, begann ich, »Sie haben gesagt, dass Sie mit dem Kopf gegen die Wand schlagen. Damit erreichen Sie natürlich nur, dass Ihnen der Kopf wehtut. Wie wäre es, wenn Sie es erst einmal damit versuchen, um die Wand herum zu gehen, statt so verzweifelt darauf zu beharren, dass Ellen die Dinge mit Ihren Augen sehen muss? Ich weiß, dass ich viel von Ihnen verlange, aber lauter zu schreien oder länger zu schmollen bewirkt gar nichts. Sie haben Ellen Ihre Meinung direkt ins Ohr trompetet, und trotzdem hat sie nicht auf Sie gehört. Ich möchte, dass Sie alles einstellen, was Sie bisher versucht haben – all das Streiten und Argumentieren, all das, was Sie so schrecklich frustriert. Ich möchte, dass Sie gar nichts tun, bis ich die Gelegenheit hatte, Ihnen ein paar neue Reaktionsmuster und Möglichkeiten des Selbstausdrucks beizubringen.

Sie haben gewusst, worauf Sie sich einlassen. Sie hatten reichlich Hinweise darauf, dass Ellen sich mit ihrem Vater eng verbunden fühlt. Wenn man einen Menschen heiratet, der mit zugehaltenen Ohren herumläuft, dann ist es unrealistisch zu erwarten, dass er damit aufhört, sobald er verheiratet ist. Genauso unrealistisch ist es anzunehmen, Ellen würde sich unmittelbar nach der Eheschließung in eine unabhängige, reife Frau verwandeln. Ich möchte also, dass Sie sich in der kommenden Woche hinsetzen und so viele Ihrer unrealistischen Erwartungen im Hinblick auf Ellen aufschreiben, wie Ihnen nur einfallen. Dann sollen Sie aufschreiben, welche Erwartungen sich vielleicht mit der Zeit, nicht über Nacht, erfüllen lassen. Damit will ich Ihre Aufmerksamkeit von Ellen und ihrem Vater und was sie Ihnen antun auf eine neue Perspektive für Sie lenken. Für die

Übergangszeit sollen Sie sich außerdem verpflichten, mit Ellen nicht mehr über ihren Vater zu sprechen. Wenn Sie es doch tun, dann ist es in Ihrem eigenen Interesse, so zurückhaltend und tolerant wie nur möglich zu sein. Das ist das Klima, in dem Sie und Ellen eine solide gemeinsame Basis aufbauen können. Ihre unrealistischen Erwartungen sind verständlich, doch sie tragen maßgeblich zu den Spannungen bei, die Ellen immer tiefer in die angenehme Welt ihres Vaters drängen. Ellens Vater ist als Gesprächsthema gestorben, einverstanden?«

Petes Bedürfnis nach Veränderung war besonders groß, und er bat nach Fertigstellung der Liste mit seinen falschen Erwartungen sofort um eine Extrastunde. Dies ist ein Teil seiner Liste:

Es ist unrealistisch zu erwarten,

- dass Ellen automatisch meine Wünsche höher bewertet als die ihres Vaters;
- dass sie die gleichen Dinge als unangenehm empfindet wie ich;
- dass für sie die Dringlichkeit von Veränderungen ebenso offensichtlich ist wie für mich;
- dass sie ihren Vater durch meine Augen sieht, denn sein Verhalten ist ihr so vertraut, dass sie es vermutlich gar nicht als außergewöhnlich wahrnimmt;
- dass sie sich nicht mehr nach ihrem Vater richtet, nur weil sie mitbekommt, dass ich mich über ihn aufrege;
- dass sie weiß, was und wie sie etwas verändern soll.

Es ist realistisch zu erwarten,

- dass Menschen tun, was sie schon immer getan haben, bis sie einen Grund finden, ihr Verhalten zu ändern;
- dass ich neue Herangehensweisen lernen muss, um ihr meine Gefühle und Bedürfnisse mitzuteilen;

- dass Zeit, Geduld und Arbeit erforderlich sind, um dieser Ehe zu einer soliden Basis zu verhelfen;
- dass Ellen Zeit braucht, um sich aus der engen Verbindung mit ihrem Vater zu lösen.

Petes Liste sollte Ihnen dabei helfen, Ihre eigene zu erstellen. Obgleich er äußerst frustriert war, ist sein Ton eher verständnisvoll und flexibel als wütend und verbittert. Ohne Zweifel steckte Ellen in alten Familienmustern fest und hatte die Fähigkeit verloren, das Verhalten ihres Vaters kritisch zu sehen. Fortgesetztes Herumnörgeln an ihr würde sie jedoch nur dazu veranlassen, in vertrautem Verhalten Trost zu suchen.

Auch wenn Sie auf Ihren Partner wütend sind, ist es in einem solchen Fall nützlich, Konfrontationen zu meiden und in die Beobachterrolle zu schlüpfen. Dann erst erkennen Sie, welche bedeutende Rolle Ihre in die Beziehung eingebrachten unrealistischen Erwartungen spielen.

Falle 6:
Unrealistische Erwartungen im Hinblick auf die Schwiegereltern

Es ist menschlich, sich nach Liebe, Akzeptanz und Wohlwollen von den Eltern des Menschen zu sehnen, den Sie lieben, und enttäuscht zu sein, wenn diese Dinge nicht so eintreffen, wie Sie es sich erträumt haben. Personen, die aus einer im Wesentlichen liebevollen und zugewandten Familie stammen, neigen zu der automatischen Annahme, dass ihre Schwiegereltern sich ebenso verhalten werden, weil sie bisher meist wenig Gelegenheit hatten, Erfahrungen mit anders gearteten Autoritätsfiguren zu sammeln. Der Umkehrschluss jedoch trifft in der Regel nicht zu, das konnte ich im Laufe der Jahre unzweifelhaft feststellen. Personen, die aus problematischen Familien stammen, nehmen an, dass ihre Eltern eine Ausnahme sind. Statt darauf gefasst zu sein, dass ihre Schwiegereltern vielleicht die gleichen verletzenden Verhaltensweisen an den Tag legen wie ihre Eltern, wollen sie in ihnen die Traumeltern sehen, nach denen sie sich schon immer gesehnt haben.

Vielleicht haben Sie Freunde oder Verwandte, die sich hervorragend mit ihren Schwiegereltern verstehen, und wünschen sich das verständlicherweise auch. Doch jede Familienkonstellation ist einzigartig. Wenn die Erwartungen, die Sie in Bezug auf Ihre Schwiegereltern haben, unrealistisch sind und dem Reich der Fantasie entstammen, dann verursachen Sie endlose Frustration und nicht selten großes Leid.

Die Hoffnung auf Ersatzeltern

Cal, der Bauunternehmer, war sicher, dass sein Schwiegervater Ray und er gute Freunde würden. Sie hatten viele gemeinsame Interessen, und beide verrichteten gerne Handwerksarbeit. Doch schon bald fing Ray an, Cal zu kritisieren und manchmal geradezu zu beleidigen, und Karen, was die Sache noch schlimmer machte, ergriff fast immer die Partei ihres Vaters und konnte nicht erkennen, wie verletzt Cal war. Alle Beteiligten brachten etwas ein, was eine keineswegs ideale Atmosphäre erzeugte. Doch Cals unrealistische Erwartungen waren eine Hauptursache seines Kummers.

Ich nehme mal an, jeder versucht, sich am Anfang von seiner besten Seite zu zeigen – alle benehmen sich großartig und geben sich Mühe, miteinander auszukommen. Entsprechend schockiert war ich, als er anfing, alles niederzumachen, was ich tat. Wo waren die Warnsignale? Wirklich, Susan, ich habe keine gesehen. Ich wusste natürlich, bevor wir geheiratet haben, dass Karen für Ray alles war – ich fand das großartig, denn ich kenne viele Väter, die sich nichts aus ihren Kindern machen. Ich glaube, mein eigener Vater war den überwiegenden Teil meiner Kindheit depressiv – er ging zur Arbeit, kam nach Hause, saß vor dem Fernseher und ging zu Bett, mehr war nicht los mit ihm. Und dann lerne ich diesen extravertierten, schulterklopfenden Typ kennen, der Karens Vater ist, und ich denke mir, vielleicht fällt ja etwas von ihm auch für mich ab. Es ist sehr viel für mich abgefallen, nur leider war es zu 99 Prozent negativ!

Ich kann Cal natürlich seine Hoffnung auf eine enge Beziehung mit Ray nicht vorwerfen. Cal konnte nicht hellsehen, und ich bin sicher, dass ihm Dinge wie Rivalität und Wettstreit gar nicht in den Sinn gekommen sind. Verständlicherweise war er verwirrt, enttäuscht und wütend, als sein Schwiegervater jede Gelegenheit nutzte, um ihn fertig zu machen, und sich mehr als Widersacher verhielt statt als Kumpel.

Ich hatte keine Ahnung, wie schwer es mir fallen würde, meine Erwartungen aufzugeben. Ich habe es mit den üblichen Rationalisierungen versucht: Er ist unter Druck, er hat's nicht so gemeint, ich lad ihn auf ein paar Bier ein und sag ihm, wie toll ich ihn finde, und er entschuldigt sich bei mir für die Behandlung, die er mir bisher hat angedeihen lassen. Danach gehen wir zusammen zu Fußballspielen, die Art Freundschaft eben.

Es wurde rasch klar, dass ein Großteil von Cals Erwartungen mehr waren als die Hoffnung auf eine gute Beziehung mit seinem Schwiegervater. Cal projizierte auf Ray das Bedürfnis, den leeren Raum zu füllen, den sein eigener distanzierter, desinteressierter Vater in ihm zurückgelassen hatte. Selbst, als er schon wusste, wie bedroht sich Ray durch ihn fühlte und wie sehr Ray ihn erniedrigen konnte, klammerte er sich auch weiterhin verzweifelt an seine unrealistischen Hoffnungen.

Weder Engel noch Teufel

Rita, deren Schwiegermutter Vivian wie die perfekte Großmutter wirkte, als Rita ihr erstes Kind bekam, wurde schon bald regelmäßig von ihr in ihrer Mutterrolle kritisiert und herabgesetzt.

Zu Beginn wirkte sie so liebevoll, doch inzwischen ist sie die reinste Besserwisserin, und es bereitet ihr Genuss, wenn ich mich unzulänglich fühle. Dabei ist sie gleichzeitig aber so verdammt hilfsbereit, dass ich mich einfach nichts zu sagen traue und mich darauf beschränke, innerlich zu kochen. Ich dachte, sie würde meine Freundin sein, aber inzwischen verkrampfe ich, sobald ich nur ihre Stimme am Telefon höre und weiß, dass wieder einer ihrer Vorträge kommt. Ich hielt ihre Hilfsbereitschaft für echt; ich wusste nicht, dass ich dafür einen so hohen Preis würde bezahlen müssen.

Ich machte Rita darauf aufmerksam, dass sie in sich ein gefährliches Gebräu trug, das zukünftigen Ärger vorprogrammierte: ihre Erwartung, dass Vivian eine Art heilige Großmutter sein würde, und ihre Opfermentalität kombiniert mit der fehlenden Bereitschaft, ihre Meinung zu äußern.

Bei der Zusammenarbeit mit Rita spürte ich, dass einer der Schlüssel, um sie zur Veränderung ihrer Vorstellungen und Reaktionen zu bewegen, darin bestehen würde, ihr klarzumachen, dass Vivian weder Engel noch Teufel war. Ihre Schwiegermutter war weder so fehlerlos, wie Rita zuerst gehofft hatte, noch so übel meinend, wie sie jetzt annahm.

Ich forderte Rita auf, die Augen zu schließen und sich Vivian so vorzustellen, wie sie sie zuerst empfunden hatte, als Engel mit fließendem weißen Gewand und Flügeln. Der Engel, der all die Schwierigkeiten und Unsicherheiten wieder gutmachen und die perfekte Mutter und Großmutter sein würde.

Ich bat sie, mir zu erzählen, was sie sah und wie sie sich davon berührt fühlte.

Ich will, dass sie mich bedingungslos liebt… (Rita hielt inne)… Gott, sie sieht so lächerlich aus, wenn sie da oben rumfliegt. Ich glaube, mir wird gerade klar, dass sie keine andere Mission im Leben haben soll, als das Baby und mich zu versorgen. Sie soll keine Fehler haben, keine eigenen Komplexe. Sie soll nicht menschlich sein! Aber sie ist ein Mensch, mit all ihren guten Qualitäten und denen, die mich wahnsinnig machen. Sie ist nur eine Person, kein himmlisches Wesen.

Um Ritas Wahrnehmungsveränderung noch zu verstärken, bat ich sie, sich Vivian jetzt als typischen Teufel vorzustellen mit rotem Gewand und einem Dreizack, der direkt auf sie gerichtet war.

So kommt sie mir sogar noch alberner vor. Mir fällt ein altes Teufelskostüm ein, dass mein Bruder einmal an Halloween trug. Das Kostüm allein hat ihn doch nicht zum Ungeheuer gemacht. Wenn Menschen uns enttäuschen, dann stilisieren wir sie wohl gerne zu Teufeln – mir ist klar, dass ich mich bei Vivian so verhalte.

»Rita«, sagte ich zu ihr, »es besteht kein Zweifel daran, dass Sie Ihrer Schwiegermutter gegenüber Grenzen ziehen müssen. Vivian muss von Ihnen erfahren, wie viel Zeit sie bei Ihnen und ihrem Enkelkind verbringen kann. Und Sie müssen herausfinden, wie Sie Unangenehmes schon im Keim ersticken können. Ich werde Ihnen zeigen, wie man das macht und wie man mit den nachfolgenden Schuldzuweisungen und mit der Beschuldigung fertig wird, man sei pflichtvergessen. In der Zwischenzeit wird es Ihnen helfen, wenn Sie sich darauf besinnen, dass Vivians Selbstgefälligkeit und Krittelei, die Sie natürlich als schrecklich empfinden, genauso die Folge ihrer persönlichen Geschichte ist wie Ihre eigene Empfindlichkeit, Ihre Erwartungen und Ihre Hoffnungen. Menschen, die sich mit sich wohl fühlen, haben es nicht nötig, sich daran aufzurichten, dass sie andere klein machen können. Ich nehme an, dass Vivian vermutlich selbst häufig kritisiert wurde und dass ihr dieses Verhalten daher vertraut ist. Und ich glaube, dass Sie ihr das irgendwann einmal sagen können und dann vielleicht etwas über ihre Unsicherheiten herausfinden. Auf diesem Wege könnte eine neue Vertrautheit zwischen Ihnen entstehen und eine gleichberechtigte, erwachsene Beziehung.«

Verzichten und Loslassen

Im ersten Kapitel haben wir miterlebt, wie Leslie tiefer und tiefer in eine Sackgasse geriet, indem sie sich nach immer mehr sehnte, was ihre Schwiegereltern ihr nicht geben konnten oder wollten. Ihr Schmerz ging weit über bloße Enttäuschung hinaus und zerstörte, verbunden mit der Passivität ihres Mannes, fast ihre Ehe.

»Also gut«, gab Leslie zu, »ich habe zu viel erwartet, aber was ich stattdessen bekommen habe, ist unannehmbar. Wenn sie sich nicht verändern und mich nicht wenigstens besser behandeln als einen räudigen Hund, dann will ich mir das nicht mehr länger antun.«

Ich stimmte Leslie zu, dass sie wirklich schlechte Karten gezogen hatte. Ihre Schwiegereltern verhielten sich häufig grausam und völlig irrational. Aber sie zu verändern, stand nicht in unserer Macht. Wir hatten jedoch die Möglichkeit, an ihrem Schmerz zu arbeiten, den sie verspürte, weil sie um ihren Traum von den Ersatzeltern trauerte – eine Fantasie, der sie wie Cal aufgesessen war, weil sie mit ihren eigenen Eltern Pech gehabt hatte.

Um ihr mit dieser Trauer zu helfen, forderte ich sie auf, ein »Verzichtsritual« abzuhalten, in dem sie sich von all den Erwartungen verabschiedete, die ihr nicht gedient hatten.

Ich stellte einen leeren Stuhl vor Leslie hin und bat sie, ihre Erwartungen auf diesem Stuhl abzulegen. Statt sich weiterhin an sinnlosen Erwartungen festzuklammern, wollte ich Leslie dazu bewegen, auf sie zu verzichten und sie loszulassen.

Anfangs wollte Leslie die Übung nicht machen, weil sie ihr zu schmerzhaft erschien. Ich ermutigte sie, es zu versuchen –

wir würden die Übung jederzeit abbrechen und sie erforderlichenfalls ein andermal wieder aufnehmen können. Stück um Stück sammelte sie Mut. Zu Beginn war sie in Tränen aufgelöst, aber ich sah, wie die Kraft in ihr an Boden gewann.

Ich muss mich von euch verabschieden, weil ich euch nicht am Leben erhalten kann und zu viel Kraft brauche, um es zu versuchen. Ich weiß nicht, warum ich solches Pech habe. Ich fühle mich so betrogen, weil ich wirklich daran geglaubt habe, mit einer neuen Familie eine zweite Chance zu bekommen. Aber Tommy und ich können unsere eigene Familie aufbauen, vorausgesetzt er strengt sich mehr an. Also weise ich euch die Tür, denn ihr helft mir nicht weiter. Das tut weh, ja, es bricht mir das Herz, aber so ist es eben.

Ich fragte Leslie, wie es ihr gehe. »Ich bin natürlich traurig«, antwortete sie, »aber ich fühle mich auch irgendwie erleichtert, weil ich mich nun nicht mehr nach etwas sehnen muss, was ich nicht bekommen kann.«

Dann sah sie mich mit äußerster Intensität an:

»Mir ist gerade etwas klar geworden – ich habe mit meinen eigenen Eltern eine Menge aufzuarbeiten. Ich habe mich so sehr darauf konzentriert, meine Schwiegereltern für mich einzunehmen, dass ich völlig übersehen habe, wie viel Aufräumarbeiten mir noch aus meiner Kindheit übrig geblieben sind. Wenn ich das erst in den Griff bekommen habe, dann fühle ich mich vielleicht von Sal und Gina weniger unter Druck gesetzt. Es kommt mir so vor, als habe sich ihr Mangel an Liebe noch zu den Problemen, die ich ohnehin schon mit meinen eigenen Eltern habe, hinzuaddiert, und das war einfach mehr, als ich verdauen konnte. Ich bin traurig, aber ich fühle mich auch erleichtert.«

Indem Leslie auf ihre Erwartungen im Zusammenhang mit ihren Schwiegereltern verzichtete, eröffneten sich ihr auf einmal tief greifende Wahrheiten über sich selbst. Sie hatte eine große Menge Unerledigtes mit ihren Eltern in die Ehe gebracht, das sie daran gehindert hatte, mit Tommy und seinen Eltern so klar und selbstbewusst umzugehen, wie es ihr sonst vielleicht möglich gewesen wäre. Je mehr Lasten aus der Vergangenheit wir mit uns herumschleppen, desto mehr projizieren wir unsere Bedürfnisse und Wünsche auf andere Menschen, die wie in Leslies Fall möglicherweise gar nicht die Kapazität haben, uns viel zu geben.

Realistische Akzeptanz

Um im Zusammenhang mit Ihrem Partner und Ihren Schwiegereltern den Verzicht auf Ihre unrealistischen Erwartungen zu verstärken, schlage ich vor, dass Sie gründlich in der Wirklichkeit Fuß fassen. Oder, um es mit den Worten eines meiner Freunde auszudrücken: Sie müssen das, was ist, und das, was nicht ist, akzeptieren.

Dies sind die Fakten: Sie und Ihre Schwiegereltern sind einander zunächst einmal völlig fremd. Ihre Beziehung zu ihnen ist indirekt und besteht nur, weil sie die Eltern des Menschen sind, den Sie geheiratet haben. Mit der Zeit kann eine Bindung oder sogar Zuneigung zwischen Ihnen entstehen oder nicht. Was immer auch sich entwickelt, die Tatsache, dass Sie keine gemeinsame Geschichte mit Ihren Schwiegereltern haben, können Sie nicht ändern, und es könnte sogar sein, dass Sie außerdem noch andere Überzeugungen, Vorlieben, Vorstellungen, ja sogar eine andere Sprache haben als sie. Ihre Schwiegereltern sind möglicherweise Menschen, mit denen Sie entweder gerne viel Zeit verbringen oder deren Gesellschaft Sie nur begrenzt oder überhaupt nicht suchen würden, wenn Sie die Wahl hätten.

Lassen Sie sich all diese Faktoren durch den Kopf gehen, auch wenn Sie mit Ihren Wünschen nichts gemein haben. Nun ein paar Hilfsmittel, mit denen Sie Ihre Situation überprüfen können:

- Ihre Schwiegereltern sind nicht verpflichtet, Sie zu lieben, Sie zu mögen oder Sie gutzuheißen. Wenn sie es dennoch tun, dann ist das wunderbar. Doch Sie sind nicht ihr Kind, und die Bindung, die sie mit Ihnen eingehen, überschreitet möglicherweise nie ein unverbindliches Maß.
- Ihre Schwiegereltern werden sich aus eigenem Antrieb nicht ändern. Tische verwandeln sich nun einmal nicht in Stühle. Das, was Sie sehen, ist vermutlich das, mit dem Sie sich auf Dauer oder jedenfalls so lange einrichten müssen, bis Sie und Ihr Partner entschiedene Schritte einleiten, um die Dynamik zwischen Ihnen allen zu verändern.
- Ihre Schwiegereltern werden sich wahrscheinlich niemals in die Menschen verwandeln, die Sie sich wünschen, und Ihre zusammengewürfelte Familie wird vielleicht immer eine grobe Collage aus Persönlichkeiten und Temperamenten sein, statt ein fein gewobener Wandteppich.

Realistische Akzeptanz bedeutet, hart zu schlucken und diese Wahrheiten einzusehen. Ich konnte wahrnehmen, dass Liz während der Visualisierungsübungen, die ich mit ihr machte, langsam zu einer realistischen Akzeptanz ihrer Schwiegermutter fand, die weder Engel noch Teufel war. Leslie andererseits fühlte sich spürbar von der Pflicht befreit, den magischen Schlüssel zu finden, mit dessen Hilfe sich ihre Schwiegereltern in die vorgestellten Ideale verwandeln würden. Nun hatte sie die Möglichkeit, ihre Energie in die Entwicklung ihrer Beziehung mit Tommy zu stecken.

Realistische Akzeptanz hat nichts mit »Vergeben und Vergessen« zu tun, sondern bezeichnet Ihre Bereitschaft, den anstrengenden und unproduktiven Kampf zu beenden, in dem Sie Ihre

Schwiegereltern um jeden Preis Ihren Vorstellungen anpassen wollten.

Böse Schwiegereltern verfügen, wie wir gesehen haben, über eine Verhaltensskala von irritierend bis gemein und über sämtliche Zwischentöne. Doch ist es die unrealistische Erwartung dessen »wie es eigentlich hätte sein sollen«, die all die Personen, die Sie bisher in diesem Buch kennen gelernt haben, in ihre Ehe mitgebracht haben und die erst zur maßgeblichen Verschlimmerung bereits vorhandener Schwierigkeiten geführt haben.

Transformation durch Perspektive

Wenn Sie einen Schritt zurücktreten, gewinnen Sie eine bessere Perspektive auf Ihre Situation und können Ihren Anteil daran erkennen. Dieses Anerkennen schwächt Sie nicht etwa oder verschafft Ihren Schwiegereltern irgendwelche Vorteile. Tatsächlich stärkt es Ihre Position und verschafft Ihnen für Verhandlungen eine bessere Ausgangssituation.

Indem Sie anfangen, einige der Verletzungen zu heilen, unter denen Sie schon länger oder erst seit kurzem leiden, stärken Sie Ihr Selbstbild, Ihr Selbstvertrauen und Ihre Würde. Sie lassen die defensive, schwache Opferhaltung des »Was werden sie mir als Nächstes antun«, in der so viele stecken bleiben, hinter sich. Wenn Sie sich in der schwachen Position des Opfers befinden, dann ist die Wahrscheinlichkeit viel größer, dass Sie schließlich daran zerbrechen. Wenn Sie aber offen und vernünftig sind, dann können Sie sich mit dem Wind beugen.

Mithilfe neuer Einsichten, neuem Bewusstsein, neuer Klarheit und realistischer Akzeptanz können Sie die Energie, die Sie bisher in Konflikten vergeudet haben, in ein ruhiges, sicheres Selbstverständnis, in Veränderungen und schließlich in das Einfordern Ihrer Rechte investieren.

10
Rechte und Pflichten

Wenn Sie Ratgeberkolumnen lesen oder Talkshows ansehen, in denen das Thema Schwiegereltern behandelt wird (was häufig der Fall ist), dann bekommen Sie mit großer Wahrscheinlichkeit Fragen wie diese zu hören:

- Habe ich das Recht, alle aus der Fassung zu bringen?
- Habe ich das Recht, meinen Schwiegereltern die Meinung zu sagen, wenn sie mich verletzen?
- Habe ich das Recht, meinen Mann zwischen mich und die Schwiegereltern zu schieben?
- Kann ich erwarten, dass mein Mann sich auf meine Seite stellt, wenn er mich erst seit zehn Jahren kennt, seine Eltern aber sein ganzes Leben?

Falls es tatsächlich Regeln für den Umgang mit Schwiegereltern gibt, dann scheint sie jedenfalls niemand zu kennen, und das ermutigt nicht eben zum Einheiraten in eine neue Familie. Die Situation ist in etwa so, als würde man in einem fremden Land, dessen Sprache, Sitten und Regeln man nicht kennt, auf freien Fuß gesetzt. Meistens ist kein Führer oder Anwalt zu finden – eine neutrale Instanz, die festschreibt, was Sie erwarten können und was von Ihnen erwartet werden darf. Selbst wenn Sie bereits mehrere Jahre lang verheiratet sind, kann es schwierig sein, in Bereichen wie Gleichheit, Fairness und Definition Ihrer Rechte klar Stellung zu beziehen.

Und die Dinge werden noch komplizierter, wenn wir unsere Schwiegereltern obendrein, was häufig der Fall ist, als übermächtig empfinden. Weil sie im Allgemeinen der Generation unserer eigenen Eltern angehören, gehen wir automatisch davon aus, dass sie mehr Rechte haben als wir und dass wir nicht das Recht haben, uns gegen sie zu wehren, wenn sie angreifen, oder auch nur Widerworte zu finden.

Die Einschätzungen, die Sie auf Grund von Beobachtungen im vorangegangenen Kapitel gewonnen haben, bereiten Sie darauf vor, sowohl mit Ihrem Partner wie auch mit Ihren Schwiegereltern zu verhandeln. Die Aufrichtigkeit, die die Untersuchung Ihrer Rolle in dem Familiendrama mit sich bringt, kann Ihre Glaubwürdigkeit und Kraft nur verstärken, denn Sie handeln nun auf der Basis von Klarheit und Selbstbestimmung. Sie können mit einem aus der Defensive befreiten Geist hinter den Barrikaden hervortreten. Sie sind nun in der Lage zu sehen, worauf Sie Anspruch haben.

Ihr persönlicher Rechtekatalog

Wir haben uns ausführlich damit beschäftigt, welche Ihrer Erwartungen, die Sie an Ihre Schwiegereltern und an Ihren Partner richten, unrealistisch sind. Nun ist es an der Zeit, sich auf das zu konzentrieren, worauf Sie im Rahmen dieser komplizierten, zusammengewürfelten Gruppe von Menschen, Traditionen und Emotionen ein Recht haben – auf die Behandlung, die Ihnen in einer Konstellation mit anderen Erwachsenen zusteht. Die Rechte, die ich hier für Sie festlegen werde, sind fair, vernünftig und das Minimum dessen, was Sie erwarten oder einklagen dürfen.

Sie werden feststellen, dass sich unser Rechtekatalog aus drei Bereichen zusammensetzt. Lesen Sie jeden mehrmals für sich und auch laut vor. Ich möchte, dass Ihnen Ihre Rechte so sehr in

Fleisch und Blut übergehen, dass Sie sich in Zeiten des Stresses und der Unsicherheit auf sie stützen können.

Sektion I: Ihre persönlichen Rechte
Sie haben das Recht,

- Ihre körperliche und emotionale Gesundheit zu schützen;
- respektvoll behandelt zu werden;
- Ihre eigenen Überzeugungen, Gefühle, Meinungen, Vorstellungen, Werte und Traditionen zum Ausdruck zu bringen;
- wütend zu werden;
- Ihre Kinder ohne Einmischung von außen aufzuziehen;
- Fehler zu machen;
- Ihre Meinung zu ändern;
- unabhängig von Ihren Schwiegereltern Zeit mit Ihren eigenen Eltern, Ihrem Partner und Ihren Kindern zu verbringen;
- ernst genommen zu werden.

Sektion II: Ihre Rechte bei Ihrem Partner
Sie haben das Recht,

- mit Ihrem Partner Richtlinien für Ihren Haushalt auszuarbeiten und auf ihrer Einhaltung zu bestehen;
- Ihren Partner um Unterstützung und Hilfe zu bitten, wenn Sie Schwierigkeiten mit den Schwiegereltern haben;
- sich bei Ihrem Partner zu beschweren, wenn Ihre Schwiegereltern Sie unglücklich machen oder sich übertrieben kritisch, kontrollierend oder anderweitig problematisch verhalten;
- von Ihrem Partner zu erwarten, dass Sie bei ihm an erster Stelle stehen;
- Ihren Partner aufzufordern, sich mit Ihnen gemeinsam therapeutisch behandeln zu lassen, wenn die Dinge wirklich schwierig zwischen Ihnen werden.

Sektion III: Ihre Rechte bei Ihren Schwiegereltern
Sie haben das Recht,

- Nein zu sagen;
- anderer Meinung zu sein;
- sie nicht zu lieben;
- sie wissen zu lassen, wenn sie Sie verletzt, beleidigt oder schlecht behandelt haben;
- sie zu bitten, sich aus Problemen zwischen Ihnen und Ihrem Partner herauszuhalten;
- ihnen zu sagen, was Sie von ihnen erwarten;
- die Zeit zu begrenzen, die Sie mit ihnen verbringen möchten;
- sich aktiv an der Planung von Familienfesten oder anderen besonderen Gelegenheiten zu beteiligen.

Freiheit und gesunder Menschenverstand

Einige dieser Rechte bezeichne ich als »Rechte, die Sie voraussetzen dürfen«. Sie müssen Ihnen in Fleisch und Blut übergehen. Andere Punkte auf der Liste beziehen sich auf Verhaltensweisen, die einzusetzen Sie lernen müssen, wenn Ihre angeheiratete Verwandtschaft Ihre Rechte missachtet. Sie bezeichne ich als Ihre »aktiven Rechte«. Sie werden bemerkt haben, dass einige der Punkte in den drei Sektionen aktive Verben wie »bitten« oder »auffordern« enthalten. Diese Handlungen verschaffen Ihren Grundrechten Geltung, und sie führen zu den neuen, bewussten Verhaltensweisen, die Sie schließlich aus dem Schwiegereltern-Krieg befreien werden.

Die aufgeführten Grundrechte bedürfen keiner näheren Erklärung. Sie sind eindeutig, nicht wahr? Sie sind in keiner Weise gemein oder beleidigend oder übel wollend. Ja, sie sind im Grunde nichts als elementare Richtlinien für zwischenmenschliche Beziehungen und ein Produkt des gesunden Menschenverstandes. Doch viele Menschen, die unter bösen Schwiegereltern leiden, benehmen sich so, als seien sie Gefangene eines totalitären Staates, denen alle Rechte und Wahlmöglichkeiten genommen wurden.

Bitte lernen Sie diese Rechte auswendig. Lesen Sie sich jeden Punkt mehrmals laut vor und ersetzen Sie die Anrede durch »Ich«. Befestigen Sie eine Kopie an Ihrem Badezimmerspiegel oder an irgendeinem Platz, auf den Ihr Blick regelmäßig fällt. Dieser Rechtekatalog ist die Grundlage aller Arbeit, die wir in diesem Teil des Buches bewältigen wollen, und das Fundament für die positiven Veränderungen, die sich bei Ihnen einstellen werden, sobald Sie gelernt haben, Ihre Rechte einzuklagen.

Jeder Mensch sträubt sich gegen Veränderungen

Es gibt ein altes irisches Sprichwort, das heißt »Lieber den Teufel, den man kennt, als den, den man nicht kennt«. Die Bedeutung des Trostes, den das Vertraute uns spendet, selbst wenn es uns schadet, kann gar nicht überschätzt werden. Ihr bisheriges Umgehen mit Ihren Schwiegereltern basiert auf Verhältnissen, die Sie genauestens kennen, auch wenn sie Sie zunehmend unglücklich machen. Vertrautes geht vielleicht mit Missachtung einher, aber es bringt auch eine gehörige Portion Vorhersagbarkeit mit sich. Sie wissen, was Sie erwarten können und was von Ihnen erwartet wird. Veränderung hingegen bedeutet das Eintauchen in Angst erregende, unerforschte Gewässer, beinhaltet jedoch auch eine echte Chance, Ihr Leben zu verbessern.

Mir ist klar, dass es eine Sache ist, um seine Rechte zu wissen, und eine andere, seine Ängste zu überwinden und diese Rechte einzuklagen. Für die meisten von uns ist die Vorstellung äußerst

Furcht erregend, dass es unsere Aufgabe ist, den Ball ins Rollen zu bringen. Glauben Sie mir, Sie sind mit Ihrer Angst nicht allein – jeder Mensch fürchtet sich vor Veränderung, auch dann, wenn wir einsehen, dass sie zu unserem Besten ist. In den vielen Jahren, die ich nun schon in der psychologischen Beratung tätig bin, habe ich gelernt, dass fast jeder Mensch, den ich zu neuem Verhalten führen will, von Panik und Widerstand ergriffen wird.

Die Angstdämonen

Hinter dem Widerstand gegen Veränderungen verbergen sich bei den meisten Menschen tief sitzende, oft lähmende Ängste: die Angst vor dem Verlassenwerden, vor Missbilligung, vor Verlust. Hier wollen wir uns diesen Ängsten nun direkt stellen. Es ist möglich, dass sie sich nicht vollständig auflösen, doch immerhin wird es Ihnen gelingen, sie so weit zu verringern, dass diese Ängste in Ihrem Leben nicht mehr das Sagen haben.

Ich habe Ihnen davon berichtet, dass Leslie, die in eine extrem dominante, kontrollsüchtige italienische Familie eingeheiratet hatte, sich von ihren Schwiegereltern äußerst kalt und oft grausam behandeln ließ, während ihr Mann Tommy seine Eltern immer wieder auf Leslies Kosten verteidigte.

Als ich mit Leslie ihre Rechte besprach, erklärte ich ihr, dass wir nun in die Veränderungsphase unserer gemeinsamen Arbeit eintreten würden. Als ich ihr ankündigte, dass ich sie darauf vorbereiten würde, zuerst mit Tommy und dann mit ihren Schwiegereltern zu sprechen, blickte sie mich ungläubig an.

Susan, Sie leben in einer Traumwelt, wenn Sie glauben, dass sich da je etwas ändern wird. Ich kann mir nicht einmal vorstellen, dass *ich auf diese Art mit ihnen sprechen würde, geschweige denn es wirklich* tun. *Ich habe viel zu viel Angst. Sie sollten mich an meinem Arbeitsplatz sehen – da weiß ich, was ich will, und habe genug Kraft, es auch durchzusetzen. Wenn mich dort jemand so behandeln würde, wie Gina und Sal es tun, dann würde ich schon dafür sorgen, dass das aufhört. Aber in der Familie habe ich keine Wahl, es steht zu viel auf dem Spiel. Sie haben so viel Macht. Es sei denn natürlich, ich lasse mich scheiden und fange noch einmal von vorn an.*

Sie sind mit Ihren Ängsten nicht allein

Wie kann man diese Angstdämonen bändigen? Wir haben bereits gesehen, dass die Angst deutlich abnimmt, wenn man sie dem Licht aussetzt. Folglich ist es eine äußerst einfache und wirkungsvolle Methode, die vorhandenen Ängste aus dem Kopf zu holen und niederzuschreiben. Ich forderte also Leslie auf, eine »Liste ihrer schlimmsten Befürchtungen« zu erstellen, die ihrer Meinung nach wahr werden würden, wenn sie für sich selbst einstünde. Nachfolgend einige Punkte aus ihrer Liste:

- Ich habe zu viel Angst, gegen sie alle zugleich anzutreten.
- Ich kann mir vorstellen, dass die Methode bei anderen funktioniert, aber dann sind sie eben einfach mutiger als ich.
- Ich ertrage die Vorstellung nicht, dass ich mich danach so schrecklich fühlen werde.
- Ich habe Angst, alles zu verlieren.

Ich machte Leslie klar, dass ihre Ängste weit verbreitet sind, auch wenn sie glaube, nur sie allein litte unter ihnen. Wir alle neigen dazu, andere Menschen von außen zu betrachten und anzunehmen, sie verfügten über größeres Selbstvertrauen und mehr Mut als wir. Wir vergessen, dass wir unsere Innenwelt mit dem vergleichen, was uns andere nur an der Oberfläche zeigen. In dem Bewusstsein, wie unsicher wir uns selbst fühlen, fällt es oft schwer, sich daran zu erinnern, dass hinter dem zur Schau gestellten selbstbewussten Gebaren anderer die gleichen inneren Ängste und Unsicherheiten stehen wie bei uns.

Um Sie in friedlichere Gefilde zu leiten, in denen Ihre Ängste nicht Ihr Leben dominieren, möchte ich Sie auffordern, eine Liste Ihrer schlimmsten Befürchtungen zu erstellen. Sie könnten Punkte wie die folgenden enthalten:

- Ich habe Angst, wütend zu werden.
- Ich habe Angst, meinen Partner mit meiner Initiative wütend auf mich zu machen.
- Ich habe Angst, alle könnten denken, ich sei gemein/verrückt/außer Kontrolle/ein schlechter Mensch.
- Ich habe Angst vor der Wut meines Schwiegervaters/meiner Schwiegermutter.
- Ich habe Angst vor Zurückweisung.
- Ich habe Angst davor, verlassen zu werden.

Auch hier gilt wieder, wenn Sie Ihre Ängste schwarz auf weiß sichtbar und sich klarmachen, dass alle Menschen gleichermaßen unter ihnen leiden, dann werden sie für Sie fassbar und verlieren ihre beschämenden, nebulösen Eigenschaften. Machen Sie sich bewusst, wie viele Punkte auf der Liste Sie in einer hilflosen Haltung und in der »Ich kann ja doch nichts machen«-Einstellung blockieren. Sie haben in sich die Überzeugung aufgebaut, dass Sie emotional nicht überleben können, wenn die in Ihrem Leben wichtigen Menschen sich über Sie ärgern oder Ihr Verhalten missbilligen. Auffallend ist zudem, dass viele Ängste in direktem Zusammenhang mit katastrophalen Begriffen wie Verlassenwerden und Zurückweisung stehen. Wenn Ihre Ängste das Heft in der Hand halten, dann treten Ihre erwachsenen Persönlichkeitsanteile in den Hintergrund und überlassen die Bühne dem Kind, das für sein Überleben tatsächlich das Wohlwollen mächtiger Erwachsener benötigt.

Inzwischen aber sind Sie selbst einer dieser mächtigen Erwachsenen, und Ihr emotionales Überleben ist nicht mehr länger abhängig von der Zustimmung anderer Erwachsener. Es zuzulassen, dass andere Sie schlecht behandeln, ist ein zu hoher Preis, nur um zu vermeiden, dass sich jemand über Sie ärgert.

Beruhigende Selbstgespräche

Ich möchte Ihnen ein paar positive »Angst-Mantras« nahe bringen, die ich seit vielen Jahren bei meinen Klienten einsetze. Viele von uns tragen negative Angst-Mantras wie »Ich habe Angst«, »Das schaffe ich nicht«, »Das ist zu schwer« in sich, und wir wiederholen sie wieder und wieder, bis wir uns wie gelähmt und vollkommen angsterfüllt fühlen. Ich rate Ihnen dringend, diese negativen gegen befreiende Sätze auszuwechseln. Sie können Letztere immer dann wiederholen, wenn Sie spüren, wie sich Ihr Magen vor Angst zusammenzieht, weil Sie wissen, dass Sie nun neue und mutige Schritte machen müssen. Bitte prägen Sie sich diese wenigen Sätze gut ein, denn sie werden Ihnen helfen, sich zu beruhigen, bevor Sie sich den Mitspielern Ihres persönlichen Schwiegereltern-Dramas stellen. Sie wirken beruhigend, weil sie wahr sind – und Sie werden die Wahrheit in Ihrem Innersten spüren. Sprechen Sie die nachfolgenden Sätze mehrmals täglich wenn möglich laut aus:

- Alle Menschen haben Angst, wenn sie etwas Neues tun sollen.
- Alle Menschen verspüren Ängste in Zeiten persönlicher Entwicklung.
- Die Angst nimmt ab mit meiner wachsenden Fähigkeit, mich selbst zu schützen.
- Handeln und für kurze Zeit Angst haben ist viel besser, als für alle Zeiten die Geisel meiner Ängste zu bleiben.

- Ich muss den ersten Schritt tun, während ich noch von Angst erfüllt bin.

Immer wenn Sie bemerken, dass Sie »Das kann ich nicht« oder »Ich habe Angst« denken, dann halten Sie inne, machen ein paar tiefe Atemzüge und entscheiden sich aktiv dafür, einen der oben wiedergegebenen Sätze so lange zu wiederholen, bis Sie sich beruhigt haben.

Jedes Mal, wenn Sie auf diese Methode zurückgreifen, verinnerlichen und verfestigen Sie in sich diese Wahrheiten.

Von der Angst zur Wut

Das andere mächtige Gefühl, mit dem Sie sich beschäftigen müssen, bevor Sie sich den anderen beteiligten Personen stellen können, ist die Wut.

Vielleicht wissen Sie schon eine ganze Weile, dass Sie wütend sind. Möglicherweise haben Sie aber auch erst vor kurzem erkannt, wie wütend Sie wirklich sind. Doch eines ist gewiss: Sobald Sie sich erst einmal klargemacht haben, wie übel Ihnen mitgespielt wurde und wie grundlegend Ihre Rechte von den anderen missachtet wurden, desto wahrscheinlicher ist es, dass sich viele Ihrer Ängste in ziemlich intensive Wut verwandeln. Gut möglich, dass Sie sogar zum Vergeltungsschlag ausholen wollen. Gleichgültig, wie viel Selbstbeherrschung es Sie auch kosten mag, widerstehen Sie der Versuchung, jemandem den Kopf abzureißen, auch wenn Sie meinen, dass diese Person es verdient. Rache und Gewalt führen nicht zum Ziel.

Denken Sie daran, Ihre Rechte beinhalten keine Genehmigung, andere – oder sich selbst – zu beschimpfen oder anzugreifen, sie gestatten Ihnen nur, eine Aussage über Ihre Position und Ihren Status in Ihrer neuen Familie zu treffen. Ich weiß, dass im Laufe der Jahre vermutlich viele Ihrer Rechte, wie die Ihrer beschriebenen Leidensgenossen, wieder und wieder von Ihren Schwiegereltern mit Füßen getreten wurden. Und vermutlich mussten Sie mit ansehen, wie Ihr Partner auf Grund widerstreitender Loyalitätsgefühle in lähmende Passivität verfiel, die es Ihren Schwiegereltern gestattete, sich rücksichtslos über Ihre Rechte hinwegzusetzen.

Sie haben jedes Recht, wütend zu sein. Wut ist nichts, wofür man sich schämen muss. Begreifen Sie Ihre Wut als Barometer, das den Dringlichkeitsgrad von Veränderungen anzeigt. Akzeptieren Sie Ihre Wut, ohne sie zu verurteilen – sie ist nur ein Gefühl wie viele andere und ein äußerst realer Teil menschlichen Seins.

Vielleicht haben Sie auch Angst vor Ihrer Wut. Das ist bei vielen Menschen so. Sie haben Angst, dass Ihnen oder anderen schreckliche Dinge zustoßen werden, wenn Sie Ihre Wut erst zum Ausdruck bringen. Möglicherweise reagieren Sie auf diese Angst vor der Wut mit Überreaktion oder übertriebener Zurückhaltung. Vielleicht betäuben Sie Ihre Wut wie Mara, indem Sie trinken oder Drogen nehmen.

Bevor Sie bereit sind, Ihrem Partner und Ihren Schwiegereltern Ihren Standpunkt klarzumachen, müssen Sie erst noch besser mit Ihrer Wut zurechtkommen und gesunde Ausdrucksmöglichkeiten für sie und Kontrollmechanismen kennen lernen. Wie Sie mit dieser Wut umgehen, bestimmt weitgehend darüber, wie wirkungsvoll Sie Ihre Ehe regenerieren und Ihre Selbstachtung zurückgewinnen können.

Der Umgang mit der Wut

Mara hatte daran gearbeitet, die Einschätzung ihrer Situation zu verändern. Sie fühlte sich nicht mehr länger als hilfloses Opfer und war bereit, mit Rob zu sprechen, doch sie spürte in sich noch immer viel Wut. Sie machte sich berechtigte Sorgen, dass ihre Wut gerade in dem Moment hervorbrechen könnte, in dem sie versuchte, im Gespräch mit Rob ihre Beziehung zu erhalten.

Ziel ist es natürlich, auf bedächtige und friedliche Weise über Ihre Wut zu sprechen. Bevor Ihnen dies möglich ist, müssen Sie Ihren Ärger möglicherweise erst einmal wirkungsvoll abreagieren – aber nicht unbedingt an den Menschen, auf die Sie wütend sind. Die alten Theorien, man solle alles herauslassen und alle Gefühle zum Ausdruck bringen, waren eine Zeit lang recht populär. Aber Wut tritt meist in beängstigender Intensität und verbunden mit beleidigenden Beschimpfungen zu Tage. Es gibt nur wenige Menschen, die einen solchen Angriff überstehen, und Sie könnten Ihre Beziehung, indem Sie Ihrer Wut freien Lauf lassen, irreparabel schädigen.

Ich schlug Mara vor, sie solle ihre Wut bei mir, wo es für sie sicher war, rauslassen. Sie hatte die umfassende Genehmigung, alles zu sagen, was sie in sich zurückhielt, und sie würde sich keine Sorgen über die Reaktionen anderer machen müssen. Da Maras Wut sehr heftig war, bedurfte es nur geringfügiger Ermutigung, und sie war bereit.

»Als Erstes möchte ich meinem Schwiegervater die Meinung sagen.«

»In Ordnung«, erwiderte ich. »Schließen Sie die Augen, bis Sie ihn deutlich vor sich sehen, und dann legen Sie los.«

Anhand des sich verändernden Ausdrucks in Maras Gesicht konnte ich erkennen, dass sie sich ihren Schwiegervater vorstellte. Wenige Sekunden später fing sie an.

Du verdammter Mistkerl! Was glaubst du eigentlich, wer du bist, dass du glaubst, hier alle wie Bauern auf einem Schachbrett herumschieben zu dürfen? Du anmaßendes, erbärmliches Stück Scheiße! Wie kannst du es wagen, deinen Sohn wie einen Idioten zu behandeln und vor anderen Leuten lächerlich zu machen? Mag schon sein, dass bisher alles nach deiner Nase ging, du verdammter Hurensohn, aber damit ist es jetzt vorbei! Du wirst uns nicht länger unser Leben vermasseln. Um ehrlich zu sein, kann ich mir nicht vorstellen, dass Rob noch Lust hat, weiter für dich zu arbeiten. Nun, wie findest du diese Neuigkeit?

Mara atmete hörbar aus. »O mein Gott. Das hat gut getan. Es ist einfach großartig, diese Dinge laut aussprechen zu dürfen, ohne die Konsequenzen fürchten zu müssen. Und ich hatte zu keinem Zeitpunkt das Gefühl, dass ich die Kontrolle verlieren könnte.«

Ich warnte Mara zu erwarten, dass eine einzelne Sitzung dieser Art, in der sie ihrem Ärger einmal hatte Luft machen können, ihre Wut nun auf magische Weise aufgelöst hatte. Sie könne sich jedoch dieses Tricks immer dann bedienen, wenn sie alleine sei und Dampf ablassen müsse. Am besten verwende sie zu diesem Zweck ein Foto ihres Schwiegervaters oder einen anderen Gegenstand, der sein Bild in ihr wachrufe.

Darüber hinaus ist es äußerst hilfreich, ein körperliches Ventil für Wut zu finden. Mara ist Mitglied in einem Fitnesscenter, daher wollte ich von ihr wissen, ob dort Kurse angeboten würden, die Tret- und Schlagbewegungen beinhalten.

»Meinen Sie etwa so wie in meinem Tae-bo-Kurs?«, fragte sie.

»Genau«, bestätigte ich. »Solche Bewegungen sind ideal. Oder Sie bedienen sich eines Sandsacks oder sogar eines Kissens, wenn Sie einmal allein zu Hause sind. Es ist nützlich, beim Treten oder Schlagen »Nie mehr!« zu sagen oder zu denken. Oder Sie verwenden den Satz aus dem Film *Network*: ›Ich bin höllisch wütend und mache das nicht mehr mit.‹«

Schlagen, Laufen, Gartenarbeit, sogar anstrengende Hausarbeit wie Schrubben sind erprobte und geeignete Ventile für die erhöhte körperliche und emotionale Energie, die Wut in jedem Menschen erzeugt. Wählen Sie für sich die Form des Ausagierens, die Ihnen die größte Befriedigung verschafft. Schlagen Sie Tennisbälle. Kneten Sie Brotteig. Werfen Sie Felsklötze in einen Teich. Lassen Sie Ihre Wut ab, damit Sie sich nicht so schwer belasten.

Wut und Erkenntnis

Ich wollte von Mara wissen, ob sie auch Rob anbrüllen wolle. Sie entgegnete, das habe sie schon genug getan. Dann hatte sie eine wunderbare Eingebung.

Was ich wirklich erstaunlich finde, ist, dass ich während eines Wutanfalls über die Lösung unseres Problems gestolpert bin. Rob muss sich einfach einen neuen Arbeitsplatz suchen. Woanders Arbeit zu finden ist gar kein Problem für ihn, denn er ist ein hervorragender Buchhalter. Nur sein Vater hat sein Selbstbewusstsein zerstört. Dabei kann ich Rob helfen. Das ist die Lösung, und sie war die ganze Zeit direkt vor unserer Nase. Wir waren so sehr mit dem Problem beschäftigt, dass wir sie nicht wahrnehmen konnten.

Trotz unserer Furcht vor der Wut kann sie wie eine Leitung wirken, die uns letztlich voranbringt. Maras Wut führte sie zu einer Erkenntnis, die tatsächlich ihr und Robs Leben zum Positiven veränderte. Obwohl es Rob schwer fiel, stimmte er schließlich zu, sich um einen anderen Arbeitsplatz zu bemühen, damit ihr Leben endlich besser würde. Mara ihrerseits war dazu in der Lage, Rob die Unterstützung und Ermutigung zu geben, die er benötigte, um die Firma seines Vaters zu verlassen und sich eine andere zu suchen, in der er seine Qualitäten schon bald realistischer einzuschätzen lernte.

Wiederstehen Sie der Versuchung, sich selbst zu bestrafen
Vielleicht stellen Sie nun auch fest, dass sich ein Großteil Ihrer Wut gegen sich selbst richtet. Gesteigerte Selbstwahrnehmung löst bei allen Menschen das so genannte »Wie konnte ich nur so dumm sein«-Syndrom aus.

Al, der Versicherungsmakler, dessen verwitwete Schwiegermutter ihm und seiner Frau Julia das Leben zur Hölle machte, geriet vorübergehend in diese Falle.

Ich kann es einfach nicht glauben, dass ich das alles so lang habe geschehen lassen und meine Gefühle runtergeschluckt habe. Ich bin entsetzlich wütend auf mich. Was ist bloß mit mir los? Ich bin kein schwacher Mensch, aber nun muss ich Ihnen sagen, dass ich mich wirklich schäme, weil ich nicht schon früher in Aktion getreten bin. Wir hätten schon vor einem Jahr zu Ihnen in die Beratung kommen sollen. Ja, das hätten wir tun sollen.

»Al«, unterbrach ich ihn, »›hätten‹ ›sollten‹, ›würden‹ und ›könnten‹ sind die größte Energieverschwendung, die es gibt. Sie sind jetzt hier, und das ist es, was zählt. Es gibt nichts, wofür Sie sich schämen müssen. Investieren Sie Ihre Energie lieber in die Frage, was Sie und Julia nun mit der Situation anfangen werden.«

Selbstvorwürfe sind eine normale, schmerzhafte Reaktion auf die Erkenntnis, dass Sie sich selbst im Stich gelassen haben. Sie gehören außerdem zu unseren sinnlosesten Angewohnheiten. Die Vergangenheit können wir nicht ändern, doch sind wir in der Lage, aus ihr zu lernen und dafür zu sorgen, dass das Licht rascher wieder angeht.

Catherine, die zum Sündenbock ihrer Schwiegereltern geworden war, als sich zeigte, dass ihr Mann Sam, der Musiker, immer häufiger schwere Stimmungsschwankungen hatte und sie in zunehmendem Maße beschimpfte, beendete schließlich traurig ihre Ehe. Doch zusammen mit dem Gefühl der Befreiung von ihrem gestörten Mann und seinen verschwörerischen Eltern kamen auch massive Selbstvorwürfe.

Ich bin weder dumm noch schwach, aber wenn ich jetzt zurückblicke, dann ist es für mich vollkommen unverständlich, was ich mir alles habe antun lassen. Ich kann es einfach nicht verstehen, wie die drei mir weismachen konnten, ich sei das Problem. Ich wusste einfach nicht, dass ich ein Recht darauf habe, mein Leben für mich zu definieren. Ich bin so wütend auf sie, aber ich bin noch wütender auf mich, weil ich es habe geschehen lassen! Wer war diese Frau, die das zugelassen hat?

Wie Catherines Beispiel deutlich zeigt, kann es geschehen, dass Sie beim Rückblick auf alles, was Sie toleriert und akzeptiert haben, mit Ungläubigkeit reagieren. Vielleicht haben Sie wie Catherine auch das Gefühl, einen Teil Ihres wahren Selbst verloren zu haben.

Vielleicht stellen Sie sich auch eine oder mehrere der folgenden Fragen:

- Wie konnte ich nur so schwach sein?
- Wie konnte ich nur so blind sein?
- Wie konnte ich ihnen nur so viel durchgehen lassen?
- Wie konnte ich es nur zulassen, so behandelt zu werden?
- Wie konnte ich nur so ein Feigling sein?

Es ist entscheidend, dass Sie sich nicht ausgerechnet jetzt, da Ihre Kraft und Ihr Selbstbewusstsein wachsen, mit Selbstvorwürfen kasteien. Sie haben mit dem Bewusstsein und den emotionalen Mitteln, die Ihnen zu jener Zeit zur Verfügung standen, Ihr Bestes getan. Bitte ergänzen Sie die schwierigen Erfahrungen, die Sie durchmachen mussten, nicht noch durch Selbstkasteiungen. Gerade jetzt ist es wichtig, dass Sie gut für sich sorgen.

Das bedeutet, Sie sollen sich Zeit nehmen, um Dinge zu tun, die gut für Sie sind. Sich massieren lassen, sich sportlich betätigen oder an anderen körperlichen Aktivitäten teilnehmen, möglichst erfüllende sexuelle Begegnungen haben, für sich etwas Besonderes kaufen, meditieren, öfter einmal zum Abendessen ausgehen, künstlerische Veranstaltungen besuchen, die Ihnen Freude machen. Sie müssen jetzt Körper, Geist und Seele pflegen und sich entscheiden, dies mit den Mitteln zu tun, die bei Ihnen die beste Wirkung zeigen. Diese wichtige Vorbereitung für Veränderungen jeder Art wird viel zu oft übersehen. Ja, sie ist so entscheidend, dass Sie Ihren Rechtekatalog um diesen Punkt ergänzen müssen: »Sie haben das Recht, während schwieriger Übergangssituationen in Ihrem Leben sehr, sehr nett zu sich zu sein.«

Welche Ihrer Rechte sind verzichtbar?

Wenn Sie Schwierigkeiten damit haben, die Gültigkeit Ihrer Rechte für sich zu akzeptieren, dann wenden Sie sie auf einen Menschen an, der Ihnen viel bedeutet – auf einen wichtigen Freund oder eines Ihrer Kinder oder auf ein vorhandenes oder imaginiertes erwachsenes Kind, dass im Begriff steht zu heiraten. Stellen Sie sich diesen Menschen in Ihrer Situation vor. Malen Sie sich aus, dass sich Ihre Schwiegereltern diesem Menschen gegenüber ebenso übel meinend verhalten und ihn so verletzen wie Sie. Welches Recht aus unserem Rechtekatalog würden Sie einem so geliebten Menschen streitig machen wollen? Ich vermute, nicht eines. Es fällt uns so viel leichter, uns lieben Menschen ihre Rechte zuzugestehen als uns selbst. Doch wenn es Ihnen erst gelingt, Ihre Rechte auch wirklich für sich in Anspruch zu nehmen, dann werden Sie sich die Frage stellen, warum um Himmels willen Sie dazu so lange gebraucht haben.

Rechte bedeuten Verantwortung

Es ist ein befreiendes Gefühl, wenn Sie sich vorstellen, wie anders die Beziehung zu Ihren Schwiegereltern sein könnte, wenn

Sie im Umgang mit ihnen Ihre Rechte für sich beanspruchen würden. Doch bevor Sie auf einen Stuhl steigen und Ihre Rechte in einem empörten Manifest einklagen, müssen Sie sich daran erinnern, dass Rechte nicht im Vakuum existieren. Für jeden Menschen bringen Rechte auch Verpflichtungen mit sich.

Ich will diese Verpflichtungen hier aufführen, damit Sie sich eine Vorstellung davon machen können, worauf ich hinauswill. Sie haben im weiteren Verlauf des Buches genug Zeit, sich mit jeder Einzelnen dieser Verpflichtungen auseinander zu setzen und zu überlegen, wie Sie mit ihnen umgehen wollen.

Dies sind Ihre Verpflichtungen:

- Ihre Sorgen und Gefühle wahrheitsgemäß mitzuteilen, ohne den anderen dabei anzugreifen.
- Vollständig anzuerkennen, was Sie selbst zu den fortgesetzten Schwierigkeiten mit Ihrem Partner und Ihren Schwiegereltern beitragen.
- Klar und bestimmt äußern, was Sie fühlen und was Sie jetzt wollen, statt zuerst eine lange, uralte Liste von Klagen abzuarbeiten.
- Ihren Partner respektvoll behandeln, egal wie wütend Sie auch auf ihn sein mögen.
- Ihre Schwiegereltern respektvoll zu behandeln, egal wie wütend Sie auch auf sie sein mögen.

Ich sehe ein, dass diese Verpflichtungen viel von Ihnen fordern, aber Sie haben jetzt den Mut und die Kraft, sie auf sich zu nehmen. Bevor Sie beginnen, unmittelbar an der Beziehung mit Ihrem Partner und mit Ihren Schwiegereltern zu arbeiten, müssen Sie diese Verpflichtungen verinnerlichen. Damit erhöhen Sie Ihre Aussichten ganz erheblich, Ihre Sache wirkungsvoll vorzubringen und ernst genommen zu werden.

11
Unter Druck Würde bewahren

»Also, wie soll ich das alles hinbekommen, Susan?«, fragte Pat, die Visagistin, die Sie im zweiten Kapitel kennen gelernt haben und deren Mann Jeff jedes Mal, wenn er von einem Besuch bei seinen Eltern zurückkam, ruppig und unfreundlich zu ihr war. »Wie soll man das, was man Gott weiß wie lang in sich angestaut hat, schließlich äußern, ohne dabei zu brüllen oder zu weinen oder zu verstummen?«

Ich erwiderte, das sei gar nicht so schwer.

Es gibt drei Techniken, auf die ich immer dann zurückgreife, wenn ich Klienten helfen will, ihre Rechte zu verbalisieren und sie angemessen vernünftig und aggressionslos zu verwirklichen:

1. Klare Grenzen ziehen.
2. Die eigene Position unmissverständlich formulieren.
3. Auf nicht defensive Weise kommunizieren.

Lassen Sie mich Ihnen zeigen, wie jede Einzelne dieser drei Strategien die Schaffung einer positiven Atmosphäre unterstützt, die ihrerseits Veränderung fördert, und zwar äußerst wirkungsvoll.

Klare Grenzen ziehen

Ihre Grenzen definieren die unüberschreitbaren Schwellen Ihrer emotionalen und psychologischen Belastbarkeit. Wie Länder haben auch Sie Grenzen, die niemand verletzen darf.

Wenn ich bei Seminaren oder Vorträgen das Konzept der Grenzen demonstrieren will, dann bitte ich einen der Teilnehmer auf die Bühne. Ich fordere diesen Teilnehmer auf, sich vorzustellen, dass ich ein Mensch in seinem Leben bin, mit dem er Schwierigkeiten hat. Dann sage ich ihm, dass ich nun langsam auf ihn zugehen will und dass er mich an dem Punkt stoppen soll, an dem sich in ihm ein unangenehmes Gefühl breit macht – dieser Punkt markiert seine persönliche Grenze.

Sie können diese Übung mit einer Freundin wiederholen, oder Sie machen sie in Form einer Visualisierung und stellen sich vor, dass Ihnen Ihr Schwiegervater oder Ihre Schwiegermutter zu nahe tritt. Ich versichere Ihnen, auch bei Ihnen gibt es den Punkt, an dem Sie sich unwohl zu fühlen beginnen, und den Sie von der anderen Person nicht überschritten wissen wollen. Wenn Sie erst herausgefunden haben, wo genau Ihre Grenzen sind, haben Sie die Möglichkeit, sie sinnvoll in Ihre Beziehung zu Ihrem Partner, zu Ihren Schwiegereltern und zu allen anderen Menschen in Ihrem Leben einzubringen.

Als ich die Übung mit Pat während einer Einzelsitzung machte, überraschte sie die Deutlichkeit des Signals, das ihr ihr Instinkt schickte, als ich die Grenzen ihres psychologischen Schutzraums zu überschreiten begann.

Ich forderte sie auf, sich dieses klare Gefühl zu bewahren und sich als Nächstes ihre Ehe und ihr Zuhause als Burg vorzustellen, die sie um jeden Preis vor Eindringlingen schützen müsse. Die Mauern der Burg würden ihre körperlichen und emotionalen Grenzen zwischen sich und der Außenwelt symbolisieren, insbesondere zwischen sich und ihren Schwiegereltern.

Ihre Aufgabe sei es nun, Jeff zu vermitteln, wie schmerzhaft und schädlich seine »Stellvertreterkritik« für sie sei, und ihm klare Grenzen für sein Verhalten zu setzen.

Pat dachte einen Moment lang nach, dann sagte sie: »Ich möchte ihm sagen, dass dies unser Zuhause ist und deshalb ein sicherer Ort sein muss. Ich will ihm sagen, dass er mich besser als alle anderen behandeln muss und nicht schlechter. Ich will ihm sagen, dass er nicht weiterhin all diese Negativität in unser Haus tragen darf, dass er alles, was bei seinen Eltern vorgefallen ist, egal was es auch war, ablegen muss, sobald er die Schwelle unseres Hauses, ich meine unserer Burg, überschreitet.«

Was für einen wundervollen und liebevollen Weg Pat gefunden hatte, um ihre Grenzen in den Sand zu malen. Nichts, was sie sagte, konnte als Angriff aufgefasst oder als Schuldzuweisung missverstanden werden und Jeff würde sich weder bedroht noch in die Defensive gedrängt fühlen. Im nächsten Kapitel werden Sie sehen, wie wirkungsvoll Pat Jeff dabei helfen konnte, die richtigen Worte zu finden, mit denen er seine Eltern daran hinderte, ihn weiterhin als Überbringer ihrer Kritik zu missbrauchen.

Die Regeln festsetzen

Greg, der Programmierer, dessen alkoholkranker Schwiegervater Vic fast ihr Kind ernsthaft verletzt hatte, entschloss sich klugerweise, mit seiner Frau Anita zusätzlich zu den Beratungen bei mir an Sitzungen einer Untergruppe der Anonymen Alkoholiker, die sich um die Angehörigen von Alkoholikern kümmert, teilzunehmen. Eine Intervention bei Vic jedoch bewirkte wenig und veränderte die Familiendynamik nicht, da Vic weiterhin seinen Alkoholismus leugnete. Das junge Paar war sich bewusst, dass Vic sehr deutliche Grenzen gesetzt werden mussten.

Sie waren nun ein Team, und ich half ihnen, strenge Regeln festzulegen. Greg begann so:

Ich kann ihm sagen, dass wir unsere Beziehung zu ihm zwar fortsetzen, dass wir jedoch gehen, sobald er sich betrinkt, oder ihn auffordern, unser Haus zu verlassen. Schwierig wird es für Anita, wenn es um unseren Sohn Michael geht, weil Vic ihn so gern hat und sie weiß, dass sie seine Gefühle verletzt.

»Anita«, sagte ich, »Ihr Vater hätte Ihrem Kind wegen seiner Trunkenheit um ein Haar vielleicht irreparablen Schaden zugefügt. Ist nicht die Sicherheit Ihres Kindes wichtiger als die verletzten Gefühle Ihres Vaters, dem Sie doch nur die Konsequenzen seines Verhaltens vor Augen führen? Ich weiß, Sie werden es nicht gerne hören, aber ich meine, Sie sollten es Ihrem Vater sagen, gerade weil es Ihnen so schwer fällt, ihm im Hinblick auf das Kind Grenzen zu setzen. Wenn Sie sich zu diesem Schritt durchringen können, dann werden Sie in Ihrer Selbstachtung zehn Meter wachsen.«

Ich fragte Anita, welche Grenzen sie und Greg ihrem Vater Vic im Hinblick auf Michael ziehen wollten.

Nun, natürlich darf er nicht mit dem Baby herumtollen, wenn er getrunken hat. Dann darf er ihn höchstens auf dem Schoß haben. Außerdem, und ich glaube, das wird ihn wirklich verletzen, darf er mit Michael dann nicht allein sein. Ich meine, dann sollte unbedingt ein anderer Erwachsener zugegen sein.

Ich beglückwünschte Anita und Greg dazu, wie gut sie sich ihre Grenzziehung überlegt hatten. Nun würden wir noch Vics Reaktion auf ihre neu gefundene Entschlossenheit durchspielen müssen. Dass sie sich die Grenzen jetzt überlegten und den Ablauf der Grenzziehung so lange durchspielten, bis sie sich mit dem, was sie sagen wollten, sicher fühlten, würde ihnen die

Sache jenseits ihrer Angst vor der tatsächlichen Konfrontation leichter machen.

Die eigene Position unmissverständlich formulieren

Wenn Sie klar und eindeutig definieren, was für Sie akzeptabel und was inakzeptabel ist, dann ist das ein wirkungsvolles Mittel, um Ihnen bei Ihrem Partner wie bei Ihren Schwiegereltern größere Geltung zu verschaffen. Da jedoch nur wenige Menschen gewohnt sind, sich auf so bestimmte und definitive Weise festzulegen, können solche Aussagen Ihnen zunächst etwas ungewohnt erscheinen. Doch wie bei einem Paar neuer Schuhe, die anfangs möglicherweise drücken, werden Sie sich mit der Zeit wohler mit ihnen fühlen.

Diane suchte verzweifelt nach einem Weg, ihre Beziehung mit John zu festigen, ohne deshalb ihre Schwiegereltern endlos bei sich beherbergen zu müssen. Ich erklärte ihr, sie müsse für sich herausfinden, wo für sie die Grenzen des Erträglichen seien und diese dann John und erforderlichenfalls auch ihren Schwiegereltern mitteilen. Ich forderte sie auf, einen Formulierungswunsch zu wagen.

»Ich kann es nicht ertragen«, platzte sie heraus, »wenn deine Eltern so lange bei uns bleiben, das halte ich nicht aus.«

Ich machte ihr klar, dass sich »ich kann nicht« sehr schwach anhört, während »ich will nicht« ein Hinweis auf ihre Entschiedenheit ist. »Versuchen Sie es noch ein paar Mal«, schlug ich vor. »Diesmal aber ersetzen Sie ›kann ich nicht‹ durch ›will ich nicht‹. Sagen Sie den Satz mehrmals. Sie werden überrascht sein, wie anders er sich anfühlt und klingt.«

Sie folgte meinem Rat und machte die versprochene Erfahrung. Außerdem fielen Diane noch andere Positionsbestimmungen ein, von denen ich hier einige wiedergeben möchte:

- Ich will mir gerne die Zeit nehmen, ein hübsches Hotel für sie zu suchen.
- Ich bin nicht bereit, jede freie Minute, die wir haben, mit ihnen zu verbringen, solange sie hier sind.
- Ich bin bereit, sie mehrmals in der Woche zum Abendbrot und zu einem Kinobesuch zu sehen. Wenn du das Bedürfnis hast, sie öfter zu sehen als ich, dann bin ich gerne bereit, in dieser Zeit etwas mit Freunden oder den Kindern zu unternehmen.

Diane war skeptisch, inwieweit John ihr neues Verhalten akzeptieren würde, daher überlegten wir uns Varianten, in denen diese zugegeben etwas hart klingenden Positionen etwas abgemildert wurden. Eine Position muss nicht militant klingen, um wirkungsvoll zu sein. Weil Sie Ihr Gegenüber nicht in die Defensive drängen wollen, ist die Form sogar fast ebenso wichtig wie der Inhalt.

»Wie wäre es«, schlug Diane vor, »wenn ich es ihm etwas verträglicher unterbreite, indem ich sage, dass ich weiß, wie schwer es ihm fällt, seinen Eltern eine Abfuhr zu erteilen, und dass ich respektiere …«

»Lassen Sie uns die Situation durchspielen«, unterbrach ich Diane. »Ich schlüpfe in Johns Rolle. Und wenn Sie mit Ihrer ersten Formulierung nicht zufrieden sind, dann können wir einfach noch einmal von vorn anfangen. Wir haben genug Zeit.«

Diane: Liebling, ich muss mit dir über die Situation mit deinen Eltern reden.

Susan (als John): Diane, ich bin müde und habe keine Lust mehr, darüber zu sprechen.

Diane: Das kommt mir bekannt vor. Was soll ich also jetzt tun, ihm weiter zusetzen?

Susan: Lassen Sie uns die Rollen tauschen. Ich schlüpfe vorübergehend in Ihre. Ich bin emotional nicht so beteiligt wie Sie, daher fällt mir eher eine Entgegnung für John ein. Es könnte zum Beispiel helfen, wenn Sie ihn, bevor Sie loslegen, fragen, ob der Zeitpunkt richtig ist für eine Aussprache. Wenn er zustimmt, dann sorgen Sie dafür, dass er die Zeitung hinlegt und den Fernseher ausstellt und Ihnen seine ganze Aufmerksamkeit schenkt. Wenn er ablehnt, dann fordern Sie ihn auf, einen Zeitpunkt zu wählen, zu dem er aufnahmebereiter ist. Lassen Sie uns also jetzt davon ausgehen, dass dieser Zeitpunkt gekommen ist. Ich, an Ihrer Stelle, würde zum Beispiel sagen: »Vielen Dank, dass du dir die Zeit für etwas nimmst, das mir wirklich am Herzen liegt. Ich weiß, dass die Situation mit deinen Eltern für uns beide schwierig war, und ich weiß, dass ich manchmal ganz schön unfreundlich war, weil ich das Gefühl hatte, du würdest meine Schwierigkeiten mit ihnen nicht ernst genug nehmen. Ich weiß außerdem, dass ich dich mehrfach zwischen uns gedrängt habe, was es dir unmöglich gemacht hat, auch nur einen von uns zufrieden zu stellen. Ich möchte herausfinden, ob und wie wir in dieser Sache zusammenarbeiten können, damit wir uns besser fühlen. Wir haben eine wirklich gute Beziehung, und ich möchte nicht, dass die Situation mit deinen Eltern sie beschädigt. Und deshalb sage ich dir jetzt unumwunden, was ich will und was ich nicht will.«

Diane bestätigte, dass sie sich als John durch diese Herangehensweise weniger angegriffen fühlen würde. Trotzdem sah sie sich nicht dazu in der Lage vorherzusagen, wie ansprechbar er sein würde, da seine Eltern in ihm so große Schuldgefühle zu wecken vermochten. Aber Diane war bereit, es einfach auszuprobieren. Ich sagte, ich könne das Ergebnis ebenfalls nicht vorhersehen, doch sei ich sicher, dass gar nichts geschehen würde, bis sie es auf einen Versuch ankommen lasse.

Diane war klar, dass diese Positionsbestimmungen und andere vergleichbare nur ein Anfang sein konnten, aber sie war hocherfreut, dass sie nun eine Idee hatte, mit der sie die Situation – und vielleicht sogar ihre Migräne – in den Griff bekommen konnte.

Einfach und genau

Positionsbestimmungen sind dann am glaubwürdigsten, wenn sie kurz und genau sind. Lange Erklärungen und vage, verallgemeinernde Wünsche verwässern nur ihre Wirkung. Die nachfolgenden Sätze sind *keine* Positionsbestimmungen:

- Ich möchte glücklich sein.
- Ich wünsche mir, dass wir alle miteinander auskommen.
- Ich möchte, dass deine Mutter von mir ablässt.
- Ich wünschte, dein Vater wäre kein solcher Besserwisser.
- Ich kann das einfach nicht mehr ertragen.
- Wir müssen an unserer Beziehung arbeiten.

Diese Aussagen sind vage, verschwommen und viel zu allgemein. Niemand wird verstehen, worüber Sie sich denn eigentlich beklagen, und schon gar nicht wissen, was man dagegen tun kann.

Im Gegensatz dazu können die folgenden bei Ihrem Partner und/oder bei Ihren Schwiegereltern wirklich etwas bewirken:

- Ich bin bereit, mit dir darüber zu sprechen, aber ich bin nicht bereit, mich kritisieren, herabsetzen, erniedrigen oder beleidigen zu lassen.
- Mir ist meine Beziehung mit dir äußerst wichtig, aber ich bin nicht bereit, meine Gefühle zu leugnen, nur um den Frieden zu bewahren.
- Ich will nicht so tun, als sei alles in bester Ordnung, wenn wir in Wahrheit ein Riesenproblem mit deinen Eltern haben, über das wir dringend sprechen müssen.

- Ich will gerne die Verantwortung für meinen Teil des Problems übernehmen, aber ich bin nicht bereit, mir sagen zu lassen, es sei alles meine Schuld.
- Ich lasse es nicht zu, dass deine Eltern sich in die Erziehung unserer Kinder einmischen.

Konzentrieren Sie sich darauf, Ihre spezielle Situation genau zu definieren. Nehmen Sie sich dafür so viel Zeit, wie Sie benötigen. Sie kennen nun die Bereiche und Verhaltensweisen, die für Sie untolerierbar sind. Fassen Sie sie in klare, präzise Sätze und wiederholen Sie sie, so oft es erforderlich ist, bis Sie sie leicht und selbstbewusst aussprechen können.

Jeder wird für sich andere Positionsbestimmungen haben. Nur Sie können entscheiden, was für Sie akzeptabel und was inakzeptabel ist. Für alle gleichermaßen gilt jedoch, dass Sie den Mut haben müssen, zu dieser Position zu stehen, egal wie zittrig Sie sich innerlich fühlen oder wie viel Angst Sie haben. So gewinnen wir an Stärke.

Nicht defensive Kommunikation

Diese Fähigkeiten sind die Kronjuwelen eines selbst bestimmten, reifen Verhaltens.

Die meisten Konflikte folgen einem immer gleichen Muster: Angriff, Verteidigung, Rückzug, Eskalation. Es ändert und löst wenig, sondern sorgt vielmehr dafür, dass alle Beteiligten frustriert sind und sich verausgabt fühlen. Nicht defensives Verhalten hingegen durchbricht dieses Muster wirkungsvoll und vermittelt Ihnen das Gefühl, alles unter Kontrolle zu haben, das Sie nie für möglich gehalten hätten. Falls Sie eines meiner Bücher gelesen haben, wissen Sie bereits, dass ich derartiges Verhalten als Fundament betrachte, das meine Klienten davon abhalten soll, zu argumentieren, zu erklären, »gute Gründe« zu nennen und andere umzustimmen. Nicht defensives Verhalten ist dazu noch wunderbar einfach.

Denken Sie über die letzte unangenehme Begegnung mit Ihren Schwiegereltern nach. Irgendwann sagte irgendjemand etwas, was Sie verletzte und unmittelbar Ihren Impuls auslöste, zurückzubeißen, sich zu rechtfertigen oder sich in wütendes Schweigen zu flüchten (die altbekannte Flucht- oder Kampfreaktion). Ihnen wurde mulmig zu Mute, eng um die Brust, Ihr Herz begann zu rasen. Sie fühlten sich in die Ecke gedrängt, die in Ihnen aufsteigenden Ängste blockierten alles vernünftige Nachdenken, und eine sinnvolle Entgegnung fiel Ihnen nicht ein. Vermutlich bemühten Sie sich, Ihre Position zu verteidigen und den anderen ihren Irrtum nachzuweisen.

Nun stellen Sie sich vor, Sie verfügen über einen Katalog passender Antworten, die Sie im Augenblick des Angriffs abrufen können, die mit großer Wahrscheinlichkeit das Feuer eindämmen und Ihre Würde sowie Ihr Selbstvertrauen wiederherstellen. Außerdem bewirken diese Antworten, dass nicht Sie, sondern die andere Person aus dem Gleichgewicht gebracht wird, und dass somit der Angriff abgewehrt wird. Es ist unglaublich, wie schnell man das lernen kann. Mir ist schon klar, dass das in Ihren Ohren vielleicht etwas übertrieben klingt, aber Sie können sicher sein, ich würde es nicht sagen, wenn ich nicht immer wieder erlebt hätte, welche Wunder diese Strategie im Leben meiner Klienten und in meinem eigenen bewirkt hat. Lassen Sie mich Ihnen ein Beispiel geben.

Steve, der Börsenmakler, dem Sie im fünften Kapitel begegnet sind, hatte es satt, immer wieder für Stan, seinen finanziell verantwortungslosen Schwiegervater, in die Bresche springen zu müssen und war motiviert, Gegenmaßnahmen zu ergreifen, wenn er auch nicht wusste welche. Jedes Mal, wenn Steve das erneute Ansuchen um Unterstützung ablehnen wollte, beknieten ihn seine Frau Andrea und seine Schwiegermutter Lois, Stan »ein letztes Mal« auszuhelfen, und Steve gab nach.

Ich wollte von ihm wissen, wie er für gewöhnlich reagiert, wenn Stan ihn um Hilfe bittet.

»Ich sage ihm«, antwortete Steve, »dass wir das Geld einfach nicht übrig haben. Ich versuche ihn dazu zu bewegen, zur Schuldenberatung zu gehen, aber davon will er nichts hören. Wenn ich den Mut aufbringe, ihn abzuweisen, dann beschimpft er mich. Er bezeichnet mich als egoistisch, arrogant, überheblich – alles, was ihm nur einfällt. Er beschuldigt mich der Hartherzigkeit. Mir sei es egal, ob er und Lois ihr Haus verlören …«

»Und was tun Sie dann?«, fragte ich.

»Na ja, ich erinnere ihn an all die vielen Male, die ich früher schon ausgeholfen habe. Ich sage ihm, dass ich nicht hartherzig bin und dass es mir sehr wohl etwas ausmacht, ob sie ihr Haus verlieren oder nicht, aber dass wir im Augenblick selbst so viele Rechnungen zu bezahlen haben …«

»Sie verteidigen sich also?«

»Ja, auch wenn es nichts hilft. Zum Schluss schreien sich alle gegenseitig an oder weinen, und ich fühle mich wie der Oberschuft.«

»Steve«, sage ich, »es bringt Sie nicht weiter, wenn Sie sich verteidigen. Sie sind so ein netter Kerl, und Sie drohen, in all dem unterzugehen. Ich werde Ihnen einen Rettungsring zuwerfen. Ich möchte, dass Sie sich die nachfolgende Liste nicht defensiver Entgegnungen genau anhören. Ich führe sie Ihnen jetzt vor, und dann probieren Sie sie selbst aus.«

»Aber wenn man sich nicht verteidigt, dann trampeln die anderen doch auf einem herum.«

»Das ist ein großer Irrtum, dem viele Menschen erliegen. In Wahrheit bewirken Sie viel mehr, wenn Sie ruhig bleiben, keine Reaktion zeigen und weder versuchen, Ihr Verhalten zu erklären noch zu rechtfertigen. Ich will Ihnen zeigen, wie das geht.«

Ich forderte Steve auf, in Stans Rolle zu schlüpfen und mich zu beschimpfen, wie es dessen Gewohnheit war. Ich würde dann nicht defensiv reagieren.

Steve (als Stan): Du bist hartherzig und arrogant.

Susan: Ich kann mir vorstellen, dass du es so empfindest.

Steve (als Stan): Ja, das tue ich, und es gefällt mir überhaupt nicht.

Susan: Es tut mir Leid, dass du verärgert bist.

Steve (als Stan): Was wirst du also unternehmen?

Susan: Nichts. Aber es tut mir Leid, dass du verärgert bist.

Steve (als er selbst): Mir fällt nicht ein, was ich als Nächstes sagen könnte. Ich komme mir vor, als würde ich gegen eine Nebelbank kämpfen.

Susan: Ja, genau. Sehr treffend beschrieben. Indem ich mich geweigert habe, mich zu verteidigen oder etwas zu erklären, habe ich Ihnen den Wind aus den Segeln genommen. Genau das ist es, was nicht defensive Kommunikation bewirkt. Und sie funktioniert in 99 Prozent der Fälle und unabhängig davon, was die andere Person sagt oder tut.

Erweitern Sie Ihre Repertoire

Hier noch ein paar weitere, nicht defensive Antworten, die Sie verwenden können, wenn Sie das nächste Mal angegriffen oder kritisiert werden oder sich mitten im Trubel befinden:

- Und was willst du mir damit sagen?
- Du hast ein Recht auf deine eigene Meinung.
- Darüber muss ich erst nachdenken.
- Das ist interessant.
- Ich bin gerne bereit, mit dir darüber zu reden, wenn du dich beruhigt hast.
- Es tut mir Leid, dass du anderer Meinung bist.

Diese wertvollen kurzen Sätze werden Ihnen helfen, bei nahezu jedem Angriff auf eine Weise bei sich zu bleiben, wie Sie es nie für möglich gehalten hätten.

Ich weiß, dass ich Ihnen in diesen letzten vier Kapiteln viel zum Nachdenken und Durcharbeiten gegeben habe. Üben Sie die Techniken, bis Sie sich sicher mit ihnen fühlen. Gehen Sie davon aus, dass Sie eine Zeit lang brauchen werden, um sich an sie zu gewöhnen, denn die wenigsten Menschen haben gelernt, dass sie das Recht haben, Grenzen zu ziehen und zum Ausdruck zu bringen, was sie akzeptieren und was nicht. Machen Sie sich also keine Sorgen, wenn Ihnen nicht defensive Kommunikation zunächst unbehaglich ist oder Sie ängstigt. Niemand bekommt sie gleich beim ersten Mal hin, und keiner wagt sich angstfrei in unbekanntes Terrain.

Doch ich kann Ihnen versprechen, je häufiger Sie diese Ihr Selbstbewusstsein fördernden Verhaltensweisen einsetzen, desto leichter wird es Ihnen fallen. Sie dürfen den ersten Schritt aber nicht erst dann tun, wenn Sie Ihre Angst überwunden haben, sondern müssen ihn gleich tun. Tun Sie den ersten Schritt und Sie *haben* danach weniger Angst.

12
Den Partner als Verbündeten gewinnen

Nach all dem Vorbereiten und Einüben und Beobachten und Nachdenken und Erlernen neuer Fertigkeiten ist nun der entscheidende Zeitpunkt gekommen. Sie sind ausreichend vorbereitet, um Ihren Partner, die Schlüsselfigur in diesem Drama, direkt, aber liebevoll in Ihre Bemühung zur Bereinigung der Situation einzubeziehen.

Manche von Ihnen sind vielleicht wütend oder sogar angewidert von der Feigheit und Illoyalität Ihres Partners, und viele von Ihnen haben nicht nur unter den Schwiegereltern gelitten, sondern auch unter Ängsten vor dem Verlassenwerden und unter dem schmerzhaften Verrat Ihres Partners.

Aber denken Sie daran: Jetzt ist der Augenblick der Ehrlichkeit gekommen, Verurteilung und Schuldzuweisung sind nicht gefragt. Und Sie dürfen eines nicht vergessen: Die schwierigen Menschen, über die Sie jetzt sprechen wollen, sind die Eltern Ihres Partners. Vielleicht hat sich Ihr Partner ebenso häufig über sie beklagt wie Sie, und vielleicht haben Sie beide zum Verhalten Ihrer Schwiegereltern die gleiche Meinung. Vielleicht.

Aber wie Sie bereits gesehen haben, gehört es zu den paradoxen Erscheinungen der Eltern-Kind-Beziehung, dass die meisten Menschen ihre Eltern verteidigen, wenn sie angegriffen werden. Das trifft auch dann zu, wenn der Angreifer der eigene Partner ist und die bösen Schwiegereltern ebenso böse Eltern waren und die Angriffe auf sie absolut gerechtfertigt sind. Wenn Sie die Eltern Ihres Partners attackieren, dann sprechen Sie seine primären Instinkte an und Ihre Klagen klingen für ihn wie eine Kriegserklärung.

Was Sie zu sagen haben, ist wichtig, doch viel hängt davon ab, wie Sie es sagen, wenn Sie Ihren Partner als Verbündeten gewinnen wollen. In diesem Kapitel will ich Ihnen Schritt für Schritt zeigen, wie Sie Ihrem Partner Ihre wahren Gefühle mitteilen und ihn um Unterstützung bitten können. Ich zeige Ihnen außerdem, wie Sie am besten mit seinen Reaktionen umgehen, um nicht nur seine Defensivität so weit wie möglich zu reduzieren, sondern sogar die Bindung zwischen Ihnen zu stärken.

Die Bühne bereiten

Wenn Sie es mit schwer wiegenden Beziehungsproblemen zu tun haben, dann ist richtiges Timing alles. Damit Ihr Partner Sie auch wirklich anhört und versteht und damit Sie Ihrerseits für die Reaktionen Ihren Partners offen sind, wählen Sie Ort und Zeitpunkt so, dass Ihnen Ruhe sicher ist. Setzen Sie Ihren gesunden Menschenverstand ein. Wenn Ihr Partner von der Arbeit erschöpft nach Hause kommt oder wütend ist, weil er eine Stunde lang im Stau stehen musste, dann warten Sie, bis er sich beruhigt hat. Die Probleme mit Ihren Schwiegereltern werden nicht von selbst verschwinden, und es ist unerheblich, ob Sie noch ein paar Stunden oder sogar ein paar Tage warten. Ihr Partner ist sich ja durchaus dessen bewusst, wie angespannt alle Beteiligten sind und wie viel Reibung zwischen Ihnen besteht. Bisher hat nur einfach niemand gewusst, welche Initiative zur Lösung des Problems beitragen könnte.

Nutzen Sie aber andererseits auch nicht jedes kleinste Hindernis als Entschuldigung, um Ihr so wichtiges Vorhaben weiter aufzuschieben. Es ist äußerst menschlich, Dinge hinauszuzögern, vor denen man sich fürchtet. Sie finden vielleicht rationalisierende Begründungen wie »Ich fühle mich dem noch nicht gewachsen« oder »Wir sind beide gerade überarbeitet« oder »Er weiß ja schon, wie sehr ich mich über die Situation aufrege. Warum soll ich ihn schon wieder damit konfrontieren?« oder »Im Augenblick geht es ja ein bisschen besser, da möchte ich das Meer nicht künstlich aufwühlen«. Gleichgültig welche kurzfristige Erleichterung Ihnen solche Rationalisierungen auch bereiten, sobald Sie sich mit Ihren neuen Kommunikationsfertigkeiten einigermaßen vertraut fühlen, müssen Sie sich selbst versprechen, das Thema innerhalb einer Woche anzuschneiden.

Sie kennen diesen Menschen. Sie leben jeden Tag mit ihm zusammen. Sie wissen, wann er am ehesten einen klaren Kopf hat und aufnahmefähig ist. Vielleicht schlagen Sie einen langen Spaziergang vor, um dieses heikle Thema anzusprechen. Möglicherweise eignet sich auch ein fauler Sonntagmorgen, den Sie beide Zeitung lesend im Bett verbringen. Minimieren Sie denkbare Störungen so weit wie möglich. Falls Sie kleine Kinder haben, wählen Sie einen Zeitpunkt, wenn sie im Bett sind oder zu Besuch bei Verwandten.

Vielleicht kommt der »ideale Zeitpunkt« nie, warten Sie also nicht auf ihn. Möglicherweise sind Sie beide viel beschäftigt, haben eine Menge Anforderungen zu erfüllen und jede Menge Stress. Legen Sie sich darauf fest, in der kommenden Woche einen halbwegs geeigneten Zeitpunkt zu finden. Ich weiß, dass Sie unsicher sind, ob Sie es nun richtig »hinbekommen«, und sich Sorgen machen wegen der Reaktion Ihres Partners.

Doch da man davon ausgehen kann, dass Sie es mit einem vernünftigen Menschen zu tun haben, versichere ich Ihnen, dass Ihre Schwellenangst wie bei allen wichtigen Schritten im Leben wahrscheinlich viel schlimmer ist als die tatsächliche Umsetzung Ihres Vorhabens. Ihre Selbstachtung und Ihre Erleichterung werden riesengroß sein, wenn Sie sich schließlich der Sache stellen, die der Liebe und dem Vertrauen zwischen Ihnen und Ihrem Partner so viel Schaden zugefügt hat.

Das Thema zur Sprache bringen

Vielleicht überrascht Sie das, aber ich rate Ihnen dringend ab, mit dem Satz »Wir müssen miteinander sprechen« anzufangen. Für viele Menschen sind diese Worte äußerst Angst erregend. Sie könnten etwas ankündigen, was in Ihrem Partner Schuldgefühle erzeugt oder ihm das Gefühl gibt, unzulänglich oder irgendwie nicht richtig zu funktionieren. Sie können fast eine Wette darauf abschließen, dass ein Ehemann oder eine Ehefrau, der oder die diesen Satz hört, sofort denkt: »Mein Gott, was habe ich nun schon wieder angestellt?« Wahrscheinlich hört man in dieser Einleitung das Echo aller Streiterein, die mit diesen Worten ihren Anfang nahmen und zu Trennungen, oder irgendwelchen anderen entsetzlichen Erfahrungen führten.

Lassen Sie uns eine andere Herangehensweise ausprobieren.

Worte, die wirken

Ruhe, Gelassenheit, eine unbedrohliche Atmosphäre – das ist es, was Sie schaffen wollen. Öffnen Sie die Tür zwischen sich und Ihrem Partner mit Sätzen wie:

- Liebling, etwas bereitet mir Sorgen, und ich brauche wirklich ein wenig Zeit mit dir. Könnten wir einen Spaziergang machen?
- Ich brauche deine Hilfe bei einer Sache, die mich quält.
- Ist dies ein geeigneter Zeitpunkt, um miteinander über die Dinge zu sprechen, die in der Familie vorgefallen sind?

Sobald Ihr Partner eingewilligt hat, Ihnen seine ganze Aufmerksamkeit zu schenken, bitten Sie ihn, Sie bis zum Ende anzuhören, und versichern Sie ihm, dass er für seine Antwort alle Zeit der Welt hat.

Sicherlich hören sich diese Vorschläge für Sie teilweise recht formell und künstlich an. Aber sie sollen lediglich den Rahmen vorgeben, mit dessen Hilfe Sie die Dinge dann in Ihre eigenen Worte fassen können.

Zum Kern Ihrer Sorgen gelangen

Nun, da Sie sich der Aufmerksamkeit Ihres Partners versichert haben, holen Sie tief Luft und nehmen sich Zeit, um Ihre Gedanken zu sammeln. Dann arbeiten Sie die vier Punkte in der vorgegebenen Reihenfolge ab, anhand derer Sie sich auf das konzentrieren, was Sie beunruhigt.

Punkt 1: Dieses Verhalten deiner Eltern bereitet mir Schwierigkeiten.
Punkt 2: Diese Gefühle löst ihr Verhalten in mir aus.
Punkt 3: So wirkt sich ihr Verhalten auf unsere Beziehung aus.
Punkt 4: Das ist es, was ich von dir will.

Lassen Sie uns diese Liste nun Punkt für Punkt durchgehen, damit Sie die Klippen aller emotional aufgeladenen Wortwechsel umschiffen können.

1. Dieses Verhalten deiner Eltern bereitet mir Schwierigkeiten

Diese Aufgabe ist am einfachsten, denn was Sie Ihrem Partner zum Verhalten seiner Eltern sagen, wird ihn kaum überraschen. Ihr Partner ist sich dessen, was Sie stört, wahrscheinlich nur allzu bewusst, auch wenn er die Situation vermutlich anders interpretiert als Sie. Selbst wenn Ihre Schwiegereltern Sie in Gegenwart Ihres Partners freundlich behandeln, aber über Sie herfallen, sobald er Ihnen den Rücken kehrt, haben Sie dies Ihrem Partner wahrscheinlich schon gesagt.

Statt also eine ganze Litanei von Klagen vorzutragen, beschreiben Sie nur die schwer wiegendsten Probleme mit Ihren Schwiegereltern. Auch wenn Sie meinen, diese Dinge schon dutzende Male beklagt zu haben, ist es wichtig, dass Sie Ihren Schritt zur Veränderung mit einer Aufzählung dessen beginnen, was Sie am meisten bedrückt.

Natürlich ist es verlockend, zu einer Dauerrede anzusetzen, wenn Ihnen Aufmerksamkeit gewiss ist. Beschränken Sie sich dennoch auf Ihre Hauptbeschwerden und stellen Sie sie so präzise wie möglich dar. Seien Sie dabei so knapp wie bei Ihren Positionsbestimmungen und vermeiden Sie Verallgemeinerungen.

Hier einige typische Beispiele für die wenig hilfreichen, unpräzisen Beschwerden:

- Dein Vater macht mich verrückt.
- Deine Mutter ist wirklich eine grässliche Schreckschraube; ich kann sie einfach nicht ertragen.
- Deine Eltern hacken die ganze Zeit auf mir herum.

Und nun einige Beispiele für wirkungsvolle, präzise und berechtigte Klagen:

- Deine Mutter kritisiert ununterbrochen, wie ich unser Kind erziehe.
- Deine Eltern beanspruchen zu viel von unserer Zeit.
- Dein Vater wird mir gegenüber sexuell handgreiflich.
- Wie du weißt, lehnen deine Eltern mich vollständig ab und grenzen mich aus der Familie aus.

Fakten, Fakten, Fakten

Sarah, die Arzthelferin, deren Schwiegermutter Claire versuchte, sie und ihren Mann Devon mit Geld und mit der Erzeugung von Schuldgefühlen dazu zu bewegen, ihre kostbare Urlaubszeit mit ihr zu verbringen, erklärte mir, dass für sie nun der Moment gekommen sei, diesen Manipulationen ein Ende zu machen, und ihrem Mann Devon zu sagen, ihre Schwierigkeiten mit seiner Mutter endlich ernst zu nehmen. Dies war Sarahs Hauptanliegen, und ich schlug ihr deshalb vor, all die übrigen Versuche Claires, sie zu kontrollieren und sogar den Verlauf ihrer Hochzeit zu bestimmen, unerwähnt zu lassen. Was vergangen war, ließ sich ohnehin nicht mehr ändern. Aber Claire kaufte weiterhin Flugtickets für sie und versuchte, sie mit finanziellen Zuwendungen an sich zu binden. Keine von Claires Verhaltensweisen war übel meinend, aber sie waren aufdringlich und erzeugten unnötige Spannungen in Sarahs und Devons Ehe. Und Devon hatte schwere Schuldgefühle, wenn er seiner Mutter gegenüber auch nur andeutete, dass sie ihren Urlaub lieber woanders verbringen wollten.

Sarah und ich gingen miteinander die Vorbereitungsschritte durch, und sie übte sie so lange mit mir ein, bis sie sich sicher fühlte. In der darauf folgenden Woche berichtete Sarah, wie die Begegnung abgelaufen war.

Nachdem ich ihm mitgeteilt hatte, dass ich seine Hilfe brauchte, und wir einen ruhigen Zeitpunkt für unser Gespräch gefunden hatten, sagte ich als Erstes: »Du weißt, dass deine Mutter uns jedes Mal unter Druck setzt, wenn wir unseren Urlaub planen.« Als Devon bei diesem Thema sofort mit den Augen rollte, erinnerte ich ihn daran, dass er versprochen hatte, mich bis zu Ende anzuhören. Er entschuldige sich, wies mich aber auch darauf hin, dass wir das alles schon mehrmals besprochen hatten. Ich stimmte ihm zu, machte ihm jedoch auch klar, dass es diesmal anders sei, weil wir gemeinsam versuchen würden, das Problem zu lösen, und ich mich nicht darauf beschränken würde, ihm etwas vorzujammern.

Sarah hatte genau den Punkt getroffen, in dem sich dieses konzentrierte Gespräch von all den anderen unterschied, bei denen sie geweint oder geschmollt oder geklagt hatte, nachdem Devon den Wünschen seiner Mutter nachgegeben hatte. Dieses Mal war alles anders, weil Sarah ruhig ihr Anliegen vorbrachte und Devon bat, mit ihr gemeinsam an der Lösung zu arbeiten. Außerdem übernahm sie die Verantwortung für ihr eigenes fruchtloses Umgehen mit der Situation.

Sie können den ersten Punkt beziehungsweise das Verhalten Ihrer Schwiegermutter auch besprechen, indem Sie Ihren Satz mit einem »Wenn …« beginnen und dann hinzufügen, was Ihre Schwiegereltern tun, und welche Gefühle sie damit in Ihnen auslösen. Mark zum Beispiel, dessen Frau Dana ihre Mutter aus einer unglücklichen Ehe zu retten versuchte, leitete Punkt 1 ein mit: »Wenn deine Mutter von dir erwartet, ihre Eheberaterin zu spielen, dann …«

Sind Ihre Schwiegereltern von der zurückweisenden Sorte, dann könnten Sie folgendermaßen beginnen: »Wenn deine Eltern so kalt zu mir sind und mich spüren lassen, dass sie mich nicht akzeptieren, dann …«

Punkt 1 ist die Öffnung, die Ihnen Zugang verschafft. Nun sind Sie bereit, etwas über Ihre Gefühle zu sagen.

2. Diese Gefühle löst ihr Verhalten in mir aus

Gefühle genau zu benennen und zu beschreiben ist selten einfach, doch ist es die entscheidende Voraussetzung, um echte Nähe herzustellen und Ihren Partner wissen zu lassen, dass Sie die Ereignisse nicht auf genau die gleiche Weise wie er erleben.

Im Verlauf dieses Buches sind Sie Partnern begegnet, die wenig oder keine Ahnung hatten, welche Wirkung das Verhalten ihrer Eltern auf ihren Ehemann oder ihre Ehefrau hat. Zum Teil mag dieses mangelnde Bewusstsein auf die Blindheit gegenüber dem Verhalten zurückgehen, mit dem man aufgewachsen, an das man gewöhnt ist und an dem man festhalten will. Doch diese Wahrnehmungsschwäche könnte auch darauf zurückzuführen sein, dass es Ihnen bisher nicht gelungen ist, die richtigen Worte für Ihre Gefühle zu finden. Folglich könnte Ihr Partner Ihre Probleme mit den Schwiegereltern für unbedeutend halten, und Sie fühlen sich schließlich ignoriert und nicht ernst genommen.

Gefühle kann man für gewöhnlich mit ein oder zwei Worten ausdrücken: glücklich, traurig, frustriert, wütend, euphorisch, hoffnungslos, hoffnungsvoll. Diejenigen meiner Klienten, die Schwierigkeiten mit ihren Schwiegereltern haben, fühlten sich dabei meist von ihren Partnern im Stich gelassen. Dies ist ein herber Vorwurf in Anbetracht der Tatsache, dass er dem Menschen gemacht wird, den Sie sich zum Lebenspartner gewählt haben. Doch ist die Mitteilung Ihrer Gefühle der sicherste Weg, um Ihren Partner an Ihrer Innenwelt teilhaben zu lassen und ihm klarzumachen, wie ernst Ihre Probleme mit Ihren Schwiegereltern sind.

Achten Sie darauf, nicht nur Worte für Ihre Schwierigkeiten, sondern auch für Ihre positiven Gefühle für Ihren Partner zu finden, damit Sie ihn im Zuge der »Luftbereinigung« nicht mit Feindseligkeiten überhäufen.

Viele Menschen glauben, dass sie Gefühle beschreiben, während sie tatsächlich Vorstellungen zum Ausdruck bringen. Bei den nachfolgenden Aussagen handelt es sich ausschließlich um Vorstellungen und Überzeugungen, die im Gewand von Gefühlen präsentiert werden:

- Ich habe das Gefühl, dass du dich nicht genug für meine Bedürfnisse interessierst.
- Ich empfinde deine Mutter als zu anmaßend.
- Mir kommt es so vor, als würde dich dein Vater ständig schlecht machen.
- Ich glaube, dass du mich nicht mehr liebst.

Auf diese Weise drücken sich viele Menschen aus und nehmen an, dass sie so ihre Gefühle »rauslassen«. Doch machen Sie sich klar, ein Gefühl wie »deine Mutter ist zu anmaßend« gibt es nicht. Und Gleiches gilt auch für die übrigen Überzeugungen, die ich Ihnen präsentiert habe. Sobald Sie der Einleitung »Ich habe das Gefühl« ein »dass« folgen lassen, rationalisieren Sie. Daran ist an sich nichts auszusetzen, machen Sie sich jedoch klar, wie sehr solche Sätze einfach nur der Wiederholung einer bereits vorgebrachten Klage gleichen. Damit verringern Sie Klarheit und Wirkung dessen, was Sie zu vermitteln suchen: die Gefühle, die die Kriegserklärung Ihrer Schwiegereltern in Ihnen auslösen. Sie dürfen getrost davon ausgehen, dass Ihr Partner Ihre Gefühle verstehen wird. Es ist leicht, sich mit ihnen zu identifizieren, denn schließlich sind Gefühle universell und jeder hat sie. Ihre von Herzen kommenden Gefühle werden, das darf man ruhig annehmen, das Herz Ihres Partners erreichen.

Um sicherzugehen, dass Sie Gefühle statt Meinungen ausdrücken, könnten Sie auf folgende Einleitungen zurückgreifen: »Wenn du meinen Wünschen nicht genug Beachtung schenkst, dann fühle ich mich …« oder »Wenn deine Mutter mich vor anderen niedermacht, dann fühle ich mich …« Mit diesem Trick gewöhnen Sie sich daran, Ihre Gefühle genau zu identifizieren, und Sie steigern außerdem noch die Wirksamkeit Ihrer Kommunikation.

Lassen Sie uns zu Sarah zurückkehren, denn sie liefert ein gutes Beispiel, dem Sie folgen können:

Früher war ich überzeugt davon, meine Gefühle zum Ausdruck zu bringen. Ich flehte, ich schrie, ich knallte mit den Türen, ich weinte. Ich hielt meine Gefühle für klar wie Kloßbrühe. Ich wusste nicht, was ich sonst noch hätte sagen sollen. Doch dann erkannte ich, dass ich nur Dampf abließ, statt ihm brauchbare und verständliche Informationen zu liefern. Hinzu kam, dass ihn mein Verhalten abstieß, und er deshalb aufhörte, mir über-

haupt zuzuhören. Also folgte ich genau den vier Punkten und erklärte ihm, dass ich ärgerlich und enttäuscht sei, mich machtlos und kontrolliert fühle. So hatte ich mir die Dinge nicht vorgestellt, und wir mussten nun gemeinsam Wege finden, um den Druck zu verringern.

Es ist in Ordnung, Gefühle vor einem leeren Stuhl oder einem guten Freund oder auf den Seiten eines Tagebuchs abzureagieren, doch wenn Sie gemeinsam mit Ihrem Partner ein Problem lösen wollen, dann sorgen diffuse Emotionen nur dafür, dass er sich überwältigt und hilflos fühlt.

3. So wirkt sich ihr Verhalten auf unsere Beziehung aus

Anders als der erste kann dieser Punkt Ihren Partner wirklich überraschen. Manche von Ihnen haben einen Partner, dem durchaus bewusst ist, wie die Konflikte mit den Schwiegereltern die eigene Beziehung belasten. Doch andere Partner leugnen das Verhalten ihrer Eltern und damit auch die Folgen für Ihre Beziehung. Vielleicht hat Ihr Partner zwar gesehen, dass Sie nach einem besonders unangenehmen Zusammenstoß mit Ihren Schwiegereltern geweint haben oder beleidigt waren, oder er hat gehört, dass Sie sich für ihn eingesetzt haben, aber möglicherweise schreibt er dies nur Ihrer Überempfindlichkeit zu oder Ihrer Neigung, aus einer Mücke einen Elefanten zu machen. Falls dies zutrifft, wird ihm kaum bewusst sein, unter welchem Stress Ihre Ehe steht. Und weil Ihr Partner die Dinge auf seine eigene, subjektive Weise interpretiert, mag ihm die Bindung unbelastet vorkommen.

Aus all diesen Gründen ist es entscheidend, den Ernst der Lage genau zu beschreiben und sicherzugehen, dass Ihr Partner Ihnen genau zuhört. Beginnen Sie, indem Sie sich zu einigen guten Dingen in Ihrer Beziehung äußern, schließlich rutscht die bittere Medizin leichter, wenn man sie etwas versüßt. Doch wenden Sie sich danach sofort den Sorgen zu, die Sie sich um

Ihre Ehe machen. Nachfolgend einige nützliche Beispiele für diese Vorgehensweise, die ich in Therapiesitzungen mit einigen der Klienten ausgearbeitet habe, deren Geschichten hier wiedergegeben sind.

- Ich liebe dich sehr, aber ich glaube, du bist dir dessen nicht bewusst, wie unglücklich mich die Situation mit deinen Eltern macht.
- Unsere Beziehung ist sehr erfüllend für mich, doch die Situation mit deinen Eltern untergräbt sie ernstlich.
- Ich nehme an, du weißt nicht, wie oft ich schon darüber nachgedacht habe, dich zu verlassen, nur um mich deinen Eltern zu entziehen. Lass uns gemeinsam daran arbeiten, eine bessere Lösung zu finden.
- Ich liebe dich, und ich möchte, dass wir auch weiterhin zusammen sind, aber die Art, wie du die Situation mit deinen Eltern handhabst, sorgt dafür, dass ich meinen Respekt für dich verliere, und deshalb frage ich mich, ob unsere Beziehung von Dauer sein kann.

Die sanfte Herangehensweise

Sarah erzählte mir, dass sie vor allem über den vierten Punkt lange nachdenken musste.

Mein Respekt für ihn hat sich bedrohlich reduziert, aber ich wollte ihm das nicht auf eine verletzende Weise mitteilen. Also rang ich sehr mit der Formulierung. Was ich dann schließlich sagte, war vielleicht nicht so direkt, wie es hätte sein sollen, aber immerhin konnte ich ihm klarmachen, dass unsere Beziehung in Gefahr war. Ich sagte: »Du weißt, dass mir unsere Ehe das Allerwichtigste auf der Welt ist und dass ich alles tun würde, um sie aufrechtzuerhalten. Aber ich mache mir Sorgen darüber, wie sich dein ständiges Nachgeben gegenüber deiner Mutter auf dich und auf mich auswirkt – ich scheine nicht viel daran än-

dern zu können. Wenn du Angst hast, sie abzuweisen, dann denke daran, dass ich da und vollkommen auf deiner Seite bin. Manchmal habe ich doch den Eindruck, dass du nicht auf meiner Seite bist, denn meine Vorstellungen bezüglich unseres Urlaubs kommen bei dir erst an zweiter Stelle hinter denen deiner Mutter. Das verletzt mich und erschüttert mein Vertrauen in dich.«

Klugerweise feuerte Sarah nicht beide Schrotladungen gleichzeitig auf Devon ab, um zu verhindern, dass er sich nicht wie ein totaler Schwächling fühlte. Stattdessen wies sie ihn vorsichtig darauf hin, dass sich etwas ändern musste, und gewann ihn durch ihr Bekenntnis zu ihm als ihren Verbündeten. Außerdem beschränkte sie sich auf ein Thema, statt die ganze Liste der Dinge aufzuzählen, die Claire ihr angetan hatte.

4. Das ist es, was ich jetzt von dir will

Auf dem Weg zur Arbeit oder abends im Bett, wenn Sie nicht einschlafen konnten, haben Sie darüber nachgedacht, was Sie sich von Ihrem Partner wünschen. »Wenn er doch nur ...«, dann wäre alles so viel besser.

Dieser letzte Punkt ist wahrscheinlich auch der wichtigste der vier. Jetzt fordern Sie Ihren Partner tatsächlich auf, emotional unabhängig zu werden, und stellen fest, ob er dazu bereit und in der Lage ist.

Sie müssen klar und deutlich zum Ausdruck bringen, was Sie von Ihrem Partner wollen, oder Sie verwirren ihn nur. Seien Sie realistisch und überfordern Sie ihn nicht mit übertriebenen Forderungen. Beginnen Sie mit einer Sache, die Ihr Partner tun kann, um die Situation zu verbessern.

Formulieren Sie Ihre Forderung entschlossen, aber ohne zu drohen. Hier einige Beispiele, wie man seine Wünsche vorsichtig, aber unmissverständlich zum Ausdruck bringen kann.

- Ich möchte, dass du ihnen sagst, ... (dass Äußerungen wie diese inakzeptabel sind/dass wir selbst darüber entscheiden, wie wir unsere Kinder erziehen/dass du ihre Kritik an meinem Äußeren nicht länger hinnimmst).
- Ich wüsste es wirklich zu schätzen, wenn du... (versuchen könntest, die Dinge aus meiner Perspektive zu sehen/erkennen würdest, dass ich anders auf sie reagiere als du/aufhören könntest, mich als überempfindlich zu bezeichnen, wenn ich in Wahrheit auf ihre Kritik oder ihre Beleidigungen ganz normal reagiere).
- Ich würde mich so viel besser fühlen, wenn du... (ihnen Einhalt gebieten könntest, wenn sie anfangen, hinter meinem Rücken über mich herzuziehen/mir manchmal sagen könntest, dass ich Recht habe/mir zeigen würdest, dass dir meine Gefühle mindestens ebenso wichtig sind wie ihre/sie wissen lassen könntest, dass wir ein Team sind und zusammengehören).
- Es wäre wirklich eine wichtige Bestätigung für mich, wenn du... (sagen könntest, dass ich ein Teil dieser Familie bin und dass wir beide trotzdem eine eigene Familie bilden/ihnen sagen könntest, dass sie den Menschen verletzen, den du liebst, und dass sie mit Konsequenzen rechnen müssen, wenn sie nicht aufhören).

Wenn Sie Ihre Wünsche zum Ausdruck bringen, dann sollten Sie Beschimpfungen und herabsetzende Aussagen wie die folgenden vermeiden.

- Ich möchte, dass du endlich erwachsen wirst.
- Ich möchte, dass du endlich einmal Mut beweist.
- Ich möchte, dass du aufhörst, ein solcher Feigling zu sein.
- Ich möchte, dass du mit mir darüber einer Meinung bist, wie entsetzlich sie sind.
- Ich möchte, dass du sie nie wieder besuchst, es sei denn, sie behandeln mich anständig.

Das Puzzle zusammensetzen

Sarah begann mit einer Positionsbestimmung, die ihr half, elegant überzuwechseln zu dem Beitrag, den sie sich von Devon wünschte.

Ich bin bereit, über viel von dem, was Claire sich in der Vergangenheit geleistet hat, hinwegzusehen. Aber ich bin nicht bereit, ihr unsere Urlaubsplanung zu überlassen. In ein paar Monaten werden wir wieder mit diesem Thema konfrontiert sein, und ich möchte, dass du ihr sagst, dass wir vorhaben, unseren Urlaub auf Hawaii zu verbringen. Ich möchte, dass du mir versprichst, ihr diesmal nicht nachzugeben, auch wenn sie, was zu vermuten ist, wieder Theater deswegen macht.

Einige von Ihnen fragen sich vermutlich, warum es so schwierig sein kann, der eigenen Mutter mitzuteilen, dass man seinen Urlaub allein mit seiner Frau verbringen will. Schließlich wirkte die Forderung, die Sarah an Devon richtete, eher wie eine Minimalforderung. Doch für Devon, der sich sein Leben lang für das emotionale Wohlergehen seiner Mutter verantwortlich fühlte, handelte es sich keineswegs um eine Kleinigkeit. Ihm kam es eher so vor, als werde er aufgefordert, zum ersten Mal in seinem Leben mit dem Fallschirm abzuspringen.

Das Gleichgewicht finden

Es wird einige Zeit dauern, bis Sie das Gleichgewicht finden zwischen der Verbalisierung Ihrer Gefühle und Wünsche und der Versicherung Ihrem Partner gegenüber, dass Sie diese Gespräche nicht mit ihm führen, um sich von ihm zu entfernen, sondern um sich stärker an ihn zu binden. Denken Sie darüber nach, was Sie sagen wollen, dann sagen Sie es laut vor dem Spiegel oder einem Foto Ihres Partners, bis Sie das Gefühl haben, die Worte richtig gewählt zu haben und sie ungezwungen äußern zu können. Sie müssen den Künstler in sich zu Tage fördern, um für Ihren Partner ein äußerst klares Bild zu malen, das er leicht nachvollziehen kann, ohne in die Defensive zu geraten.

Entscheidend an dieser Weggabelung ist es außerdem, dass Sie weder in die Rolle des Therapeuten oder der Mutter schlüpfen noch für sich in Anspruch nehmen, auf einem moralischen Podest zu stehen. Dieser Gefahr entgehen Sie, indem Sie Ihrem Partner mitteilen, dass Sie viel über sich nachgedacht haben und bereit sind, Ihren Schuldanteil zu übernehmen. Auf diese Weise machen Sie Ihrem Partner klar, dass Sie mit ihm zusammen die Situation verbessern wollen und nicht vorhaben, in die Rolle des überlegenen Aufsehers zu schlüpfen.

Um Ihrem Partner zu zeigen, dass Sie mit ihm gemeinsame Sache machen wollen, müssen Sie sich seine Argumente und Reaktionen sorgfältig anhören. Sie haben mit Ihrem Vorstoß einen Kommunikationskanal in beide Richtungen geöffnet, und Sie müssen nun genau Acht geben, was zu Ihnen zurückkommt.

13
Mit den Reaktionen des Partners leben

In der besten aller Welten ist Ihr Partner liebevoll und unterstützt Sie, und Sie hören nur:

- Ich fühle mich genauso schlecht wie du. Was können wir tun, um sie gemeinsam zu verbessern?
- Es tut mir furchtbar Leid. Mir war nicht klar, dass du so sehr unter der Situation leidest. Was kann ich tun, um dir zu helfen?
- Ich weiß, ich schiebe eine Lösung des Problems schon viel zu lange vor mir her. Lass uns einander helfen, um die beste Lösung zu finden.

Das ist natürlich Musik in Ihren Ohren. Nun können Sie sich wieder als Team fühlen und gegenseitig helfen. Sie selbst verfügen über eine ganze Reihe neuer Kommunikationstechniken und Ihr Partner über die intime Kenntnis Ihrer Schwiegereltern.

Ist Ihr Partner nur widerwillig bereit, sich dem Problem zu widmen, dann müssen Sie mit Reaktionen wie den folgenden rechnen.

- Ich gebe zu, dass die Situation problematisch ist, aber ich weiß nicht, was wir dagegen unternehmen können.
- Du hast Recht, aber ich fühle mich im Augenblick zu sehr unter Druck, um es auch noch mit meinen Eltern aufzunehmen.

- Kann schon sein, dass du Recht hast. Aber was ist eigentlich mit deinen Eltern? So toll sind die auch nicht.

Solche Reaktionen zeigen, dass Ihr Partner ängstlich und verzagt ist und sich deshalb hilflos und gelähmt fühlt. Er weicht lieber aus und wirft andere Fragen auf in der Hoffnung, Sie abzulenken. Doch mit entsprechender Ermutigung Ihrerseits könnten Sie ihn vermutlich überzeugen, eine aktivere Rolle zu übernehmen. Äußerst wirkungsvoll wäre es zum Beispiel, wenn Sie zusammen mit Ihrem Partner dieses Buch läsen. Und vergessen Sie nicht: Lassen Sie ihm Zeit. Es wäre natürlich wunderbar, wenn Ihr Partner mit Ihnen über Nacht einen Plan zur Lösung des Problems hätte. Aber die Wirklichkeit ist nun einmal anders. Veränderung ist ein Prozess, und Sie suchen nach Zeichen dafür, dass dieser Prozess begonnen hat.

Wenn Ihr Partner sich weigert

Die folgenden Statements würden Sie lieber nicht hören:

- Unter keinen Umständen werde ich es zulassen, dass du alle aufregst.
- Sie sind nicht schlimmer als anderer Leute Schwiegereltern. Du musst einfach lernen, dich mit ihnen zu arrangieren.
- Du übertreibst wieder einmal.
- Das Problem bist du – du reagierst reichlich übertrieben/bist überempfindlich/hattest selbst unmögliche Eltern und glaubst deshalb, alle Eltern seien genauso.
- Ich will darüber nicht reden. Wenn du unzufrieden bist, dann lass dir selbst etwas einfallen.
- Das ist dein Problem und nicht meins. Ich komme gut mit ihnen aus.

Ich weiß, wie entmutigend eine Antwort dieser Art sein kann, aber geben Sie nicht auf. Inzwischen wissen Sie, je größer die Verstrickung Ihres Partners mit seinen Eltern ist, desto größer ist auch sein Widerstand gegen alles, was sie aufregen könnte. Egal, wie die Reaktion Ihres Partners auf Ihren Vorstoß auch im Einzelnen aussehen mag, denken Sie daran, dass die erste und die letzte nicht zwangsläufig übereinstimmen. Ihr Partner braucht Zeit, um Ihre Kritik zu verarbeiten, und seine Reaktion kann sich noch entscheidend verändern. Ich hatte es schon mit Betroffenen zu tun, die ich für aussichtslose Fälle hielt und die sich schließlich doch in erstaunlichem Maß engagierten. Doch gleichgültig, wie Ihr Partner auch auf Ihre neuen Kommunikationstechniken reagieren mag, Ihre Aufgabe ist es, standhaft zu bleiben und nicht wieder zum Status quo zurückzukehren.

Hinweis: Sollten Sie Angst vor einem Wutausbruch Ihres Partners haben und sich deshalb veranlasst fühlen, ihn mit Samthandschuhen anzufassen, um ihn nicht zu provozieren, dann müssen Sie dieses Thema vorrangig ansprechen. Wenn Sie jedes Mal in Panik geraten, sobald Sie mit Ihrem Partner eine wichtige Sache besprechen wollen, weil er typischerweise zu Explosionen, Wutausbrüchen oder Schlimmerem neigt, dann rückt die Bedeutung Ihres Schwiegereltern-Problems an die zweite Stelle, und Sie sollten sofort etwas unternehmen, um Ihre Beziehung zu verbessern, oder sich fragen, warum Sie es mit einem Menschen aushalten, vor dem Sie Angst haben.

Liebevolle Entschlossenheit

Sarah berichtete, dass Devon anfangs nur sehr widerwillig bereit war, auf ihre Wünsche einzugehen. Aber er sah immerhin ein, dass er nicht wie bisher seiner Mutter in allem nachgeben konnte, ohne seine Ehe zu gefährden. Dennoch weigerte er sich ernsthaft, sich gegen seine Mutter aufzulehnen. Stattdessen bat er Sarah, mit Claire zu sprechen.

Er erklärte, er fühle sich wie ein ängstliches kleines Kind und schäme sich dafür. Ich legte ihm die Arme um den Hals und sagte, »Ich weiß, wie schwer dir das fallen wird, aber gemeinsam können wir mit den Schuldgefühlen umgehen, die sie dir macht. Ich kenne einen Haufen Leute, die viel gravierendere Probleme mit ihren Schwiegereltern haben, aber für mich ist das wirklich wichtig, Devon. Ich muss wissen, dass du dich gegen deine Mutter durchsetzen kannst und dass wir ein Team sind«.

Sarah ließ Devon liebevoll aber bestimmt wissen, dass sie nicht nachgeben würde. Trotz seiner Angst teilte Devon seiner Mutter schließlich mit, dass sie eigene Urlaubspläne hatten. Wie erwartet, machte Claire Theater und probierte alles, was in der Vergangenheit immer funktioniert hatte, um Devon zum Nachgeben zu bewegen. Damit war für Devon der Moment der Wahrheit gekommen.

Ich wollte von Devon hören, wie er mit der Situation umgegangen war, und bat Sarah daher, ihn zu unserer nächsten Sitzung einzuladen.

Devon war anfangs etwas verlegen, weil er vermutete, dass ich ihn, weil ich über seine Mutterbeziehung informiert war, für einen Schlappschwanz hielt. Ich machte ihm klar, dass ich mich weit mehr dafür interessierte, wie er nun weitermachen würde, und bat ihn zu erzählen.

Das Erste, was ich dieses Mal anders gemacht habe als sonst, war, dass ich sie anrief, statt auf ihren Anruf zu warten und die zunehmende Spannung zu ertragen. Bereits diese kleine Veränderung gab mir das Gefühl, Herr der Lage zu sein. Als sie dann anfing, sich aufzuregen, wurde mir klar, dass ich eine Wahl tref-

fen und mir meine Prioritäten überlegen musste. Jahrelang hatten die Wünsche meiner Mutter Vorrang, aber mir war klar, dass ich, wenn ich so weitermache, den Menschen, den ich mehr als alles auf der Welt liebe, verletze und enttäusche. Ich fragte mich, welche Reaktion wohl gesund und richtig war. Dann dachte ich, nun gut, ich habe meine Mutter gegen mich aufgebracht, aber sie wird sich schon wieder beruhigen. Sie hat einen netten Ehemann und führt ihr eigenes Leben, warum also fühle ich mich noch immer dafür verantwortlich, sie glücklich zu machen? Aber enttäusche ich Sarah, dann untergrabe ich unsere Beziehung weiter, und das will ich lieber nicht riskieren. Ich weiß, dass Sarah mich wegen dieser Sache nicht verlassen wird, aber ich möchte, dass sie mich respektiert und weiß, dass sie auf mich zählen kann. Denn das ist es doch, worum es in der Ehe geht. Sie war für mich immer absolut zuverlässig, und in den meisten Dingen kann sie sich auf mich ebenso verlassen, nur, wenn es um meine Mutter geht, bin ich wie Wackelpudding. Nein, das stimmt nicht ganz, ich war *wie Wackelpudding. Sarah hat mir ein paar von diesen nicht defensiven Antworten beigebracht, und als meine Mutter sah, dass sie diesmal ihren Willen nicht würde durchsetzen können, sagte ich: »Es tut mir Leid, dass du dich aufregst, aber vielleicht können wir uns ja über Thanksgiving sehen.« Ich sagte ihr, dass ich sie liebte und sie bald wieder anrufen würde. Und dann hatte ich einen Herzinfarkt – nein, nein, ich mache nur Spaß. Aber es ist mir viel schwerer gefallen, als es sich jetzt anhört.*

Sarah war klug genug, um zu erkennen, dass Devon zwar aktiv geworden war, dass es jedoch unrealistisch war zu glauben, er hätte sich bereits entscheidend verändert oder über Nacht die passenden Kommunikationstechniken erworben. Also half sie ihm. Sarah tat das Richtige: Sie machte ihrem Partner Vorschläge, was er zu seiner Mutter sagen könnte. Auch Sie können Ihren Partner entscheidend unterstützen, wenn Sie ihm genau sagen, was Sie von ihm erwarten, und ihm dann helfen, den Vorsatz mit den richtigen Worten umzusetzen.

Ich gratulierte Devon dazu, dass er so offen und liebevoll gewesen war und die Situation so gut gemeistert hatte. Ohne Zweifel wäre es wunderbar, wenn jeder Partner so offen für Veränderungen wäre wie Devon, aber auch wenn dies nicht der Fall ist, Ihnen stehen viele Wege offen.

Sanfte Worte, die gehört werden

Die junge Dekanatsassistentin Nancy, die Sie in dem Kapitel über die zurückweisenden Schwiegereltern kennen gelernt haben, befand sich in einer sehr viel extremeren Situation als Sarah. Nancy hatte in eine wohlhabende und angesehene Familie eingeheiratet, die jede Verbindung zu ihrem Sohn Hank abgebrochen hatte, weil ihr seine Partnerwahl nicht passte. Nancy zweifelte daran, ob es wirklich zu etwas führen konnte, mit Hank die vier Punkte durchzugehen. Aber da bisher nichts geholfen hatte, wollte sie es probieren.

Sie berichtete, dass sie sich mit Hank zusammengesetzt und es ihm äußerst widerstrebt hatte, das Thema noch einmal aufzugreifen. Doch hatte sie darauf bestanden.

Erst erklärte er mir, er wolle nicht darüber sprechen, aber ich sagte, dass ich auf einem Gespräch bestünde, denn ignoriert hätten wir dieses gravierende Problem in unserem Leben nun lang genug und ich sei dazu nicht mehr länger bereit. Ziemlich gut, nicht wahr?

Ich lobte Nancy gebührend. Bei seinem ursprünglichen Vorsatz zu bleiben, obwohl der andere sagt, er will nicht darüber reden, ist keineswegs einfach. Die meisten Menschen geben an einem solchen Punkt klein bei, weil sie keinen Druck ausüben wollen, indem sie dem Partner das Thema aufzwingen. Doch Nancy erinnerte Hank daran, dass er nicht über alles bestimmen durfte und dass es wirklich keine befriedigende Alternative gab, als sich endlich einmal auszusprechen.

Ich fing an, indem ich sagte, ich wisse, wie sehr ihm die emotionale Abgeschnittenheit von seinen Eltern zusetze und dass ein Teil von ihm, wie sehr er mich auch liebe, mich für diese Entfremdung verantwortlich mache… Ich erklärte ihm, dass ich mich deshalb verletzt fühle und wütend sei, denn es seien seine Eltern, die sich entschieden hätten, uns zu meiden. Die Zurückweisung seiner Eltern empfände ich als schmerzhaft und verwirrend. Mein Eindruck sei, dass sie mich bestrafen dafür, dass ich ich sei. Doch am schlimmsten für mich sei sein Groll auf mich, der unsere Ehe belaste und mich oft an den Punkt bringe, an dem ich am liebsten einfach aufgäbe. Dann sagte ich: »Ich möchte, dass du aufhörst, mich dafür zu bestrafen, dass sie mit uns gebrochen haben. Das heißt, kein Schmollen mehr, kein Türenschlagen mehr, wenn jemand deine Eltern erwähnt, und kein wütendes Schweigen mehr. Nur dann hat unsere Ehe eine Chance, und du wirst schließlich die Beziehung zu ihnen wieder aufnehmen können. Einverstanden?«

Nancy hätte Hank vor ein Ultimatum stellen, sie hätte Drohungen und Forderungen aussprechen können. Stattdessen machte sie sich die Situation bewusst und erkannte, dass eine solche Herangehensweise die Spannungen zwischen ihnen nur vergrößern würden.

Geben, um zu empfangen

Hank erklärte Nancy, er wisse, dass es so nicht weitergehen könne. Keiner sei glücklich oder auch nur zufrieden. Er und seine

Eltern seien einander entfremdet, und ihm sei bewusst, dass er einen Großteil seiner Verletzung und seiner Wut auf Nancy übertrage, die so Zurückweisung und Bestrafung gleich von zwei Seiten erfahre. Hank sagte, je mehr er über die Situation nachdenke, desto hilfloser fühle er sich und desto verfahrener komme sie ihm vor. Doch natürlich sei er für jegliche Vorschläge offen, denn er habe keinerlei Vorstellung, wie das Patt zu durchbrechen sei.

Damit war Nancys Kreativität angestachelt. Sie ließ sich eine Möglichkeit einfallen, damit Hank Zeit mit seinen Eltern verbringen und Nancy sich ihre Integrität bewahren konnte – keine geringe Leistung.

Ich erzählte ihm von einer Idee, über die ich schon eine ganze Zeit lang nachdachte und die es ihm gestatten würde, ohne mich den Kontakt zu seinen Eltern aufzunehmen. Nun wurde unser Gespräch für ihn wirklich interessant. Ich sagte: »Du und ich, wir sind ja nicht zusammengewachsen. Sie wollen sich nicht in meiner Gegenwart aufhalten und ich mich nicht in ihrer, aber das bedeutet ja nicht, dass du sie nicht alleine besuchen kannst, sogar an Feiertagen. Ich würde es vorziehen, bei dir zu sein, aber ich weiß, dass dir die Beziehung zu deiner Familie fehlt. Ich verspreche dir, es nicht an dir auszulassen, wenn du zu ihnen gehst, vorausgesetzt du lässt ihre Zurückweisung auch nicht mehr an mir aus.«

Nancy erkannte klug, dass sie bei Hank mehr erreichen würde, wenn sie ihm Zugeständnisse dafür machte, dass er sein Verhalten ihr gegenüber änderte. Solche Tauschgeschäfte wirken in verfahrenen Situationen Wunder. Statt nur Forderungen zu stellen, bieten Sie eine Gegenleistung an. Auf diese Weise kommen alle Beteiligten der Erfüllung ihrer Wünsche ein wenig näher. Indem sie Hank einen so vernünftigen Vorschlag machte, schuf sie ein Klima, in dem Hank wählen konnte, statt sich nur zwischen allen Stühlen zu fühlen.

Hank gelang es tatsächlich, die Beziehung zu seinen Eltern wieder aufzunehmen. Doch ein paar Wochen später, statt mit der Wende der Ereignisse zufrieden zu sein, stellte er fest, dass er unter der Künstlichkeit der Situation litt. Er hatte es satt, in der Gegenwart seiner Eltern übervorsichtig zu sein, und er sah deutlich den Unterschied zwischen Nancys liebevollem Verhalten und der rigiden und selbstgerechten Art seiner Eltern. Er kam von allein zu dem Schluss, dass Nancy ein Anrecht auf seine Loyalität hatte, wenn seine Eltern es vorzogen, sie weiterhin abzulehnen. Folglich ließ er seine Eltern wissen, dass in Zukunft eine Beziehung zwischen ihnen nur unter Einbeziehung Nancys fortbestehen könne, und sie stimmten widerwillig zu.

Hank ist in den letzten paar Monaten viel erwachsener geworden. Er hatte sich in einer entsetzlichen Situation befunden. Mir war es ebenso ergangen. Aber ich mache ihm deshalb keine Vorwürfe mehr. Er ist jung und lieb und wollte niemanden verletzen. Hanks Einstellung zu seinen Eltern hat sich, weil sie mich so schlecht behandelt haben, sehr verändert. Was mich betrifft, meine Illusionen und Fantasien darüber, jemals von ihnen akzeptiert zu werden, zerbrachen, als Hank ohne mich zur Feier ihres Hochzeitstags eingeladen wurde. Und was glauben Sie passierte? Ich sagte zu Hank, er könne ruhig auch ohne mich gehen, doch er entschied sich dagegen. Wir schickten ihnen eine Karte, die wir beide unterschrieben, und wir gingen stattdessen essen. Wir hatten einen wunderbaren Abend.

Die Beziehung zwischen Hank und seinen Eltern mag sich verbessern oder auch nicht, man kann es nicht vorhersagen. Aber Nancys Schwiegereltern haben nicht mehr die alleinige Macht. Hank konnte schließlich erkennen, wo seine Prioritäten liegen, und er setzt seinen Eltern auch weiterhin Grenzen. Hanks und Nancys Ehe geht gefestigt aus diesem Konflikt hervor, und sie haben beide neue Fertigkeiten erworben, die ihnen helfen werden, wenn sie sich wieder einmal verrennen.

Zum Partner halten

Steves neu erlernte Kommunikationstechniken wurden auf die Probe gestellt, als er seiner Frau Andrea mitteilte, dass sie ihrem finanziell verantwortungslosen Vater nicht mehr aushelfen würden. Andrea flehte ihn an, weinte, bezichtigte ihn der Gefühllosigkeit, doch so schwer es auch war, Steve blieb bei seiner Entscheidung.

Als sie erkannte, dass sie mich nicht wie früher rumkriegen würde, wusste sie, dass ich es ernst meinte. Sie sagte: »Ich komme einfach nicht zurecht mit ihm. Es hat keinen Sinn. Was immer ich in der Vergangenheit auch zu ihm gesagt habe, es hat keinen Unterschied gemacht, und ich ertrage einfach nicht den verletzten Ausdruck auf seinem Gesicht, den er sofort aufsetzt, wenn er sieht, dass ich wütend auf ihn bin. Ich lasse dich wirklich nicht gerne im Stich, aber du musst das ohne mich machen. Ich kenne mich gut genug, um zu wissen, dass ich wahrscheinlich nachgebe und dort an Ort und Stelle mein Scheckbuch zücke. Was soll ich also nun tun?

Ich machte Steve klar, dass er allein mit Stan sprechen müsse, zuvor jedoch bestimmte Bedingungen mit Andrea aushandeln sollte. Er müsse in folgenden Punkten Zugeständnisse von ihr fordern:

1. Sie müsse an dem Entschluss festhalten, Stan nicht mehr auszuhelfen.
2. Sie dürfe Steves Bemühungen nicht sabotieren, indem sie ihre Eltern mit Sätzen wie »Das ist Steves Idee, nicht meine«

oder »Ich weiß nichts davon« zu beschwichtigen versuche.
3. Sie müsse sich verpflichten, ihren Eltern kein Geld zu geben, auch nicht hinter Steves Rücken.

»Sie sagte«, erzählte Steve, »meine Vorschläge seien gut und richtig und sie sei zu den geforderten Zugeständnissen bereit. Es fällt ihr sehr, sehr schwer, und ich weiß, mehr kann sie momentan nicht tun. Das muss ich wohl akzeptieren.«

Steve musste feststellen, dass nicht jeder Partner den Mut aufbringen kann, den man sich von ihm wünscht, auch dann nicht, wenn man selbst bereits so viel Kreativität und Planung in die Lösung des Problems investiert hat. Die Eltern-Kind-Beziehung ist äußerst kompliziert, und die mit ihr verbundenen Ängste sitzen tief. Möglicherweise berühren Sie mit Ihrem Wunsch beim Partner einen empfindlichen Nerv, aktivieren Wut oder Sturheit oder Leugnen. Vermutlich werden Sie wenig überrascht sein, wenn dies geschieht, denn schließlich wissen Sie genau, wo Ihr Partner verletzlich ist. Sollte Ihr Partner nicht fähig sein, sich im Kampf gegen die unerträgliche Situation mit Ihren Schwiegereltern mit Ihnen zu verbünden, dann muss er wenigstens zu dem Zugeständnis bereit sein, sich in Ihre Bemühungen nicht einzumischen und sie nicht zu untergraben.

Vergessen Sie nicht, wie stark Sie sind

Die Grafikdesignerin Anne befand sich in einer ähnlichen Situation wie Steve. Ihr Mann Joe stimmte zu, dass die ständigen schneidenden Bemerkungen seiner Mutter und ihr Heckenschützenverhalten ein Problem seien, doch hielt er es ausschließlich für Annes Problem, mit dem sie selbst fertig werden müsse. Ihre Bitte, mit ihr gemeinsam mit seiner Mutter zu sprechen, lehnte er rundweg ab.

Es passiert mir immer wieder, dass ich anfange, mich selbst zu bemitleiden. Warum muss ausgerechnet ich einen Mann haben, der sich seiner Mutter gegenüber nicht behaupten kann? Warum muss ich das alleine ausfechten? Aber dann erinnere ich mich an Ihren Rat und konzentriere mich auf das, was mir am wichtigsten ist: der beleidigenden Kritik meiner Schwiegermutter einen Riegel vorzuschieben. Wenigstens hat Joe sich einverstanden erklärt, neutral zu bleiben. Ob ich gerne hätte, dass er diese Schlacht für mich schlägt? Natürlich hätte ich das gerne, weil er in vielerlei Hinsicht einfach großartig ist. Aber ich denke, ich kann die Situation auch als Gelegenheit begreifen, mehr Selbstvertrauen zu entwickeln.

Der Kompromiss, den Anne eingehen musste, war nicht ideal. Es zeigte sich jedoch, dass er für die Lösung des Problems ausreichte.

»Sie sind ja erwachsen«, tröstete ich sie, »und brauchen niemanden, der Ihre Schlachten für Sie schlägt. Sie verfügen über alle erforderlichen Fertigkeiten, um selbst mit Ihrer Schwiegermutter fertig zu werden. Außerdem finde ich es wunderbar, dass Sie die Situation als Chance statt als Katastrophe begreifen.«

Mir ist bewusst, dass Sie sich wie Steve und Anne einen starken Verbündeten wünschen. Doch wenn Sie versucht haben, Ihren Partner dafür zu gewinnen und nicht erfolgreich waren, dann können Sie dennoch das Notwendige tun. Um Ihren Schwiegereltern Ihre Grenzen zu zeigen, brauchen Sie im Prinzip nichts weiter als die Versicherung Ihres Partners, Ihnen bei der Konfrontation mit seinen Eltern nicht im Wege zu stehen.

Gegen eine Wand rennen

Manche Partner reagieren also mit einer Kombination aus Bereitschaft und Widerstand, doch letztlich haben sich alle, die ich

Ihnen bisher hier vorgestellt habe, bekehren lassen, auch wenn ihr Beitrag dann letzten Endes klein war. Doch was sollen Sie mit einem Partner anfangen, dessen Reaktion auf Ihren Versuch, die Dinge zu verbessern, ein vernehmliches »Nein!« ist?

Es wird Sie nicht überraschen, dass Leslies Mann Tommy von allen Partnern, die mir bisher untergekommen sind, den größten Widerstand leistete.

Jedes Mal, wenn er auch nur ahnte, dass ich mit ihm über seine Eltern sprechen wollte, fand er 300 Sachen, die er jetzt sofort erledigen musste. Ich konnte ihn nie dazu bewegen, lange genug still zu sitzen, um mit ihm über meine Probleme mit seinen Eltern zu sprechen. Doch dann geschah etwas, was es mir unmöglich machte, noch länger auf Tommys Unterstützung zu warten. Gina und Sal beschuldigten mich, aus dem Betrieb Geld gestohlen zu haben! Also, das ging zu weit. Als wir vor ein paar Tagen abends im Bett lagen, nachdem wir uns gerade geliebt hatten, sprach ich die Sache an. Die Stimmung war wunderbar weich, und wir fühlten uns einander sehr nahe, also dachte ich, was soll's, und erklärte ihm, wie sehr ich ihn liebte, aber dass die besitzergreifende Art seiner Eltern, ihre Einmischungen in unsere Angelegenheiten und ihre ständigen Beleidigungen mir das Leben zur Hölle machten.

Ich erzählte ihm, welche Gefühle das in mir auslöste, aber er sprang aus dem Bett, zog seinen Bademantel an, ging ins Wohnzimmer und machte den Fernseher an. Ich ging ihm hinterher und setzte mich neben ihn. Doch statt sich anzuhören, was ich zu sagen hatte, packte er mich bei den Schultern und schrie: »Wage es ja nicht, sie auch nur irgendwie damit zu belästigen. Du wirst alles ruinieren! Du wirst nur Probleme verursachen und alles noch viel schlimmer machen!«

Tommys Worte ergaben keinen Sinn. Er und Leslie hatten bereits entsetzliche Schwierigkeiten, und ich kann mir kaum vorstellen, wie sich ihre Situation noch hätte verschlimmern können. Doch Tommys Ausbruch war ein deutlicher Hinweis darauf, wie groß seine Angst vor einer Konfrontation mit seinen Eltern war.

Dann fing er wie üblich an mir zu erklären, sie seien schließlich seine Eltern, und er verdanke ihnen alles. Er sagte: »Du magst doch diesen weißen Lexus, den du fährst – ohne sie hättest du ihn nicht …« »Tommy«, sagte ich, »das ist lächerlich. Ich habe für dieses Auto sehr hart gearbeitet, und vergiss nicht, wir haben es zum Teil mit dem Geld bezahlt, das ich schon gespart hatte, bevor ich dich überhaupt kennen lernte.« Und dann wurde mir klar, dass ich ihm gestattet hatte, mich vom Thema abzubringen. Und außerdem stritt ich mit ihm und war noch dazu in die Defensive geraten.

Man kann hier die Kommunikationsstrategie leicht vergessen, wenn aus einem ruhigen Gespräch eine hitzige Diskussion wird. Sobald Sie erkennen, was geschehen ist, versuchen Sie, wieder ins richtige Fahrwasser zu gelangen. Doch Leslies Fall war vermutlich aussichtslos. Tommy verhielt sich wie die sprichwörtliche Mauer, gegen die Leslie anrannte.

Vor eine schwere Wahl gestellt

Ich machte Leslie klar, dass sie wie jeder, der vor einer schwierigen Situation steht, zwischen drei Möglichkeiten wählen konnte:

1. Sie konnte die Dinge so akzeptieren, wie sie waren, und auf weitere Vorstöße verzichten (und sich entsprechend schlecht damit fühlen).
2. Sie konnte weiterverhandeln, um Veränderungen zu bewirken (was nichts zu fruchten schien).
3. Sie konnte ihre Ehe beenden.

Angesichts der ständigen Einmischungen und Kontrollversuche durch Gina und Sal in beruflicher wie privater Hinsicht schienen mir Schweigen und Untätigkeit keine echte Option. Außerdem wünschte ich mir natürlich, dass ihre einzige Hoffnung, die unerträgliche Situation mit ihren Schwiegereltern zu bereinigen, nicht ausgerechnet darin bestand, Tommy zu verlassen. Doch je mehr Zeit verstrich, desto mehr drängte sich diese Lösung auf. Verhandlungen mit Tommy waren offenbar ausgeschlossen, und seine starrköpfige Weigerung, auch nur irgendeine Veränderung im Umgang mit seinen Eltern zu akzeptieren, schien den Konflikt unlösbar zu machen.

Keine Zeit für Spielchen

Ich würde nie dazu raten, mit Scheidung zu drohen, nur um den Einsatz zu erhöhen oder dem Partner zu drohen. Hier geht es weder um ein Spiel noch um eine Strategie, wie man den Partner am besten unter Druck setzt und sich die Oberhand verschafft.

Doch Tommys Verhalten ließ Leslie keine andere Wahl. Das Wohlergehen seiner Eltern hatte bisher vor allem anderen Vorrang und wirkte sich zunehmend destruktiv auf ihre Ehe aus.

Leslie bekam unübersehbare Hinweise dafür. Sie stieß auf nichts als Widerstand, die Weigerung, sie zu unterstützen, und, am allerschlimmsten, auf die Forderung, die Situation unverändert zu lassen. Schließlich teilte Leslie Tommy traurig mit, dass sie die Scheidung einreichen würde.

Ich erinnerte mich an das erste Recht auf Ihrer Liste: Sie haben das Recht, Ihre körperliche und emotionale Gesundheit zu schützen. Nun, ich habe mir in diesem Bereich wahrhaftig keine Lorbeeren verdient, aber nun ist es vorbei. Diese Woche bin ich zu einem Rechtsanwalt gegangen, habe mir eine Wohnung besorgt und bin ausgezogen. Natürlich war ich todunglücklich, aber ich muss mir schließlich meine Zurechnungsfähigkeit bewahren. Wenn sich jetzt noch irgendetwas ändern sollte, muss es Tommy sein, der die Veränderung herbeiführt. Er hat jeden Abend angerufen. Ich kündigte ihm an, dass mein Anwalt ihm bald seine Papiere zustellen würde. Er fühlt sich entsetzlich. Er sagt, sie lägen ihm ständig in den Ohren damit, was für ein Idiot er doch sei, dass er mich geheiratet habe, dass ich ihn nun verließe, sei doch nur eine Bestätigung dafür, wie Recht sie hätten. Ich sei für ihn absolut die falsche Frau und hätte sowieso nie in die Familie gepasst. Sie erklärten ihm, er müsse die Hosen in der Familie anhaben und dürfe mich auf keinen Fall zurücknehmen.

Gestern Abend habe ich ihm gesagt, dass ich von all dem nichts mehr hören will und er mich nicht mehr anrufen soll, bis er bereit sei, an erster Stelle mein Mann und dann ihr Sohn zu sein. Und ich würde überhaupt nicht daran denken, wieder zu ihm zu ziehen, bevor er nicht einer Therapie zustimme. Welchen Sinn hätte das wohl? Er würde sich zwei Tage lang zusammenreißen und dann wieder 14 Stunden am Tag arbeiten und springen, sobald seine Eltern irgendetwas von ihm wollten. Und ich stünde wieder im Regen. Nein danke.

Wie Leslie entscheiden vielleicht auch Sie für sich, dass Sie, um Ihrer körperlichen und geistigen Gesundheit willen, keine andere Wahl haben, als eine Beziehung zu beenden, in der Ihr Partner wie Tommy weniger Angst davor hat, Sie zu verlieren als seine Eltern. Ich weiß, wie schmerzhaft eine solche Entscheidung ist, und sie darf erst getroffen werden, wenn alle anderen Mittel versagt haben. Wenn Sie sich für diesen letzten Ausweg entscheiden, dann müssen Sie Ihre Entscheidung sehr gut abwägen: Was kostet es Sie, wenn Sie die Ehe aufrechterhalten; was kostet es Sie, wenn Sie sich trennen? Nur dann können Sie Ihren nächsten Schritt mit klarem Verstand und mit reinem, wenn auch mit schwerem Herzen tun.

Ein überraschendes Ende

Leslie hatte jede Möglichkeit einer gründlichen Überprüfung unterzogen und alles versucht, um zu Tommy durchzudringen. Eine Partnerschaft kann sich einfach nicht entwickeln, wenn einer der Partner jeden Versuch verhindert, die Ehe zu verbessern. Doch Menschen sind nun einmal unberechenbar, und gelegentlich kann Sie die Person, die Sie mit gutem Grund für verschlossen und jeglicher Veränderung abgeneigt gehalten haben, überraschen.

Leslies Mut und ihrem Selbstschutz dienendes Handeln wirkten als Katalysator, der Tommys Herz und Verstand öffnete.

Er rief mich an und erklärte mir, ihm sei nicht klar gewesen, wie viel ich ihm bedeute, bis er mich verloren habe. Er sei niemals im Leben so verzweifelt gewesen. Er komme sich wie ein Idiot vor, und er hoffe, es sei noch nicht zu spät. Er schwor mir, sich zu ändern und dass er mit mir zur Beratung gehen würde, wenn ich einverstanden sei.

Alles, was Tommy sagte, hörte sich äußerst hoffnungsvoll an, vorausgesetzt, er würde den Worten Taten folgen lassen. Also bot ich Leslie an, sie die nächsten paar Mal gemeinsam zu sehen, um die unmittelbare Krise mit ihnen zu bearbeiten. Dann jedoch würde ich Tommy, der zu viele eigene Probleme hatte, an einen Kollegen überweisen. Damit hätte ich außerdem die Gelegenheit, Leslie weiterhin in ihrer Entwicklung zu stärken und ihr bei ihren eigenen Elternproblemen zu helfen.

Und was meinen Sie, ist geschehen? Nach einer zweimonatigen Beratung entschloss sich Tommy, sein eigenes Geschäft zu eröffnen und wenigstens ein Jahr lang auf den Kontakt zu seinen Eltern zu verzichten. Zuletzt habe ich gehört, dass sowohl das Geschäft als auch die Ehe gut laufen.

Wenn die Beendung der Beziehung das einzig Richtige ist

Natürlich reagiert nicht jeder Partner so wie Tommy, und nicht jede Ehe ist stark genug, um so gravierende Angriffe schadlos zu überstehen. Häufig kann Ihre Drohung, die Beziehung zu beenden, Ihren Partner sogar veranlassen, sich noch enger mit seinen Eltern zu verbünden. Ihre Schwiegereltern könnten wie Tommys Eltern Ihr Handeln als Beweis für Ihre Instabilität und Unwürdigkeit anführen. Wenn Ihr Partner sich dieser Auffassung anschließt, dann projiziert er in der Folge vermutlich die gesamte Schuld auf Sie.

Sollten Sie sich in einer solchen Situation befinden, dann stempeln Sie sich bitte nicht als Versager ab. Wenn Ihre Situation unerträglich ist, wenn Sie alles in Ihrer Macht Stehende getan und alle in diesem Buch vorgestellten Mittel angewendet und dennoch nichts bewegt haben, dann sind es Ihr Partner und Ihre Schwiegereltern, die versagt haben, und die Beendung der Beziehung ist vermutlich der gesündeste Schritt, den Sie tun können.

Eine Partnerschaft basiert auf der Bereitwilligkeit beider Partner, sich schwer wiegenden Problemen zu stellen und sie miteinander zu meistern. Im Alleingang können Sie eine Ehe nicht retten. Die meisten von Ihnen werden feststellen, dass Ihr Partner wenigstens in kleinerem Maße bereit ist, Sie in Ihrem Bemühen um die Verbesserung der Beziehung zu den Schwiegereltern zu unterstützen. Es kann sich um eine einfache Geste handeln, um die Versicherung, Sie ernst zu nehmen oder nicht im Weg zu stehen, während Sie es alleine mit seinen Eltern aufnehmen.

Die Bedeutung der persönlichen Geschichte

Ihr Partner kann den unschätzbaren Beitrag leisten, Sie über seine Eltern aufzuklären. Wie Sie an dem Beispiel Sarah und Devon sehen konnten, gleicht die Familiengeschichte manchmal einer äußerst informativen Datenbank. Mehr über Ihre Schwiegereltern als Menschen zu erfahren, kann viel in Bewegung setzen. Sie lernen möglicherweise, dass ihr Handeln wenig mit Ihnen zu tun hat. Ihrem Partner wird bewusst gemacht, dass das Verhalten seiner Eltern nicht so sehr auf Dingen beruht, die sie scheinbar aufregen, sondern auf früheren Ereignissen in ihrem Leben. Wenn Sie gerade im Begriff sind, sich Ihren Schwiegereltern entweder alleine oder mit der Unterstützung Ihres Partners zu stellen, dann hilft Ihnen dies wiederum zu erkennen, dass Ihre Schwiegereltern letztlich doch verletzlich, menschlich und gar nicht so bedrohlich sind.

14
Der letzte Schritt

Ihre Schwiegereltern haben Ihnen ernstlich Probleme bereitet, und das wollen Sie ihnen abschließend auch mitteilen. Dafür gibt es natürlich viele verschiedene Szenarien. In dem einen haben Sie Ihren Partner an Ihrer Seite und besorgen überwiegend das Reden. In dem anderen nimmt Ihr Partner die Konfrontation mit seinen Eltern in die Hand. Möglicherweise wählen Sie eigens einen bestimmten Termin für die Auseinandersetzung, oder aber Sie stellen Sie direkt im Anschluss an ein Ereignis zur Rede, das Sie so nicht hinnehmen können. Manche von Ihnen haben Schwierigkeiten, die eher lästig sind als wirklich destruktiv, und wieder andere müssen mit solchen klarkommen, deren Verhalten Ihre Ehe an ihrem Fundament bedroht.

Doch eines gilt für Sie alle. Sie sind nicht mehr länger im Nachteil. Die Zeit, als Sie nicht wussten, was Sie sagen und tun sollten, liegt hinter Ihnen. Mir ist klar, dass Sie sich noch immer ein wenig wackelig auf den Beinen fühlen, wenn Sie sich vorstellen, dass Sie Ihre alten Verhaltensmuster aufgeben und den Kampf mit Menschen aufnehmen sollen, die so viel Macht über Ihr Leben haben. Doch auf Grund dessen, was Sie bisher gelernt haben, wissen Sie, dass gleich nach der Angst die positive Veränderung beginnt.

Sie könnten Sie überraschen

Mit großer Wahrscheinlichkeit gehen Ihre Schwiegereltern davon aus, dass Sie weniger reif, klug und erfahren sind als sie, und glauben, dass Sie nichts Wichtiges zu sagen haben. So schwer Ihnen dies auch fallen mag, seien Sie dennoch höflich zu ihnen – übernehmen Sie die Führung durch vorbildliches Verhalten. Konzentrieren Sie sich auf den Aspekt ihres Verhaltens, der Ihnen Probleme macht, nicht auf ihre Persönlichkeiten, Überzeugungen, politischen Ansichten, ihren Geschmack oder Verhalten, das Sie nicht tangiert.

Lassen Sie Ihren Schwiegereltern genug Raum, damit sie auf positive Weise erstaunen können, auch wenn Sie an einer solchen Möglichkeit zweifeln. Manche von Ihnen haben noch recht junge Schwiegereltern, die nur eine Generation von Ihnen entfernt sind. Und selbst wenn sie älter sind, können sie dennoch gebildet, begabt, intelligent und kultiviert sein und in keiner Weise der Witzfigurenstereotype entsprechen, die ohnehin ein Auslaufmodell ist. Vielleicht sind sie offener, als Sie meinen. Dies wird natürlich kaum für alle Schwiegereltern zutreffen, doch können Sie es erst herausfinden, wenn Sie das Risiko eingehen und Ihnen Ihre Gefühle und Wünsche mitteilen.

Die weniger bösartigen Schwiegereltern

Wenn Sie es mit weniger bösartigen Schwiegereltern zu tun haben, dann nehmen Sie sich für das nächste auftauchende Problem vor, gleich entsprechend zu reagieren. Sobald es sich ankündigt, nehmen Sie all Ihren Mut zusammen und weisen sie darauf hin. Erklären Sie, welche Gefühle ihr Verhalten in Ihnen auslöst, und bitten Sie Ihre Schwiegereltern, es einzustellen. Bereiten Sie im Kopf ein einfaches Drehbuch vor, auf das Sie zurückgreifen können, wenn das problematische Verhalten zu Tage tritt. Legen Sie Ihre Position fest, ziehen Sie Grenzen und verwenden Sie nicht defensive Kommunikationstechniken.

Wiederholen Sie das Verfahren, falls es erforderlich sein sollte. Bedienen Sie sich Ihrer neuen Kommunikationsfertigkeiten so oft wie nötig. Es mögen mehrere Anläufe erforderlich sein, um Veränderungen zu bewirken, doch seien Sie hartnäckig. Spannungen zwischen Ihnen und Ihren Schwiegereltern entstehen nicht erst, wenn unerbetene Ratschläge, negative Kommentare und Heckenschützenverhalten überhand nehmen. Und zum Glück ist oft auch gar nicht so viel Einsatz nötig, um sie zu stoppen.

Bieten Sie einen Ausweg an

Nachdem Rita ihr erstes Baby bekommen hatte, überschwemmte ihre Schwiegermutter Vivian sie mit unerbetenen Ratschlägen und mit Kritik. Rita litt unter diesem Verhalten, war jedoch bereits zu dem Schluss gekommen, dass es zwar ärgerlich, aber nicht böswillig gemeint war. Sie nahm sich vor, beim nächsten Mal, wenn Vivian sie kritisierte, anders zu reagieren.

Erst wollte ich sagen »Wenn ich deinen Rat brauche, dann werde ich darum bitten«, aber dann wurde mir klar, dass es noch einen besseren Weg gab. Ich dachte über das nach, was wir hier gemeinsam erarbeitet hatten, und mir fiel außerdem ein Satz ein aus einem Kurs für die Entwicklung von Durchsetzungsvermögen, an dem ich früher einmal teilgenommen hatte. Kürzlich war Vivian wieder bei uns und fing an, mir einen Zeitschriftenartikel über die Vorzüge des Stillens zu zeigen. Also sagte ich, »Vivian, es ist dir vielleicht nicht bewusst, aber du gibst mir viele unverlangte Ratschläge, die sich für mich überwiegend nach Kritik anhören«.

Rita hatte einen ausgezeichneten Einstieg gefunden. Indem sie die Möglichkeit einbezog, dass Vivian sich dessen wahrscheinlich gar nicht bewusst war, wie verletzend einige ihrer so dahingesagten Bemerkungen für Rita waren, verhielt sie sich großzügig statt beschuldigend. Sie bot Vivian einen Ausweg an, statt eine Reaktion wie »Das tue ich doch gar nicht« zu provozieren.

Viele der weniger übel meinenden Schwiegereltern sind sich der Wirkung ihrer Bemerkungen gar nicht bewusst, vor allem dann nicht, wenn Sie es bisher nicht fertig gebracht haben, »Aua!« zu sagen. Gehen Sie offen an die Situation heran. Fragen Sie sich, ist das Verhalten gewohnheitsmäßig? Haben Sie es etwa mit einem chronisch Kritiksüchtigen, einem Besserwisser oder einer erstickenden Matriarchin zu tun, die unangemessene Forderungen an Ihre Zeit stellt? Falls das störende Verhalten eher auf Gedankenlosigkeit und Ichbezogenheit basiert als auf dem Wunsch, Sie zu verletzen, dann müssen Sie vielleicht nur darauf hinweisen und vernünftige Grenzen ziehen. So wie eine Fliegenklatsche in der Regel ausreicht, um mit einer lästigen Mücke fertig zu werden, können Sie die Situation vermutlich durch eine sanfte Intervention nach Ritas Vorbild entweder rasch oder mit der Zeit klären.

Nehmen Sie die nachfolgenden Sätze als Anregung:

- Ich bin dankbar für deine Hilfe, aber sie entschädigt mich nicht für die Kritik, die du an mir übst, und für deine negativen Kommentare.
- Da ist wieder diese unverlangte Beratung. Erinnere dich, du hast versprochen, dich damit mehr zurückzuhalten.
- Es ist nett von euch, dass ihr uns immer berücksichtigt, aber wir haben für das Wochenende andere Pläne.

Trauen Sie sich, Ihre menschliche Seite zu zeigen

Nachdem Rita Vivian auf ihr Verhalten aufmerksam gemacht hatte, machte sie einen weiteren sehr mutigen Schritt.

Ich sagte zu ihr, »Sieh mal, ich bin mir in meiner Mutterrolle schon unsicher genug, und deine Kritik sorgt nur dafür, meine Unsicherheit noch zu vergrößern«. Das zu sagen war wirklich schwer, weil ich nicht wusste, ob es klug war, ihr meine Schwäche zu zeigen. Aber ich war zu dem Schluss gekommen, dass einer von uns den Mut aufbringen musste, sich zu öffnen. »Ich weiß, dass Erziehung ein alter Hut ist für dich«, teilte ich ihr mit, »aber ich wäre dir wirklich dankbar, wenn du warten könntest, bis ich dich um Rat bitte.«

Ich möchte noch einmal betonen, dass man sich in den meisten Fällen nicht freiwillig in eine schwächere Position begibt, indem man sich vor den Schwiegereltern zu seinen Ängsten oder Unsicherheiten bekennt – schon gar nicht vor jemandem wie Vivian. Doch indem Rita ihrer Schwiegermutter einige ihrer Schwächen zeigte, erschloss sie sich und ihr eine neue Ebene der Kommunikation. Es gibt natürlich keine Garantie dafür, dass Ihre Schwiegereltern auch tatsächlich durch die Tür treten, die Sie ihnen öffnen. Doch wenn Sie ihnen eine solche Gelegenheit nicht anbieten, dann könnte Ihre Beziehung zu einer Oberflächlichkeit verdammt sein, die die Entwicklung einer echten Bindung niemals zulässt.

Und Rita hatte Glück, denn Vivian nahm ihr Angebot gerne an.

Anfangs sträubte sie sich ein bisschen, und ich bekam das Übliche »Ich versuche doch nur zu helfen« zu hören. Doch dann hielt sie inne, seufzte und sagte: »Ich habe gesehen, wie du dich abmühst, und gedacht, sie muss das Rad ja nicht neu erfinden. Ich wollte es dir leichter machen, und stattdessen habe ich offenbar alles verdorben. Ich hatte mir geschworen, nicht in die Besserwisserrolle zu schlüpfen, und ausgerechnet das ist nun offenbar passiert.« Diese Antwort fand ich wirklich großartig. Mir ist klar, dass deshalb nun nicht alles perfekt sein wird, aber wenigstens bin ich in Vivians Gesellschaft nicht mehr so angespannt, und wer weiß, vielleicht frage ich sie eines Tages sogar wirklich um Rat.

Entscheiden, was zu tun ist.

Vivian reagierte vernünftig auf Ritas vorsichtige Konfrontation, und Rita blieb ein formales Gespräch unter Beachtung zahlreicher Grundregeln erspart. Ich wünschte, jeder hätte solches Glück. Doch die überwiegende Mehrheit schwieriger Schwiegereltern fällt leider nicht in die Kategorie »lästig, aber gutmütig«.

Je schwieriger Ihre Schwiegereltern sind und je kritischer Ihre Situation ist, desto wichtiger ist es, Zeitpunkt und Ort Ihres Gesprächs mit ihnen richtig zu wählen. Sie wollen sicher sein, dass Klarheit, Konzentration und Unterstützung für Sie möglichst optimal gewährleistet sind.

Falls Sie der Meinung sind, dass das Gespräch stärker strukturiert sein sollte, folgen hier einige Richtlinien dafür:

Die richtige Atmosphäre herstellen

1. Versuchen Sie nicht, das Gespräch am Telefon zu führen. Telefongespräche haben etwas Unpersönliches, und Sie wollen ja auch die nonverbalen Reaktionen Ihrer Schwiegereltern einbeziehen. Außerdem bieten Telefone eine zu einfa-

che Fluchtmöglichkeit. Sollten Ihre Schwiegereltern sich aufregen oder Sie nicht bis zu Ende anhören wollen, dann können sie einfach auflegen, und Sie bleiben mit Ihrer inneren Anspannung zurück, ohne etwas erreicht zu haben.

2. Planen Sie die Begegnung nicht an einem öffentlichen Ort wie etwa in einem Restaurant. Dort gibt es zu viele Ablenkungen und Unterbrechungen, und falls es wirklich zu erhobenen Stimmen und Temperamentsausbrüchen kommen sollte, wäre das für Sie nur peinlich, und Sie würden sich vielleicht für die entstandene Szene verantwortlich fühlen.
3. Arrangieren Sie die Zusammenkunft wenn möglich auf Ihrem eigenen Terrain. Indem Sie das Treffen in Ihrem Haus oder in Ihrer Wohnung organisieren, machen Sie durch Ihre persönliche Umgebung Ihre Unabhängigkeit und Autonomie deutlich. Falls Sie nicht im selben Ort wohnen wie Ihre Schwiegereltern und die Aussprache während eines Besuches bei ihnen planen, dann bitten Sie sie, in Ihr Hotel zu kommen.
4. Lassen Sie Ihre Schwiegereltern klar und deutlich wissen, welche Veränderungen Sie von ihnen erwarten. Bedienen Sie sich Ihrer klar umrissenen Positionen, ziehen Sie die für Ihr Wohlbefinden erforderlichen Grenzen und setzen Sie auf Ihre Fertigkeiten in nicht defensiver Kommunikation, um Ihnen ihre Probleme im Einzelnen mitzuteilen. Bleiben Sie bei Ihrem vorbereiteten Konzept, gleichgültig wie negativ Ihre Schwiegereltern auch reagieren mögen.
5. Sorgen Sie dafür, dass Ihre Kinder bei Verwandten oder einem Babysitter untergebracht sind, und stellen Sie die Telefone ab.

Die Einladung aussprechen

Die aktive Unterstützung Ihres Partners würde es Ihnen natürlich viel leichter machen, an Ihre Schwiegereltern heranzutreten. Es spielt keine Rolle, wer von Ihnen beiden den ersten Schritt tut, doch vielleicht möchten Sie sich darauf schon im Vorfeld einigen. Ihr Partner ist möglicherweise der Auffassung, dass er die Einladung aussprechen und den überwiegenden Teil des Redens besorgen sollte. Oder aber Sie kommen zu dem Schluss, dass Sie den Ball ins Rollen bringen müssen.

Sobald Sie sich entschieden haben, ein Treffen zu arrangieren, könnten Sie die Einladung mit nachfolgenden oder ähnlichen Worten aussprechen: »Ich/wir müssen mit euch über ein paar Dinge reden, und ich/wir wüssten gerne, wann es euch passt, zu uns zu kommen.«

Wenn sie wissen wollen, worum es geht, oder Sie unter Druck setzen, um Einzelheiten zu erfahren, dann erklären Sie ihnen, dass Sie sich über diese Aussprache viel Gedanken gemacht haben und es für besser halten, wenn sie im direkten Gespräch stattfindet. Bleiben Sie ruhig, drohen Sie nicht und machen Sie ihnen klar, dass Ihnen und Ihrem Partner das Gespräch viel bedeutet. Falls Ihr Partner diesen ersten Schritt tun möchte, umso besser.

Für den Fall, dass Ihr Partner (oder Sie) sich zu sehr vor einer Aussprache von Angesicht zu Angesicht fürchtet, ist ein Brief oft eine gute Lösung. Vor allem bei impulsiven oder zu Überreaktionen neigenden Schwiegereltern sind Briefe besonders hilfreich (und außerdem sicherer). Briefen kann man nicht einfach das Wort abschneiden, und man kann aus ihnen auch nicht einfach aussteigen wie aus einem Gespräch. Sie bieten Ihnen außerdem die Möglichkeit, genau abzuwägen, was Sie sagen wollen. Sie könnten jeder einen Brief schreiben oder einen gemeinsamen, mit dem Sie die Tatsache betonen, dass Sie zusammengehören.

Dem Spalten und Erobern ein Ende setzen

Die Visagistin Pat, deren Mann Jeff sich von seinen Eltern als Kritiküberbringer hatte einspannen lassen, hatte die für sie erforderlichen Veränderungen bereits eingeleitet, indem sie Jeff mitteilte, dass es an der Zeit sei, den Strategien des Spaltens und Eroberns ihrer Schwiegereltern ein Ende zu setzen. In ihrem Gespräch mit Jeff sagte sie viele der Dinge, die wir hier zuvor ausgearbeitet hatten.

Jeff begriff, dass Pat entschlossen war, die Stellvertreterkritik nicht mehr länger hinzunehmen, und dass er entweder ihre Partei ergreifen oder sie sich allein seinen Eltern stellen lassen konnte. Pats Mut war wie ein kalter Guss für Jeff. Er musste erkennen, wie viel Einfluss seine Eltern noch immer auf sein Leben nahmen, und dass er ihnen gestattet hatte, eine sonst gute Ehe zu untergraben.

So kam es, dass Jeff derjenige war, der seine Eltern anrief und sie bat, einen Abend zu ihnen zu kommen. Als seine Eltern dann da waren und wissen wollten, worum es gehe, übernahm Jeff die Führung und sagte:

Es gibt da etwas, was ich mit euch besprechen muss, und ich wäre dankbar, wenn ihr mich nicht unterbrechen würdet. Es ist für uns alle nicht leicht, aber diese Aussprache ist lange schon überfällig. Ich weiß, dass ihr versucht, nett zu Pat zu sein, wenn ihr euch mit ihr in einem Zimmer befindet, und das freut mich, aber ihr sollt wissen, dass ich mir eure Kritik an ihr, wenn sie nicht dabei ist, nicht mehr länger anhören werde. Ihr scheint dabei zu vergessen, dass ihr über die Frau sprecht, die ich liebe. Wenn ich mir ein Wochenende lang eure Kritik habe anhören müssen, dann komme ich völlig verdreht nach Hause und führe mich wie ein Trottel auf. Pat und ich haben gemeinsam die folgende Entscheidung getroffen: keine Familienzusammenkünfte mehr ohne sie, und wenn sie nicht dabei sein kann oder aus irgendeinem Grund nicht kommen will, dann gehe ich sofort, wenn ihr anfangt, über sie herzuziehen. Ich möchte eine enge Beziehung zu euch haben, aber mit eurem Verhalten macht ihr mir das unmöglich.

Jeff erzählte, dass nach dieser kleinen Rede tödliches Schweigen herrschte, als ob seine Eltern es nicht fassen könnten, was ihr willfähriger »lieber Junge« ihnen da gesagt hatte. Wie es typisch war für sie, schlossen sie darauf, dass Pat hinter der Sache stecken musste und fühlten sich durch Jeffs Worte darin gerechtfertigt, ihre harte Kritik an Pat zu erneuern. Pat berichtete:

Nun verschwand plötzlich all der falsche Lack aus Freundlichkeit und Licht, den sie mir für gewöhnlich zeigen, und sie wechselten sich darin ab, mich fertig zu machen. Das Komische dabei war, dass sie mich nicht direkt attackierten, sondern sich weiterhin an Jeff wandten. Mary sagte, »Sie treibt einen Keil zwischen dich und uns«, und Gil pflichtete ihr mit den Worten bei: »Sie hat uns nie gemocht – sie war immer unfreundlich zu uns.« Da entschloss ich mich, selbst einzugreifen, denn sonst würden sie mich auch weiterhin wie Luft behandeln. Ich sagte: »Wisst ihr was, ich sitze hier direkt vor euch, und ich würde es wirklich begrüßen, wenn ihr mir direkt sagt, was euch an mir stört, statt immer Jeff als Vermittler zu bemühen. Das bringt ihn in eine entsetzliche Lage. Wenn ich etwas tue, was euch ärgert, dann sagt mir das. Ich bin erwachsen, ich kann damit umgehen. Aber ihr müsst aufhören, Jeff zu eurem Unheilsboten zu machen. Seht mal, mir ist bewusst, dass wir keinen guten Start miteinander hatten, aber ich bin nur bereit, 50 Prozent der Verantwortung für unsere Reibungen zu übernehmen. Seid ihr bereit, die übrigen 50 Prozent zu übernehmen? Lasst uns hier Schluss machen, damit ihr nach Hause gehen und darüber nachdenken könnt.«

Erwarten Sie keine Wunder

Wunder ereigneten sich nicht. Mary und Gil verwandelten sich nach diesem Abend nicht plötzlich in die idealen Schwiegereltern, aber das war nicht weiter schlimm. Jeff hielt sein Versprechen zu gehen, sobald seine Eltern anfingen, auf Pat herumzuhacken. Indem er dies tat, zeigte er seinen Eltern, was er akzeptieren und was er nicht akzeptieren konnte, und nach und nach wurde ihnen klar, dass ihr Verhalten unangenehme Folgen für sie hatte. Langsam gelang es ihnen, sich zu verändern, und wenn sie in ihre alten Schwächen zurückfielen, dann machten Jeff und Pat sie darauf aufmerksam.

Es zeigte sich zwar, dass es Jeffs Eltern offenbar nicht gegeben war, ihr Verhalten grundlegend zu ändern, doch Jeff und Pat gelang dies ohne Zweifel. Da Pat nun Jeffs aktive Unterstützung hatte, konnte sie sich viel besser zur Wehr setzen. Das Paar machte enorme Fortschritte, gewann an Selbstachtung und an der Fähigkeit, sich eindeutig und nicht defensiv auszudrücken, und konnte vor allem klären, wo seine Prioritäten lagen und wem es sich verpflichtet fühlte. Der liebevolle Umgang miteinander vor Jeffs Eltern stärkte ihre Beziehung ungemein.

Aus dem Sperrfeuer treten

Mel und Jenna, die Sie im fünften Kapitel kennen gelernt haben, waren in der ungewöhnlichen Situation, dass die Schwiegereltern mit dem Schwiegersohn höflicher umgingen als mit der eigenen Tochter, die sie auch weiterhin beschimpften und angriffen. Das Paar kam zu dem Schluss, dass in ihrem Fall ein Brief das Beste wäre. Nachdem Mel und ich eine Zeit lang miteinander gearbeitet hatten, teilte er Jenna mit, dass er nicht mehr als Puffer zwischen ihr und ihren ausfallenden Eltern dienen wolle.

Seine Schwiegereltern hatten versucht, ihn als Verbindung ihrer fortgesetzten Angriffe gegen Jenna zu missbrauchen und ihnen beiden das Leben schwer gemacht.

Doch wenn man, wie so oft, schließlich eine Grenze zieht und die Ehe im Wesentlichen gesund ist, kann dieser Schritt für den Partner wie ein Katalysator wirken, der ihm vor Augen führt, wie ungesund die Situation tatsächlich ist. Jenna brauchte etwas Zeit, um über Mels Worte nachzudenken, und stimmte zu seiner Überraschung und Freude bald darauf der lange schon fälligen Therapie zu, in der sie ihre traumatische Kindheit aufarbeiten wollte.

Ich sagte ihr, ich wüsste, dass sie sich äußerst verwundbar fühlte, weil sie eben erst angefangen hatte, sich mit ihrer Kindheit auseinander zu setzen. Wenn sie nicht mehr mit ihnen am Telefon reden wolle, dann sei das für mich in Ordnung. Ich würde aber auch nicht mehr den Vermittler spielen, nur weil sie dieser sinnlosen Fantasie nachhing, dass ihre Eltern eines Tages die großartigen, liebevollen Eltern sein würden, die sie sich immer gewünscht hatte. Wir begannen, uns gegen Anrufe von ihnen abzuschotten, aber das war natürlich nur ein Notbehelf, und wir gingen dem Problem damit eher aus dem Weg, als es tatsächlich zu lösen. Also schlug ich vor, ihnen einen Brief zu schreiben. Damit fühlte Jenna sich besser, aber wir hätten gerne, dass Sie uns dabei helfen.

Nachfolgend ein paar Auszüge aus Mels und Jennas Brief.

Mom und Dad, (Jenna war der Meinung, es sei scheinheilig, den Brief mit »Liebe …« zu beginnen)

wir schreiben diesen Brief zusammen, um euch mitzuteilen, dass sich die Dinge zwischen uns ändern müssen. Wir sind nicht mehr bereit, eure wütenden, beleidigenden Anrufe weiter entgegenzunehmen, wer immer dann am Telefon ist, wird in Zu-

kunft auflegen. Nun noch einige Wünsche, die jeder einzeln vorbringen möchte. Zunächst Mel.

An meine Schwiegereltern.

Es gibt ein paar nicht verhandelbare Grenzen, die ich in unserer Beziehung ziehen möchte. Ich höre mir nicht mehr länger an, wie ihr eure Tochter, meine Frau, am Telefon oder direkt beschimpft. Ich nehme nicht mehr länger hin, dass ihr sie für eure unglückliche Ehe verantwortlich macht. Ich vertrete den Standpunkt, dass ihr eine Tochter wie Jenna gar nicht verdient. Aber mir ist klar, dass sie noch immer starke Gefühle für euch hegt und in Bezug auf euch viel Unerledigtes mit sich herumträgt, das sie aufarbeiten muss. Ich teile euch mit, dass ich nicht mehr zwischen euch und eurer Tochter stehe und mich nicht mehr als Mittelsmann missbrauchen lasse. Meiner Meinung nach wart ihr entsetzliche Eltern, aber ich würde die Vergangenheit Vergangenheit sein lassen, wenn ihr sie wenigstens jetzt liebevoll behandeln könntet. Ich habe es satt, euch um Jennas willen weiter etwas vorzuspielen. Ich bin jedoch bereit, euch um Jennas willen höflich zu behandeln. Mindestens schuldet ihr Jenna eine aufrichtige und vollständige Entschuldigung und irgendeine Art Wiedergutmachung. Weniger wäre lediglich die Aufrechterhaltung des Status quo. Zum Beispiel wäre es ein guter Anfang, wenn ihr ihre Therapie bezahlen würdet. Ich bezweifle, dass irgendetwas von diesen Dingen geschehen wird, aber wenigstens habe ich endlich einmal die Dinge offen ausgesprochen, die ich schon seit langem in mir zurückhalte. Wenn ihr an einer Beziehung zu Jenna und mir und zu euren zukünftigen Enkeln interessiert seid, dann müsst ihr uns mindestens auf halbem Weg entgegenkommen.

Hoffnungsvoll,
Mel

Und dann war Jenna an der Reihe.

Mom und Dad,

ich hoffe, dass der Zeitpunkt kommen wird, wo wir die Ereignisse meiner Kindheit und die Art, wie ihr mich jetzt behandelt, besprechen können, und ich dann nicht mehr so viel Angst davor haben muss, durch euch aus der Fassung gebracht zu werden. Mel gibt mir die Art Unterstützung und Anerkennung, die ich mir immer von euch erhofft habe, und ich habe großes Glück, jemanden gefunden zu haben, der mich mit all meinen Fehlern und Ängsten akzeptiert und liebt. Ich würde gerne eine Begegnung zwischen uns vieren arrangieren, oder vielleicht seid ihr bereit, mit mir meinen Therapeuten aufzusuchen. Ja, ich mache eine Therapie – ich weiß, dass ihr das nicht gutheißt, aber es ist das Klügste, was ich je gemacht habe, außer natürlich, Mel zu heiraten. Wenn ihr bereitwillig einige der schrecklichen Dinge anerkennt, die ihr mir in der Vergangenheit angetan habt, und dafür die Verantwortung übernehmt, dann könnten wir vielleicht eine neue Beziehung aufbauen. Seid ihr dazu nicht bereit, dann werden wir nur eine sehr oberflächliche oder sogar gar keine Beziehung miteinander haben. Der Ball ist nun auf eurer Seite des Spielfelds. Ich liebe euch beide trotz allem, aber ich muss Beweise von euch dafür haben, dass ihr ebenso für mich empfindet. Bisher habe ich davon nicht allzu viele erhalten. Ich hoffe aus ganzem Herzen, dass sich das ändert.

Jenna

Mel wurde ein wahrer Kämpfer, der sich schützend vor seine Frau stellte und seinen Schwiegereltern viele Dinge sagte, die schon lange fällig waren. Aber die größte Überraschung war Jenna, die sich anscheinend einiges von Mels Entschiedenheit zu Eigen gemacht hatte.

Keine Antwort ist von allen die unüberhörbarste

»Wir haben keine Antwort bekommen«, teilte mir Mel mehrere Wochen später mit. »Kein Brief, kein Anruf, gar nichts.«

»Aber das ist doch eine Antwort«, gab ich zu bedenken. »Die Antwort lautet, dass sie noch nicht bereit dazu sind, sich mit diesen Dingen zu beschäftigen, und dass sie Ihre Grundregeln, die weder hart noch unvernünftig waren, nicht akzeptieren. Vielleicht werden sie es später einmal tun, vielleicht aber auch nicht. Was ist, wenn sie sich niemals wieder bei Ihnen melden, wie wird Jenna damit fertig werden?«

»Nun«, antwortete Mel, »ich würde Jenna gerne das nächste Mal mitbringen, damit Sie sie mit eigenen Augen sehen. Sie wirkt, als sei ihr eine 1000-Kilo-Last von den Schultern genommen, sie ist richtiggehend aufgeblüht. Der Therapeut, an den Sie sie überwiesen haben, wirkt Wunder bei ihr. Sie ist viel weniger depressiv, und die Kraft, die ich in ihr sah, als ich sie kennen lernte, kehrt langsam zurück. Ich glaube, sie kommt damit zurecht, auch wenn sich ihre Eltern entscheiden, lieber ihr selbstgerechtes Märtyrertum aufrechtzuerhalten als die Beziehung zu ihrer Tochter. Das ist ihre Wahl und ihr Verlust. Sie brauchen uns weit mehr als wir sie.«

Wie traurig und bitter es doch ist, eine solche Wahl zu treffen. Niemand kann vorhersagen, welche Veränderungen die Zeit in Mels und Jennas Beziehung zu ihren Eltern noch bringen wird. Vielleicht geben sie irgendwann nach, vielleicht verhärtet sich ihre Position aber auch noch weiter. Man kann es unmöglich wissen. Aber Mel und Jenna werden nicht mehr länger von grausamen und beleidigenden Anrufen aufgescheucht, und Mel hat nun eine Frau, die sich um ihre Wunden kümmert und jeden Tag ein bisschen stärker wird. Sie sind beide wirklich frei.

Tiefere Probleme aufdecken

Die erste Reaktion Ihrer Schwiegereltern ist nicht immer die letzte Antwort darauf, ob sich die Dinge bessern können. Nehmen Sie zum Beispiel Steve.

Bei seiner Therapiesitzung berichtete Steve, dass er und Andrea in der vorangegangenen Woche den üblichen Notfallanruf von Stan erhalten hatten, der sie bat, doch eben rüber zu kommen, um »ein kleines Problem« zu besprechen. Steve wusste, was das bedeutete, und teilte Andrea mit, dass er diesmal dafür sorgen würde, dass ihre Eltern zu ihnen kämen statt wie bisher umgekehrt. Andrea war äußerst angespannt, denn sie wusste, dass Steve vor Entscheidungen stand, von denen es kein Zurück mehr gab. Steve erinnerte sie daran, dass sie versprochen hatte, ihm nicht in den Rücken zu fallen, und sie sagte, sie werde sich an ihr Versprechen halten.

Das »kleine Problem« war die Kündigung der Hypothek, weil sie mit mehreren Raten im Rückstand waren. Mein Herz fing an zu rasen, und mein Magen krampfte sich zusammen, dann holte ich tief Luft und erinnerte mich an Ihre Worte, dass man den ersten Schritt tun muss, während man noch Angst hat. Sie haben mir nicht gesagt, dass es so schwer ist! Aber ich stürzte mich dennoch ins kalte Wasser. Ich sagte: »Diesmal nicht, Stan. Du hast noch Zeit genug, dich mit einem Schuldenberater zu besprechen, und ich bin gerne bereit, dir bei der Suche nach einem passenden Schuldenberater zu helfen. Du musst jetzt endlich die Dinge in die Hände eines Profis geben und mit ihm Pläne machen, wie du deine Schulden mit deinen Einnahmen in Einklang bringen und deine Gläubiger zufrieden stellen kannst. Doch welche Entscheidungen du auch triffst, ab heute Abend ist die Bank Steve geschlossen.

»Großer Gott, Steve«, sagte ich, »was für einen enormen Sprung Sie gemacht haben. Ich bin gespannt zu hören, was weiter geschah.«

Nun, Stan wurde erst weiß und dann rot im Gesicht. Lois saß wie gewöhnlich einfach nur da und schüttelte den Kopf. Dann tat Andrea etwas, was mir viel bedeutete. Sie rückte auf dem Sofa dichter an mich heran, womit sie ihre Billigung und Unterstützung deutlicher machte als mit tausend Worten. Dann ließ Stan seine Tirade los. Er bezeichnete mich als egoistisch, arrogant, aufgeblasen – alles, was ihm nur einfiel, um mich als Schuft darzustellen. Er beschuldigte mich, es sei mir egal, ob er und meine Schwiegermutter ihr Haus verlören und nichts zu essen auf den Tisch stellen könnten. Irgendwie drehte er es so, als sei alles meine Schuld. Dann wollte er von Andrea wissen, wie sie sich zu so etwas hergeben könne. Ich glaube, an diesem Punkt begriff sie schließlich, wie infantil und unvernünftig sich ihre Eltern verhielten. Sie sagte: »Dad, du benimmst dich wie ein Kind. Hast du vergessen, wie oft wir dir in der Vergangenheit zu unserem eigenen Nachteil schon ausgeholfen haben? Wie wäre es zur Abwechslung einmal mit ein bisschen Dankbarkeit für das, was wir früher schon alles für euch getan haben? Es tut mir Leid, aber ich unterstütze Steve und bin mit ihm einer Meinung. Es ist an der Zeit, dass ihr anfangt, eure Probleme selbst zu lösen!« Gott, war das gut, sie diese Worte sprechen zu hören!

Für den Anfang hätten Andreas Anwesenheit und stumme Unterstützung sicherlich ausgereicht, um sie und Steve in ihrer Beziehung voranzubringen. Doch Andrea fand ihre Stimme in dem Augenblick, als Stan in die Opferrolle schlüpfte und Steve angriff.

Steve und Andrea widerstanden der Wut, dem Betteln und den Schuldzuweisungen. Sie blieben bei ihrer Entscheidung. Gemeinsam suchten sie mich weiterhin auf, um diese wichtige Veränderung in ihrer Beziehung zu Andreas Eltern zu festigen. Als wir etwa drei Wochen nach der Konfrontation mit Steves Schwiegereltern unsere Sitzungen beenden wollen, weil ja ihr Hauptproblem gelöst war, konnte Steve etwas Interessantes berichten.

Nachdem Stan erkannte, dass es uns ernst war, wurde er depressiv. Er saß den ganzen Tag in seinem Pyjama vor dem Fernseher und wollte mit keinem sprechen. Und das war das Beste, was geschehen konnte, denn es veranlasste Lois, sich endlich in Bewegung zu setzen und ihm einen Arzt zu besorgen. Der Arzt überwies ihn an einen Psychiater, und Stan weigerte sich, doch Lois sagte einfach, »Du gehst. Ich will nichts mehr davon hören.« Nun, der Psychiater stellte fest, dass Stan manisch-depressiv ist, und erklärte Lois, dass das Spekulieren und die riskanten Geschäftsabschlüsse seine Art seien, den Antriebsüberschuss und den Druck der manischen Phase auszudrücken. Er setzte Stan auf Lithium, das seine Stimmungsschwankungen ganz erheblich reduzierte. Stan erklärte sich bereit, einen Schuldenberater aufzusuchen und ist nun viel ruhiger. Andrea und ich können vielleicht sogar wieder eine vernünftige Beziehung zu ihm aufbauen.

Indem Steve und Andrea den Mut aufbrachten, an ihrem Entschluss festzuhalten, obwohl sie wussten, wie sehr ihr Verhalten Stan und Lois ängstigte und in Aufregung versetzte, lösten sie eine ganz erstaunliche Kettenreaktion aus, die in maßgeblichen Veränderungen für beide Paare gipfelte. Steve gewann an Selbstachtung, Andrea traf die gesunde Entscheidung, zu Steve zu halten, und ihre Eltern gewannen nichts Geringeres als ihr Leben zurück.

Die bedürftigen Schwiegereltern

Mit die schwierigste moralische und emotionale Entscheidung, vor die man überhaupt gestellt werden kann, ist die, abzuwägen zwischen den Bedürfnissen von bedürftigen, körperlich oder emotional angeschlagenen Schwiegereltern und der Notwendigkeit, sich die eigene Autonomie zu erhalten, um die Gesundheit und Stabilität der eigenen Ehe nicht zu gefährden. Sie sind dieser Situation im vierten Kapitel begegnet, als Als verwitwete Schwiegermutter Molly meinte, nur ihre Tochter Julia könne sich richtig um sie kümmern. Die Folge war, dass Al sich vernachlässigt fühlte und grollte, während Julia in einer Flut aus Anforderungen und Verpflichtungen unterzugehen drohte.

In Als und Julias Fall wäre Molly finanziell und körperlich dazu in der Lage gewesen, nach dem Tod ihres Mannes ein neues Leben anzufangen, stattdessen verfiel sie in eine emotionale Lähmung. Ich versuchte Julia klarzumachen, dass ein ständiges Geben, das die eigenen finanziellen, körperlichen und emotionalen Reserven erschöpft, mit Sicherheit zu Groll und Spannung führt, die sie, ihre Ehe und sogar den Menschen, dem sie zu helfen versucht, schädigen.

»Was soll ich denn tun?«, fragte Julia verzweifelt. »Ich kann sie nicht im Stich lassen, und ich ertrage meine Schuldgefühle nicht, wenn ich losgehe, und eine Gesellschafterin für sie suche und sie dann sagt, ›Ich könnte genauso gut tot sein, für mich interessiert sich ja sowieso niemand‹.«

Al wandte ein: Das ist doch totaler Schwachsinn! Sie verlangt von dir, dass du springst, und du fragst sie auch noch, wie hoch sie es denn gerne hätte. Und das Schlimmste daran ist, sie ist erst 62, sie hat genug Geld, sie ist körperlich gesund, und sie kann Auto fahren. Aber ich sage dir, Julie, wenn das so weitergeht, werde ich mir auch noch meine restlichen wenigen Haare ausreißen. Deine Mutter kann und muss für sich selbst sorgen. Sie könnte sich eine nette Mitbewohnerin ins Haus holen, sie könnte in eine Wohngemeinschaft mit Menschen ihres Alters ziehen und jede Menge Dinge unternehmen, die ihr Halt geben. Sehen Sie, Julie war immer diejenige in der Familie, zu der alle mit ihren Problemen kamen. Ihre Schwestern machen für Molly auch nicht den kleinen Finger krumm, also bleibt alles an Julie hängen. Aber Julie hat einen Mann und Kinder, und im Augenblick kommen wir einfach zu kurz. Molly hat Glück – anders als viele andere in ihrer Situation stehen ihr zahlreiche Möglichkeiten offen. Und wenn du es nicht schaffst, mit ihr zu sprechen, glaub mir, ich kann es.

Eine Art strenge Liebe

Julia verzog das Gesicht und wand sich auf ihrem Stuhl, aber schließlich stimmte sie zu, dass sie beide mit ihrer Mutter sprechen würden. Sie machten Molly klar, dass sie mehrere Wahlmöglichkeiten hatte, Julia jedoch würde nicht mehr wie bisher uneingeschränkt zur Verfügung stehen. Wie nicht anders zu erwarten war, drohte und weinte Molly. Sie versuchte, Al und Julia zu manipulieren, und sie weigerte sich, eine im Haus wohnende Haushaltshilfe in Betracht zu ziehen. Al und Julia schienen nichts erreicht zu haben. Julia fühlte sich schrecklich, aber sie verzichtete darauf, in dieser Woche jeden Tag zu ihrer Mutter zu gehen. Stattdessen rief sie an, um zu hören, wie es ihr ging, und wenn Molly etwas benötigte, dann riet Julia ihr freundlich, es sich liefern zu lassen. Ungefähr zwei Wochen später rief Molly an, um mitzuteilen, dass sie eine Anzeige für eine Seniorenwohnanlage gesehen habe, die ihr gefiel, und ob Julia und Al sie wohl mit ihr besichtigen würden.

Molly verkaufte ihr Haus, und Al und Julia halfen ihr beim Umzug in die Wohnanlage. Inzwischen sitzt Molly im Bewohnerausschuss der Organisation, hat viele neue Freunde gefunden und plante zuletzt eine Mexikoreise mit einigen ihrer Mitbewohner.

Man hat im Laufe der Jahre im Zusammenhang mit verhaltensauffälligen Jugendlichen viel vom Konzept so genannter strenger Liebe gehört. Al und Julia setzten viele Aspekte dieses Konzepts bei ihrem Umgang mit Molly ein. Sie ließen sie wissen, dass es an der Zeit für sie war, entweder zu schwimmen oder unterzugehen, und dass sie sie für durchaus fähig hielten, ihrem Leben selbst neuen Sinn zu geben.

Wenn Al nicht auf einer grundlegenden Veränderung ihrer Situation beharrt und Julia die Abhängigkeit ihrer Mutter von ihr weiterhin zugelassen hätte, wäre es zu keiner der positiven Veränderungen in Mollys Leben gekommen. Wenn Sie bei einem bedürftigen Menschen erstmals Grenzen ziehen, dann fühlen Sie sich vielleicht entsetzlich unwohl und haben schwere Schuldgefühle, als täten Sie etwas Grausames und Herzloses. Doch bei bedürftigen Schwiegereltern, die in Wahrheit alles tun können, ist es in Wirklichkeit ein Akt der Freundlichkeit und Liebe, wenn Sie ihre Infantilität nicht mehr akzeptieren.

Erste Hilfe suchen

Falls Sie Schwiegereltern haben, die sich in einer weniger glücklichen Lage befinden als Molly, dann überprüfen Sie zunächst sorgsam, welche Unterstützungen Staat, Kirchen und Ihre Familie gewährleisten können, bevor Sie sich damit abfinden, dass Sie die Einzigen sind, die für Ihre Schwiegereltern sorgen können. Heutzutage gibt es in einem solchen Fall mehr Optionen als jemals zuvor. Versuchen Sie, Ihre Schwiegereltern zu beruhigen, aber machen Sie keinen Hehl aus den Grenzen Ihrer Möglichkeiten. Manchmal gibt es vielleicht keine andere Lösung, als Schwiegermutter, Schwiegervater oder sogar beide bei sich aufzunehmen, doch ziehen Sie diesen Weg nur dann in Betracht, wenn Sie alle anderen überprüft haben.

Wenn sie die schwere Artillerie einsetzen

Wenn Sie mit der Unterstützung Ihres Partners oder ohne sie Ihren Schwiegereltern reinen Wein einschenken, dann können Sie fast immer sicher sein, sie damit aus ihrer Deckung zu locken. Welche Methode Sie auch bisher verwendet haben, um sich der Konfrontation zu entziehen, ob Sie ein falsches Lächeln aufgesetzt, scharfe Erwiderungen gegeben, geschmollt oder sich fügsam gezeigt haben, Ihre Schwiegereltern sind an Ihr Verhalten gewöhnt. Möglicherweise fühlen sie sich durch Ihre neue Direktheit und Ihren Verzicht auf Verteidigung bedroht, wundern Sie sich also nicht, wenn sie alles, aber auch alles auffahren, um Sie wieder in die ihnen vertraute Rolle zu zwingen. Es ist durchaus möglich, dass Sie keine Entschuldigung, Bestätigung oder Anerkennung, kein Schuldeingeständnis oder auch nur eine der wunderbaren Reaktionen erhalten, die Sie sich wünschen. Stattdessen müssen Sie sich vielmehr auf das genaue Gegenteil gefasst machen: auf Wutausbrüche, Tränen, Leugnen, Schuldprojektion auf Sie und alle nur denkbaren Zwischentöne.

Sie müssen mit einem Gegenangriff rechnen, wenn Sie versuchen, mit Ihren Schwiegereltern Tacheles zu reden. Hier sind einige Techniken, die sie vermutlich einsetzen, wenn sie sich gedrängt fühlen, zusammen mit wirkungsvollen Antworten.

1. Leugnen

Ihre Schwiegereltern werden sagen, all das sei nie geschehen, und Sie bildeten sich das nur ein. Falls sie wider Erwarten doch etwas von dem zugeben, was Sie vorbringen, dann bedienen sie sich möglicherweise der folgenden noch subtileren Leugnungstechnik: »Du hast Recht, diese Dinge sind geschehen. Aber du übertreibst ihre Bedeutung maßlos.« Sie werden versuchen, ihr Handeln herunterzuspielen, indem sie es entweder klein reden oder Sie beschuldigen zu übertreiben, überempfindlich zu sein oder die Mücke zum Elefanten zu machen.

Ihre Entgegnung: Mir ist klar, dass ihr die Dinge nicht so seht wie ich, wir sind verschiedene Menschen und erleben Ereignisse unterschiedlich. Aber nur weil ihr sagt, es sei nicht geschehen, muss das nicht stimmen. Es ist geschehen. Und was geschehen ist, ist äußerst schmerzhaft für mich, und wir werden nicht weit kommen, wenn ihr alles abwiegelt, indem ihr mich beschuldigt zu übertreiben.

2. Die Opferpose

Wenn Ihre Schwiegereltern in die Opferrolle schlüpfen, dann sagen sie möglicherweise: »Wie kannst du uns so etwas antun? Warum bist du darauf aus, uns so wehzutun? Warum versuchst du, diese Familie zu zerstören? Wie kannst du so etwas nur sagen, nach allem, was wir für dich getan haben?« Oder vielleicht sagen sie auch nicht viel, sondern sitzen einfach nur mit tränenüberströmtem Gesicht da. Wie immer sie sich verhalten, Sie müssen sich dagegen wehren, zum Schurken abgestempelt zu werden, und dürfen Ihren Schuldgefühlen auf keinen Fall nachgeben.

Ihre Entgegnung: Es tut mir Leid, dass ihr euch aufregt, aber wir regen uns ebenfalls schon seit einiger Zeit auf. Ich habe nicht vor, euch zu verletzen, aber ich muss aus reinem Selbstschutz so handeln. Ich weiß die Dinge, die ihr für uns getan habt, zu schätzen, aber vielleicht können wir ja auf Selbstmitleid verzichten, um gemeinsam an einer besseren Beziehung zu arbeiten.

3. Sie sind das Problem

Früher oder später wird vermutlich Ihnen die Schuld in die Schuhe geschoben. Sie bekommen dann unter Umständen Sätze zu hören wie: »Du warst schon immer ein Unruhestifter«, »Du hast uns ja nie leiden können«, »Mit dir kann man ja nicht auskommen«, »Du leidest ja unter Verfolgungswahn«, »Bis du die Bühne betreten hast, sind wir gut miteinander klargekommen.«

Anmerkung: Diese Taktik ist heikel, denn Sie müssen einerseits die Verantwortung für Ihr Verhalten übernehmen, das möglicherweise die Auseinandersetzung verstärkt hat, dürfen sich aber andererseits nicht die alleinige Schuld anlasten lassen. Ihre Schwiegereltern haben vielleicht gleichfalls Gründe, sich über Ihr Verhalten zu beklagen. Sie könnten diese Gründe anerkennen und Veränderungen zustimmen. Seien Sie aber nicht zu schnell damit bei der Hand, negative Etikettierungen ohne Überprüfung zu akzeptieren. Passen Sie auf, dass Sie nicht zum Sündenbock gemacht werden. Es ist denkbar, dass Ihr Beitrag zum Problem gar nicht aus irgendwelchem unangenehmem Verhalten besteht, sondern lediglich aus Ihrer Bereitschaft, die Handlungsweise Ihrer Schwiegereltern zu akzeptieren, und Ihrer Scheu, das Problem unmittelbar anzugehen.

Ihre Entgegnung: Ich kann mir vorstellen, dass ihr die Sache so seht. Aber ich bin nicht bereit, mehr als 50 Prozent der Schuld dafür zu akzeptieren, dass wir nicht miteinander klarkommen. Vielleicht könnt ihr mir ja ein paar Beispiele geben für Dinge, die ich gesagt oder getan habe und die euch geärgert haben. Ich bin bereit, an meinem Verhalten zu arbeiten. Seid ihr dazu gleichfalls bereit?

4. Angriff ist die beste Verteidigung

Es kann sein, dass Ihre Schwiegereltern Sie unterbrechen, Ihnen widersprechen und Sie nicht zu Wort kommen lassen. Vielleicht starten sie auch einen massiven Gegenangriff, damit sie sich nicht mit der Wirklichkeit konfrontieren müssen.

Ihre Entgegnung: Ich wäre wirklich dankbar, wenn ich aussprechen dürfte. Wenn ich fertig bin, habt ihr alle Zeit der Welt für eure Antwort. Wenn das nicht geht, dann verschieben wir das Gespräch besser auf einen anderen Zeitpunkt, wenn ihr ruhiger seid.

Es ist unmöglich, jede einzelne, Ihnen potenziell zur Verfügung stehende Reaktion aufzuzählen. Doch sobald Sie sich angewöhnt haben, fest und nicht defensiv zu antworten, können Sie diese Fertigkeiten in nahezu jeder Situation anwenden. Die Worte, die Sie wählen, mögen andere sein, doch der Ton bleibt der Gleiche.

Manchmal kann man nichts erreichen

Viele der Paare, denen Sie in diesem Buch begegnet sind, haben ihre Beziehung zu ihren Schwiegereltern verändert. Es reichte von geringfügigen und widerwilligen Veränderungen bis hin zu bedeutenden. Auch wenn ich leidenschaftlich davon überzeugt bin, dass man alles in seiner Macht Stehende tun soll, um eine schmerzhafte Situation aufzulösen, dürfen Sie nicht vergessen, dass es Menschen gibt, zu denen man einfach nicht durchdringen kann, egal wie geschickt und wortgewandt man sein mag. Manche Menschen sind einfach unbelehrbar. Ihnen fehlen jegliche Fähigkeiten zu Verhandlungen und Kompromissen. Sie betrachten jeden Versuch, Differenzen beizulegen, als Angriff und gehen unmittelbar zum Gegenangriff über. Sie brüllen Sie an oder überschütten Sie mit Vorwürfen und Beleidigungen. Zu Ihrer Verteidigung umgeben sie sich mit Betonwänden. Sobald sie sich hinter ihren Barrikaden verschanzt haben, hören sie Ihnen nicht mehr zu und sind schon gar nicht dazu in der Lage, ihr eigenes Verhalten auch nur einen Augenblick lang in Frage zu stellen. Vielleicht stehen sie auf und schlagen einfach die Tür hinter sich zu.

Dies ist ihr Fehler, nicht Ihrer. Wenn die so skizzierte Situation Ihrer ähnelt, nachdem Sie all Ihre neuen Fähigkeiten und Strategien eingesetzt haben, dann müssen Sie und Ihr Partner ein paar wichtige Entscheidungen treffen, wie viel Kontakt Sie sich mit solchen Menschen zumuten können, ohne Ihre Ehe zu gefährden.

Halten Sie an Ihrer Wahrheit fest

Sie können nie wissen, was schließlich bei der Konfrontation mit Ihren Schwiegereltern herauskommt. Wie Sie bei mehreren der Paare in diesem Kapitel gesehen haben, kann sich manch ein auf den ersten Blick verheerender Zusammenstoß mit der Zeit positiv entwickeln und zu einer unerwarteten Lösung führen. Je nachdem, mit welcher Art Menschen Sie es zu tun haben, kann manchmal natürlich auch das Gegenteil eintreten und die Beziehung zwischen Ihnen und Ihren Schwiegereltern noch stärker entfremden. Es hat keinen Zweck, sich auf das Endresultat zu fixieren. Konzentrieren Sie sich auf das, was für Sie gesund und ehrlich ist. Nicht jeder Mensch ist froh darüber, wenn Sie ihm die Wahrheit sagen, doch die Wahrheit muss ausgesprochen werden. Solange Sie es respektvoll tun, sind Sie nicht verantwortlich dafür, wie andere Menschen darauf reagieren.

Nachwort

All diejenigen, die sich mit mir auf diesen schwierigen Weg zu Veränderungen gemacht haben, möchte ich an das Positive dieser Arbeit erinnern, auch wenn die herzliche Umarmung Ihrer Schwiegereltern eine Illusion bleibt:

- Höhere Lebensqualität
  Ich weiß, dass einige von Ihnen nicht die erhoffte Entschuldigung, Anerkennung und auch nicht die so dringend erwünschte Verhaltensänderung Ihrer Schwiegereltern bekommen haben. Aber ich weiß auch, dass Ihr Leben eine deutliche Qualitätssteigerung erfahren hat. Sie haben den Mut aufgebracht, sich dem Problem mit Ihren Schwiegereltern zu stellen, und sowohl Groll als auch falsche Loyalitäten spielen in Ihrem Leben eine weit geringere Rolle als zuvor.
- Gefestigte Ehe
  Von wenigen Ausnahmen einmal abgesehen, sind Sie und Ihr Partner zu einem Team zusammengewachsen. Sie haben die Bindung zwischen sich erneuert, die durch den Ärger mit den Schwiegereltern in Frage gestellt worden war. Diese neue Liebe und Loyalität sind ein unschätzbares Geschenk, das Sie sich ohne Zweifel verdient haben.
- Zurückgewonnene Selbstachtung
  Sobald Sie aufgehört haben, still vor sich hin zu leiden oder Ihre Wut in den Wind zu brüllen, und gelernt haben, Ihre Beschwerden auszusprechen und Ihre Rechte einzufordern,

haben Sie sich vollständig abgenabelt. Das war ein ganz wichtiger Schritt für Sie.

- Sie haben Ihre Stimme gefunden
  Niemand kann Ihnen nehmen, was Sie durch die Arbeit mit diesem Buch gelernt haben, und Sie werden nur noch selten um die richtigen Antworten verlegen sein. Sie haben gelernt, Ihre Wünsche mit ruhiger Gewissheit auszudrücken, und Sie haben Kommunikationstechniken erworben, die Ihnen in jeder Lebenssituation gute Dienste leisten werden.

Vielleicht ist es nicht das märchenhafte Ende, in dem sich die bösen Schwiegereltern in freundliche und liebevolle Menschen verwandeln. Aber Sie haben dennoch alle mögliche Preise gewonnen. Sie haben eine neue Anbindung an den Menschen gefunden, den Sie lieben, und, was noch wichtiger ist, an sich selbst. Sie haben Ihre Sache gut gemacht.